U0664267

国家林业和草原局职业教育"十四五"规划教材

职业本科系列教材

地形图识别与应用

张　超　主编

中国林业出版社
China Forestry Publishing House

内 容 简 介

　　本教材是新形态立体化教材，内容包括地形图的识别方法、地形图的具体应用、地形图的制作方法和流程，涵盖了地形图识别与应用的关键知识点和技能点。教材结合生产实际，在数字资源中增加了综合实训项目和现场访谈，并在每个任务后设置了知识拓展内容，对最新的地形图知识和技能进行了介绍。教材结构化的设计旨在引导教师进行以学生为中心的过程性评价改革和翻转课堂实践探索。为方便教师教学，教材同时配套了课程标准、授课计划、电子教案、电子课件和试卷等教学资源，扫描本页二维码即可进入相关下载页面。学习时，扫描教材中每个任务对应的二维码可进入在线平台自主学习，实现线上和线下的有机结合，为学习者提供便利。

　　本教材可作为职业本科院校专业教材，也可作为高等职业院校和其他各类数字制图培训机构教学用书，以及地形图相关爱好者的指导用书。

审图号：GS 京（2025）1399 号

图书在版编目（CIP）数据

　　地形图识别与应用／张超主编. —北京：中国林业出版社，2023.9

　　国家林业和草原局职业教育"十四五"规划教材

　　职业本科系列教材

　　ISBN 978-7-5219-2341-4

　　Ⅰ.①地…　Ⅱ.①张…　Ⅲ.①地形图-识别-职业教育-教材　Ⅳ.①P931

　　中国国家版本馆 CIP 数据核字（2023）第 175542 号

策划编辑：田　苗　郑雨馨
责任编辑：郑雨馨
责任校对：苏　梅
封面设计：北京时代澄宇科技有限公司

————————————————————

出版发行：中国林业出版社
　　　　　（100009，北京市西城区刘海胡同 7 号，电话 83223120）
电子邮箱：jiaocaipublic@163.com
网址：https：//www.cfph.net
印刷：北京盛通印刷股份有限公司
版次：2023 年 9 月第 1 版
印次：2023 年 9 月第 1 次
开本：787mm×1092mm　1/16
印张：15.25
字数：370 千字　　数字资源字数：110 千字
定价：52.00 元

配套数字资源

《地形图识别与应用》编写人员

主　编　张　超

副主编　王　琴　王怡君　张志奇

编写人员　张　超(甘肃林业职业技术学院)

王　琴(甘肃林业职业技术学院)

王怡君(甘肃省地图院)

张志奇(北京中勘迈普科技有限公司)

赵密蓉(甘肃林业职业技术学院)

白建荣(甘肃省地图院)

李鸿杰(甘肃林业职业技术学院)

李依静(甘肃林业职业技术学院)

前　言

　　地形图是国民经济建设中不可缺少的工具资料，农林业生产、土地规划、农田基本建设、资源开发、森林和草原资源调查、林区规划设计、运输道路勘察设计、水利工程规划等工作都是在地形图上进行的。

　　正确识别地形图，从图上找到实地对应的位置或者在实地找到图上对应的位置，明确边界，才能够利用地形图从事基本生产建设工作，最终达到管理好每块土地的目的。因此，地形图的识别与应用也是调查、规划、设计岗位技术人员的一项基本功。本教材分为3篇，共6个项目。第1篇是基本理论篇，主要介绍地形图基础知识，学习如何识别地形图；第2篇是实践应用篇，主要介绍地形图在生产实践中的具体应用，学习如何应用地形图；第3篇是拓展提高篇，主要介绍地形图的制作方法和流程，学习如何应用相关技术进行地形图的制作。同时，在各项目的教学目标中设置了素质目标，在教学内容里融入了课程思政元素，以达到培养学生素质，实现德育为先的教学目标。

　　本教材由张超总体设计、组织编写并统稿，具体分工如下：项目1、项目2、项目3的任务3-1~任务3-4、附录1、附录3由张超编写；项目3的任务3-5~任务3-9、项目6由王怡君编写；项目4和项目5由王琴编写。赵密蓉负责整理数字资源中的测试题，并参与了附录1和附录2中视频的录制；白建荣参与了附录1中视频的录制；李鸿杰对在线课程的制作进行了指导；李依静负责整理配套的数字资源；北京中勘迈普科技有限公司副总经理张志奇对本教材的编写给予了大力支持和技术指导，在此表示感谢。

　　本教材可作为职业本科院校专业教材，也可作为高等职业院校和其他各类数字制图培训机构教学用书，以及地形图相关爱好者的指导用书。

　　由于作者水平有限，书中难免存在疏漏和不妥之处，敬请广大读者批评指正。作者电子邮箱：365632943@ qq. com。

编　者

2023 年 8 月

目　　录

第 2 篇　实践应用篇

第 3 篇　拓展提高篇

第1篇 基本理论篇

项目1 初识地形图

初识地形图

学习目标

知识目标：

1. 了解地图、平面图、专题地图、地形图、国家基本比例尺地形图的概念。
2. 掌握地图的基本特性、基本要素和功能。
3. 掌握专题地图、地形图的类型以及专题地图的构成要素。

技能目标：

1. 能够描述地图的基本特性。
2. 能够识别地图的基本要素。
3. 能够区分平面图、专题地图和地形图。

素质目标：

1. 培养学生热爱祖国大好河山的爱国主义情怀。
2. 培养学生深厚的中华民族自豪感。

项目导入

中国地形

——表里山河，地大物博

1. 中国地形的主要特征

（1）地形多种多样

在中国辽阔的大地上，有雄伟的高原、起伏的山地、广阔的平原、低缓的丘陵，还有四周群山环抱、中间低平的盆地。世界上陆地的5种基本地貌类型，中国均有分布，这为中国工农业的发展提供了充足条件和多种选择。

（2）山区面积广大

中国山区面积广大，通常人们把山地、丘陵和高原统称为山区。中国山区面积占全国面积的2/3，这是中国地形的又一显著特征（表1-1）。山区面积广大，给交通运输和农业发展带来一定困难，但同时山区可提供林产、矿产、水能、旅游等资源，为改变山区面貌、发展山区经济提供了资源保证，见表1-1。

表 1-1 不同地形和海拔面积占比

各类地形占国土陆地总面积的比例(%)				
山地	高原	盆地	丘陵	平原
33.33	26.04	18.75	9.90	11.98
不同海拔占国土陆地总面积的比例(%)				
>3000m	2000~3000m	1000~2000m	500~1000m	≤500m
25.94	6.07	24.55	15.86	27.58

（3）地势西高东低，大致呈三级阶梯状分布

地势的第一级阶梯是青藏高原，海拔在 4000m 以上。其北部与东部边缘分布有昆仑山脉、阿尔金山脉、祁连山脉、横断山脉，它们的北缘、东缘是地势第一、二级阶梯的分界线。

地势的第二级阶梯海拔在 1000~2000m，这里分布着大型的盆地和高原，包括内蒙古高原、黄土高原、云贵高原、塔里木盆地、准噶尔盆地和四川盆地。其东部边缘有大兴安岭、太行山脉、伏牛山、巫山、雪峰山等，它们的东麓是地势第二、三级阶梯的分界线。

地势的第三级阶梯主要分布着广阔的平原，间有丘陵和低山，海拔多在 500m 以下。

如果通过北纬 32°，自西向东作一幅中国地形剖面图，从西部的高原，到中部的盆地，再到东部平原，西高东低，呈阶梯状逐级下降的地势特点。

从中国陆地的第三级阶梯继续向海面以下延伸，就是浅海大陆架，这是大陆向海洋自然延伸的部分，一般深度不大，坡度较缓，海洋资源丰富。中国近海大陆架比较广阔，渤海和黄海的海底全部、东海海底的大部分和南海海底的一部分，都属浅海大陆架。目前，开发海洋资源，尤其是石油资源主要是在大陆架上进行的。

地势西高东低，有利于海上湿润空气向中国陆上推进，也便于北方冷空气南下，为降水的形成提供条件。受地势影响，中国大多数河流东流入海，沟通了东西交通，便于沿海与内地联系。随着地势逐级下降，河流在第一、二级阶梯的过渡地带形成了巨大落差，蕴藏着丰富的水能资源。

2. 中国地形的分布

（1）山脉

山地呈脉状延伸即为山脉。中国山脉众多（表 1-2），是构成中国地形的骨架，常常是不同地形区的分界。山脉延伸的方向称作走向，中国山脉的分布按其走向一般可分为 5 种情况。

①东西走向的山脉。主要有 3 列，北列为天山—阴山，中列为昆仑山—秦岭，南列为南岭。

②东北—西南走向的山脉。主要分布在中国东部，西列为大兴安岭—太行山—雪峰山，中列为长白山—武夷山，东列为台湾山脉。

表1-2 中国主要山脉与最高峰   m

山脉名称	最高峰和海拔高程		山脉名称	最高峰和海拔高程	
阿尔泰山脉	友谊峰	4374.0	贺兰山	贺兰山	3556.0
天山山脉	托木尔峰	7439.0	阴山山脉	呼和巴什格	2364.0
阿尔金山脉	苏拉木塔格	6163.0	大兴安岭	黄冈梁	2029.0
祁连山脉	岗则吾结(团结峰)	5808.0	小兴安岭	平顶山	1429.0
昆仑山脉	公格尔山	7649.0	长白山脉	白云峰(中国境内)	2691.0
阿尔格山脉	布喀达坂峰	6860.0	张广才岭	大秃顶子	1690.0
可可西里山脉	岗扎日	6305.0	龙岗山	岗山	1335.0
巴颜喀拉山脉	年保玉则峰	5369.0	燕山	雾灵山	2116.0
阿尼玛卿山	玛卿岗日	6282.0	太行山脉	小五台山	2882.0
唐古拉山脉	各拉丹冬	6621.0	西山	东灵山	2303.0
冈底斯山脉	冷布岗日	7095.0	五台山	北台顶	3061.1
念青唐古拉山脉	念青唐古拉峰	7162.0	吕梁山脉	关帝山	2830.0
喀喇昆仑山脉	乔戈里峰	8611.0	泰山	玉皇顶	1532.7
喜马拉雅山脉	珠穆朗玛峰	8848.9	云台山	玉女峰	624.4
横断山脉	贡嘎山	7556.0	天目山	清凉峰	1787.0
怒山	梅里雪山	6740.0	洞宫山	黄茅尖	1921.0
沙鲁里山	雀儿山	6168.0	武夷山脉	黄岗山	2160.8
大雪山	贡嘎山	7556.0	黄山	莲花峰	1864.8
无量山	猫头山	3306.0	三清山	玉京峰	1819.9
哀牢山	哀牢山	3166.0	龙虎山	龙虎峰	247.4
乌蒙山	韭菜坪	2900.0	崂山	巨峰	1132.7
武陵山	凤凰山	2570.0	武当山	天柱峰	1621.1
大巴山脉	摩天岭	4072.0	青城山	老君阁	1260.0
大巴山	神农顶	3105.0	峨眉山	金顶	3079.3
秦岭	太白山	3767.0	井冈山	五指峰	1597.6
华山	南峰	2154.9	罗霄山	南风面	2120.0
大别山	霍山(白马尖)	1774.0	雪峰山	苏宝顶	1934.0
六盘山	米缸山	2942.0	南岭	猫儿山	2141.0
衡山	祝融峰	1300.2	瑶山	石坑崆(猛坑石)	1902.0
嵩山	俊极峰	1491.7	五指山	五指山	1867.0
恒山	天峰岭	2016.1	莲花山	铜鼓嶂	1560.0
普陀山	佛顶山	286.3	中央山	秀姑峦山	3833.0
雁荡山	白岗尖西峰	1108.0	玉山	玉山	3997.0
九华山	十王峰	1344.4	阿里山	大塔山	2663.0
庐山	汉阳峰	1473.4	台东山	新港山	1682.0

③西北—东南走向的山脉。主要分布在中国西部,著名山脉有两条,分别是阿尔泰山和祁连山。

④南北走向的山脉。主要有两条，分布在中偏西部，分别是横断山脉和贺兰山脉。

弧形山系由几条并列的山脉组成，其中最著名的山脉为喜马拉雅山脉，分布在中国与印度、尼泊尔等国边界上，绵延逾 2400km，平均海拔 6000m，其主峰珠穆朗玛峰，海拔 8848.86m，是世界最高峰，坐落在中国与尼泊尔的边界上。

（2）高原

中国有四大高原，即青藏高原、云贵高原、黄土高原和内蒙古高原。它们集中分布在地势第一、二级阶梯上。由于海拔、位置、成因和受外力侵蚀作用不同，高原的外貌特征各异，见表1-3。

表 1-3　中国四大高原分布及特征

高原名称	分布	特征
青藏高原	位于中国西南部，主要包括西藏、青海全部，四川西部、新疆南部以及云南、甘肃的一部分；在昆仑山、祁连山、横断山和喜马拉雅山之间	①地势高，平均海拔4000m，多雪山冰川 ②面积大，占全国陆地总面积的1/4 ③高原上多大山，但高原内部相对高度较小，有宽谷盆地 ④分布着全球最大的高原内陆湖泊群
内蒙古高原	位于中国北部，包括内蒙古大部分和甘肃、宁夏、河北的一部分；在大兴安岭、阴山、祁连山之间	①地势起伏和缓，山脉少 ②为中国第2大高原，平均海拔1000m ③东部多草原，西部多戈壁、沙漠
黄土高原	位于中国中部，包括山西和陕西、甘肃、宁夏的一部分；在内蒙古高原以南，秦岭以北；太行山以西，祁连山东端以东	①海拔1000~2000m，地表覆盖深厚的黄土 ②地表破碎，沟壑纵横 ③水土流失严重
云贵高原	位于中国西南部，包括云南中东部，贵州大部；在横断山脉以东，雪峰山以西，四川盆地以南	①地势崎岖不平，海拔1000~2000m ②多峡谷，多小型山间盆地（坝子） ③石灰岩分布广，多典型的喀斯特地形

（3）盆地

中国有四大盆地，即塔里木盆地、准噶尔盆地、柴达木盆地和四川盆地。它们主要分布在地势第二级阶梯上，由于海拔及所在位置不同，其特征也不相同，见表1-4。

表 1-4　中国四大盆地分布及特征

盆地名称	分布	特征
塔里木盆地	位于新疆南部，天山与昆仑山之间	①面积大，是中国最大的盆地 ②沙漠广，具有中国最大的沙漠塔克拉玛干沙漠 ③地势西高东低，海拔780~1300m，沙漠边缘有绿洲
准噶尔盆地	位于新疆北部，天山与阿尔泰山之间	①为中国第二大盆地 ②盆地内的古尔班通古特沙漠是中国第二大沙漠，以半固定沙丘居多 ③地势东高西低，海拔500~1000m，西侧山间有缺口

（续）

盆地名称	分布	特征
柴达木盆地	位于青海省西北部，阿尔金山—祁连山与昆仑山之间	①地势高，海拔 2600～3200m，是中国地势最高的大盆地 ②中部多盐湖沼泽，盆地西部多风蚀地形
四川盆地	位于四川东部，在巫山、大巴山、横断山、大娄山之间	①海拔一般为 300～600m，北高南低，西部为平原，中、东部为丘陵、低山 ②河流众多，为中国最大的外流盆地 ③地表广泛分布紫色土

此外，著名的吐鲁番盆地也分布在地势第二级阶梯上，它是中国地势最低的盆地（最低处海拔为–154m）。

（4）平原

中国有三大平原，即东北平原、华北平原和长江中下游平原。它们分布在中国东部地势第三级阶梯上。由于位置、成因、气候条件等各不相同，在地形上也各具特色，见表1–5。

表 1–5　中国三大平原分布及主要组成部分和特征

平原名称	分布	主要组成部分	特征
东北平原	位于中国东北部，大小兴安岭与长白山之间，包括黑龙江、吉林、辽宁 3 省和内蒙古的一部分	三江平原、松嫩平原、辽河平原	①中国最大的平原，广泛分布着肥沃的黑土 ②海拔多在 200m 以下，中部地势稍高，大部分低平，三江平原等地区多有沼泽
华北平原（亦称黄淮海平原）	位于中国东部偏北，燕山、太行山、淮河之间，包括河北、山东、河南、北京、天津和江苏、安徽的一部分	海河平原、黄淮平原	①中国第 2 大平原 ②大部分海拔 50m 以下，地表大平小不平
长江中下游平原	位于中国中、东部，巫山以东，长江干支流沿岸，包括湖北、湖南、江西、安徽、江苏、浙江、上海	江汉平原、洞庭湖平原、鄱阳湖平原、江淮平原、长江三角洲	①大部分海拔 50m 以下，地势低平 ②河网纵横，湖荡密布

三大平原南北相连，土壤肥沃，是中国最重要的农耕区。除此以外，中国还有成都平原、汾渭平原、珠江三角洲、台湾西部平原等，它们也都是重要的农耕区。

（5）丘陵

中国丘陵众多，分布广泛。东部地区主要有辽东丘陵、山东丘陵、江南丘陵。

任务 1–1　认识地图

○ 工作任务

认真观察图 1–1 中国地图的图面信息，详细描述地图的基本特性，并指出地图的基本要素及其内容。

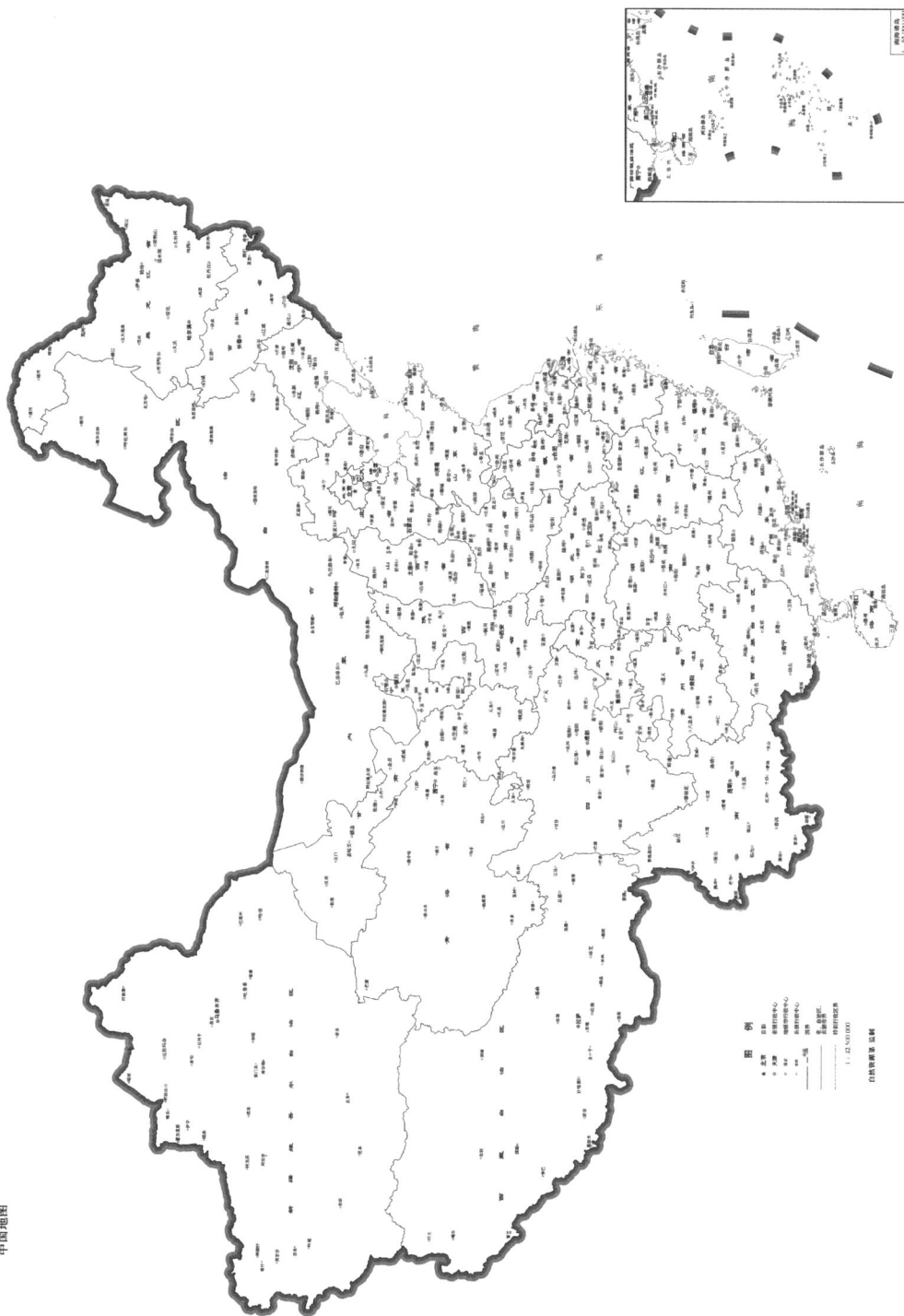

图1-1　中国地图

原图为"中国地图 1∶740万 对开界线版 无邻国线划—"下载自国家地理信息公共服务平台（天地图）。

○ 知识准备

认识地图

1. 地图的概念

地图是依据一定的数学法则，采用地图语言，经过制图综合来表示地球表面各种事物的空间分布、联系及发展变化状态的图形或图像。

2. 地图的 3 个基本特性

（1）遵循一定的数学法则

因为地图具有特殊的数学法则，所以才可量测。地图遵循的数学法则主要包括：地图投影、地图比例尺和地图定向 3 个方面。

（2）使用地图语言来表示

在地图上，各种复杂的自然和人文事物的表示都是通过地图语言来实现的。地图语言的使用让地图上的事物具有直观性。地图语言包括地图符号和地图注记两部分。

（3）经过了制图综合

地图在制作过程中实施了制图综合，才产生了一览性，即根据地图目的按照一定比例，将地图主题及其内容毫无保留地展现在使用者面前的性质。

地图所具有的这 3 个基本特性，是其他影像、图形、文字都不可能同时具备的。

另外，地图是绘制在平面上的，必须准确地反映它与客观实体在位置、属性等要素之间的关系。

3. 地图的基本要素

地图的基本要素包括：比例尺、图例和指向标。

（1）比例尺

比例尺用于表示图上距离和实地距离缩小的程度。

（2）图例

图例是地图的语言，包括各种符号和它们的文字说明、地理名称以及数字。

（3）指向标

指向标指示了地图上的方向。

4. 地图的类型

地图按照不同的标准可以划分为不同的类型。

①按照区域范围划分。世界图、半球图、大洲图、大洋图、大海图、国家（地区）图、省区图、市县图等。

②按照具体应用划分。参考图、教学图、地形图、航空图、海图、海岸图、天文图、交通图、旅游图等。

③按照外形特征划分。平面地图、三维立体地图、地球仪等。

④按照表现形式划分。缩微地图、数字地图、电子地图、影像地图等。

⑤按照地图内容划分。普通地图、地形图和专题地图 3 种。

5. 地图的功能

地图的主要功能有认识功能、模拟功能、载负功能和传递功能。

（1）认识功能

作为表达空间现象的一种主要图形形式，其认识功能表现在 4 个方面。

①可以确立地理信息明确的空间位置。

②获得物体具有的定性及定量特征。

③建立地物与地物或现象与现象之间的空间关系。

④易于建立正确的空间图像。

（2）模拟功能

地图作为一种时空的形象-符号模型，在科学预测时发挥着重要的作用，如气象预报、灾害性要素的变迁及过程预测等。

（3）载负功能

地图可以用图形符号承载如道路、河流、居民点等直接的地理信息；也可以承载经过分析解译而获得的有关现象或物体规律的间接信息。

（4）传递功能

地图是非常好的空间信息传递工具。使用地图传递信息时，传输方式具有层次性，可以是平行的，也可以是空间形式的，它比线性传递方式具有更宽的传输通道和更高的传输效率。

○ 任务实施

1. 认真观察图 1-1，说明地图的名称

- 地图名称一般位于图幅上方。
- 本幅地图的名称是"中国地图"，如图 1-2 所示。

中国地图

图 1-2 地图名称

2. 指出图 1-1 中国地图的比例尺所在位置，并说明它的大小

- 地图比例尺一般位于图幅下方，本幅地图比例尺位于图例正下方。
- 本幅地图的比例尺大小为 1 : 32 500 000，如图 1-3 所示。

$$1 : 32\,500\,000$$

图 1-3 地图比例尺

3. 指出图 1-1 中国地图的图例，并说明图例中的地图符号和注记

- 本幅地图的图例位于地图的左下角。
- 图例中共有 7 种地图符号，分别代表"国界""省、自治区、直辖市界""特别行政区界""首都""省级行政中心""地级市行政中心""县级行政中心"，如图 1-4 所示。

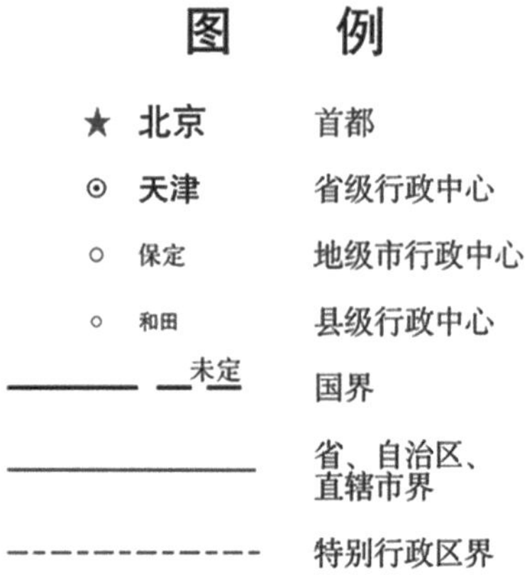

图　例

★　北京　　　　首都

◉　天津　　　　省级行政中心

○　保定　　　　地级市行政中心

○　和田　　　　县级行政中心

——————— —未定　　　国界

———————　　　省、自治区、
　　　　　　　　　　直辖市界

—————————　特别行政区界

图1-4　地图图例

4. 指出图1-1中国地图的定向方法

· 一般常用的有3种定向方法，其对应特征如下。

指向标定向法：在标有指向标的地图上，根据地图上的指向标所指的方向来确定方向，指向标的箭头指向一般为正北。

经纬网定向法：在有经纬网的地图上，应当根据经线、纬线来确定方向，经线指示南北方向，纬线指示东西方向。

一般定向法：对于没有指向标的地图，根据"面向地图、上北下南、左西右东"的原则来确定方向。经过观察，这幅地图没有指向标，故应采用一般定向法进行定向，即上为北方向。

· 综上，本图采用的是一般定向法。

◇ 考核评价

由学生自评，完成表1-6。

表1-6　成绩考核评价表

任务1-1　认识地图				
学习目标	评价内容	评价结果		
		A	B	C
知识目标	1. 了解地图的概念和类型			
	2. 掌握地图的基本特性、基本要素和功能			
能力目标	1. 能描述地图的3个基本特性			
	2. 能识别地图的3个基本要素			
素质目标	培养学生热爱祖国大好河山的爱国主义情怀			
综合评价				

注：A——能够高效、正确地完成学习目标对应的全部任务，并能够独立解决学习过程中遇到的特殊问题；

　　B——能够高效、正确地完成学习目标对应的全部任务；

　　C——能够完成学习目标对应的全部任务。

○ 巩固训练

1. 地图的基本特性有哪些？
2. 地图的基本要素有哪些？
3. 按照不同的标准，地图可划分为哪几种类型？
4. 地图有哪些功能？

○ 知识拓展

中华人民共和国版图

中国位于亚洲东部，太平洋西岸。北起漠河附近的黑龙江江心，南到南沙群岛的曾母暗沙，西起帕米尔高原，东至黑龙江、乌苏里江汇合处。陆地面积 960 万 km²，陆上边界逾 2 万 km。

领海由渤海（内海）和黄海、东海、南海三大边海组成，东部和南部大陆海岸线 1.8 万 km。内海和边海的水域面积约 470 万 km²。海域分布有大小岛屿 7600 个，其中台湾岛最大，面积 35 798km²。

渤海位于辽东半岛老铁山角至山东半岛北岸蓬莱角的渤海海峡，与黄海水域相通，有庙岛群岛绵亘峡口，面积 7.7 万 km²，平均水深 18m，最深处 70m。

黄海北起鸭绿江口，南以长江口北岸向济州岛方向一线同东海分界，西以渤海海峡与渤海相连。平均水深 44m，最深处 140m，面积 38 万 km²，海床为半封闭型浅海大陆架。

东海北起长江北岸至济州岛方向一线，南以广东南澳岛到台湾本岛南端一线，东至冲绳海槽（以冲绳海槽与日本领海分界），正东至台湾岛东岸外 12 海里* 一线，面积 77 万 km²。

南海的海底是一个巨大的海盆，海盆的山岭露出海面就形成中国的东沙、西沙、中沙、南沙群岛，这些海底山岭是中国大陆架的自然延伸。南海总面积 350 万 km²。

中国陆地边界长达 2.28 万 km，东邻朝鲜，北邻蒙古国，东北邻俄罗斯，西北邻哈萨克斯坦、吉尔吉斯斯坦、塔吉克斯坦，西和西南与阿富汗、巴基斯坦、印度、尼泊尔、不丹等国家接壤，南与缅甸、老挝、越南相连。东部和东南部同韩国、日本、菲律宾、文莱、马来西亚、印度尼西亚隔海相望。省级行政区划为 4 个直辖市、23 个省、5 个自治区、2 个特别行政区，首都为北京。

任务 1-2　认识平面图

○ 工作任务

认真观察图 1-5 某湿地公园景观平面图，计算测区中心到测区边缘点的最大距离，并

---

* 1 海里 = 1.852km。

观察图上地物的位置、大小和相互间的距离。

〇 知识准备

虽然地球表面是个曲面，但在极小范围内可以把它当作平面，因为地面实形和图上实形间的误差非常小，可以忽略不计，比如在 2600km² 的范围内进行地形测量，绘成 1：5000 的大比例尺图，半径误差小至 0.072mm。

认识平面图

所以，当测区面积不大，测区中心至测区边缘点最大距离不超过 10km（甚至 25km）时，可以用水平面代替水准面。在这个前提下，把测区内的地面景物沿铅垂线方向投影到平面上，按规定的符号和比例缩小而成的相似图形，称为平面图。

平面图是地图的一种。在平面图上，各种图形和面积都应与实物保持完全相似，各个方向的比例尺统一。在图上应反映出地物的确切位置、大小和相互间的距离。可以根据比例尺量算距离，用指向标来确定方向。

〇 任务实施

1. 计算图 1-5 中测区中心到测区边缘点的最大距离

● 测区中心到测区边缘点最大距离一般不超过 10km。
● 测区中心到测区边缘点最大距离可根据比例尺量算。

2. 认真观察图 1-5，指出图上地物的位置、大小和相互间的距离与实物的关系

● 平面图上的图形是将地面上的各种地物沿铅垂线方向投影到平面上缩小而成。
● 平面图上的各种图形的位置和面积与实物完全相似。

〇 考核评价

由学生自评，完成表 1-7。

表 1-7 成绩考核评价表

任务 1-2 认识平面图				
学习目标	评价内容	评价结果		
		A	B	C
知识目标	1. 了解平面图的概念			
	2. 掌握平面图的基本特性和功能			
能力目标	1. 会描述平面图的特性			
	2. 会识别平面图			
素质目标	提升学生对国家地形的认识和理解			
综合评价				

1 青春园
2 科技视觉主题区
3 滨湖天地（汽车时尚生活区）
4 时尚滨湖酒店
5 四季植物园
6 艺术协会大公馆
7 电影艺术生活街
8 地景艺术风情街
9 光电、大地艺术水游憩带
10 儿童亲水大道
11 当代艺术中心馆广场
12 畅远生态观鸟台

13 游船码头
14 生态湿地公园
15 生态咖啡厅
16 生态环境教育中心
17 户外万人音乐舞台（剧场）
18 新媒体光电艺术馆广场
19 历史主题博物馆聚落群
20 农业景观园
21 儿童互动公共艺术水广场
22 生态自行车道
23 绿色有氧慢跑道
24 休闲健身运动中心（滑冰中心）

25 迷你高尔夫练习果岭
26 水上会展会议中心
27 光电雕塑园
28 光电人行桥
29 停车场

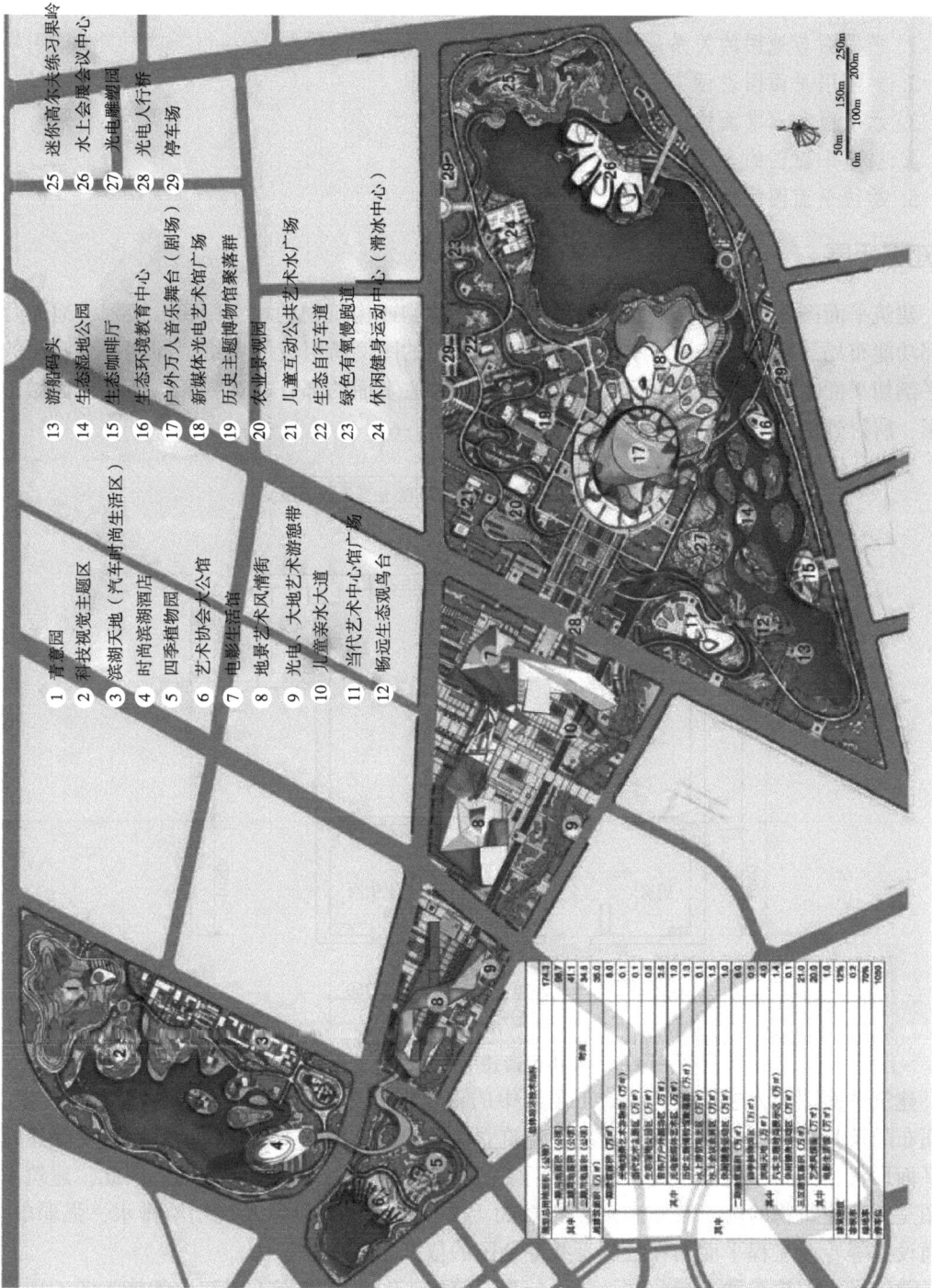

图1-5 某湿地公园景观平面图

○ 巩固训练

1. 平面图与地图的关系是什么？
2. 如何用平面图表示实物？
3. 水平面和水准面的区别是什么？
4. 描述平面图的含义。
5. 总结平面图的特点。

○ 知识拓展

建筑平面图，又可简称平面图，是将新建建筑物或构筑物的墙、门窗、楼梯、地面及内部功能布局等建筑情况，以水平投影方法和相应的图例所组成的图纸，即用一个假想的水平剖切平面沿略高于窗台的位置剖切房屋后，移去上面的部分，对剩下部分向 H 面做正投影，所得到的水平剖面图，称为建筑平面图（图1-6）。

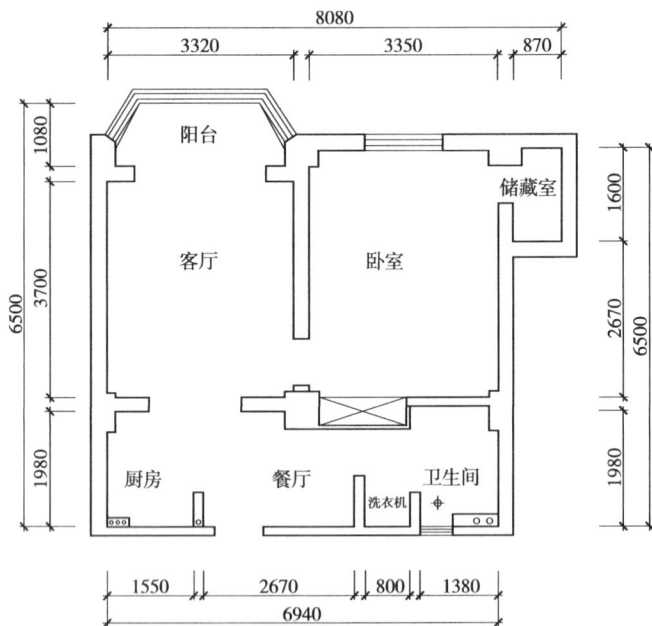

图1-6 某小区建筑平面图（单位：mm）

建筑平面图作为建筑设计、施工图纸中的重要组成部分，反映了建筑物的功能需要、平面布局及其平面的构成关系，是决定建筑立面及内部结构的关键环节。其主要反映建筑的平面形状、大小、内部布局、地面、门窗的具体位置和占地面积等情况。因此，建筑平面图是新建建筑物的施工及施工现场布置的重要依据，也是设计及规划给排水、强弱电、暖通设备等专业工程平面图和绘制管线综合图的依据。

建筑平面图按工种进行分类一般可分为建筑施工图、结构施工图和设备施工图。用作施工使用的房屋建筑平面图，一般有底层平面图（表示第一层房间的布置、建筑入口、门厅及楼梯等）、标准层平面图（表示中间各层的布置）、顶层平面图（房屋最高层的平面布置图）以及屋顶平面图（即屋顶平面的水平投影，其比例尺一般比其他平面图小）。

任务1-3　认识专题地图

○ 工作任务

认真观察图1-7甘肃省林草覆盖分布图，描述其专题内容和特征并判断所属类型。

○ 知识准备

1. 专题地图的含义

认识专题
地图

专题地图，又称特种地图，是在地理底图上按照地图主题的要求，突出并完善地表示与主题相关的一种或几种自然或社会经济（人文）要素，使地图内容专题化、表达形式各异、用途专门化的地图。

专题地图的内容由两部分构成：一是专题内容，是图上突出表示的自然或社会经济现象及其有关特征；二是基础地理内容，用于标明专题要素空间位置与地理背景的普通地图内容，主要有经纬网、水系、境界、居民地等。

2. 专题地图的特征

专题地图具有以下5个方面的特征。

（1）主题化

普通地图强调表达制图要素的一般特征，专题地图强调表达主题要素的重要特征，且尽可能完善、详尽。

（2）特殊化

专题地图突出表达了普通地图中的一种或几种要素，有些专题地图的主题内容是普通地图中所没有的要素。

（3）多元化

专题地图不仅能像普通地图那样表示制图对象的空间分布规律及其相互关系，而且能够反映制图对象的发展变化状态和动态规律。例如，人口变化的动态地图、天气预报预测地图等。

（4）多样化

一个国家的普通地图特别是地形图，往往都有规范的图式系统，但专题地图由于制图内容的广泛性，除个别种类的专题地图以外，基本没有规定的符号系统，地图符号可以自己设计创新，因此表示方法多种多样、表达形式丰富多彩。

（5）前瞻化

普通地图侧重于客观地反映地表现实，而专题地图取材学科广泛，许多编图资料都由相关的科研成果、论文报告、研究资料、遥感图像等构成，能够反映学科的前沿信息及成果。

3. 专题地图的类型

专题地图的基本类型可以按照内容性质和结构形式等进行划分。

（1）按内容性质划分

按照内容性质可以划分为：自然地图、社会经济（人文）地图和其他专题地图。

①自然地图。反映了制图区内自然要素的空间分布规律及其相互关系。主要包括：地质图、地貌图、地势图、地球物理图、水文图、气象气候图、植被图、土壤图、动物图、综合自然地理图(景观图)、天体图、月球图、火星图等。

②社会经济(人文)地图。反映制图区内社会、经济等人文要素的地理分布、区域特征和相互关系。主要包括：人口图、城镇图、行政区划图、交通图、文化建设图、历史图、科技教育图、工业图、农业图、经济图等。

③其他专题地图。指不宜直接划归到自然或社会经济地图的，用于专门用途的专题地图。主要包括：航海图、宇宙图、规划图、工程设计图、军用图、环境图、教学图、旅游图等。

（2）按结构形式划分

按照结构形式可以划分为：分布图、区划图、类型图、趋势图和统计图等。

①分布图。指反映制图对象空间分布特征的地图。主要包括：人口分布图、城市分布图、动物分布图、植被分布图、土壤分布图等。

②区划图。反映制图对象区域结构规律的地图。主要包括：农业区划图、经济区划图、气候区划图、自然区划图、土壤区划图等。

③类型图。反映制图对象类型结构特征的地图。主要包括：地貌类型图、土壤类型图、地质类型图、土地利用类型图等。

④趋势图。反映制图对象动态规律和发展变化趋势的地图。主要包括：人口发展趋势图、人口迁移趋势图、气候变化趋势图等。

⑤统计图。反映不同统计区域制图对象的数量、质量特征，内部组成及其发展变化状态的地图。

4. 专题地图的构成要素

无论是哪一种专题地图，其构成要素都是基本相同的，即任何一幅专题地图基本上都至少由主题要素和底图要素两部分内容构成。

（1）主题要素

主题要素是专题地图重点和突出表达的内容，是图面的主体部分。主题要素表达的优劣决定了专题地图的科学性。

（2）底图要素

底图要素是制作专题地图的地理基础，而主题要素是编制在底图上的。底图要素不仅是描绘主题要素的骨架，用来定向和确定相对位置，而且能反映主题要素和周围环境相互联系、制约的密切关系，起到衬托主题的作用。底图质量的优劣决定了专题地图的数学精确性和地理相关性。普通地图是编制专题地图的基础，经常作为专题地图的底图使用。

较复杂的专题地图则可以由两个以上的层面构成，即最主要的主题要素在第一层平面，次要主题要素在第二层面，更次要的主题要素在第三层面，依次类推，底图要素则处于底层平面。

○ 任务实施

1. 认真观察图1-7，说明其专题内容

• 专题内容是图上突出表示的自然或社会经济现象及其有关特征，图1-7的主题内容

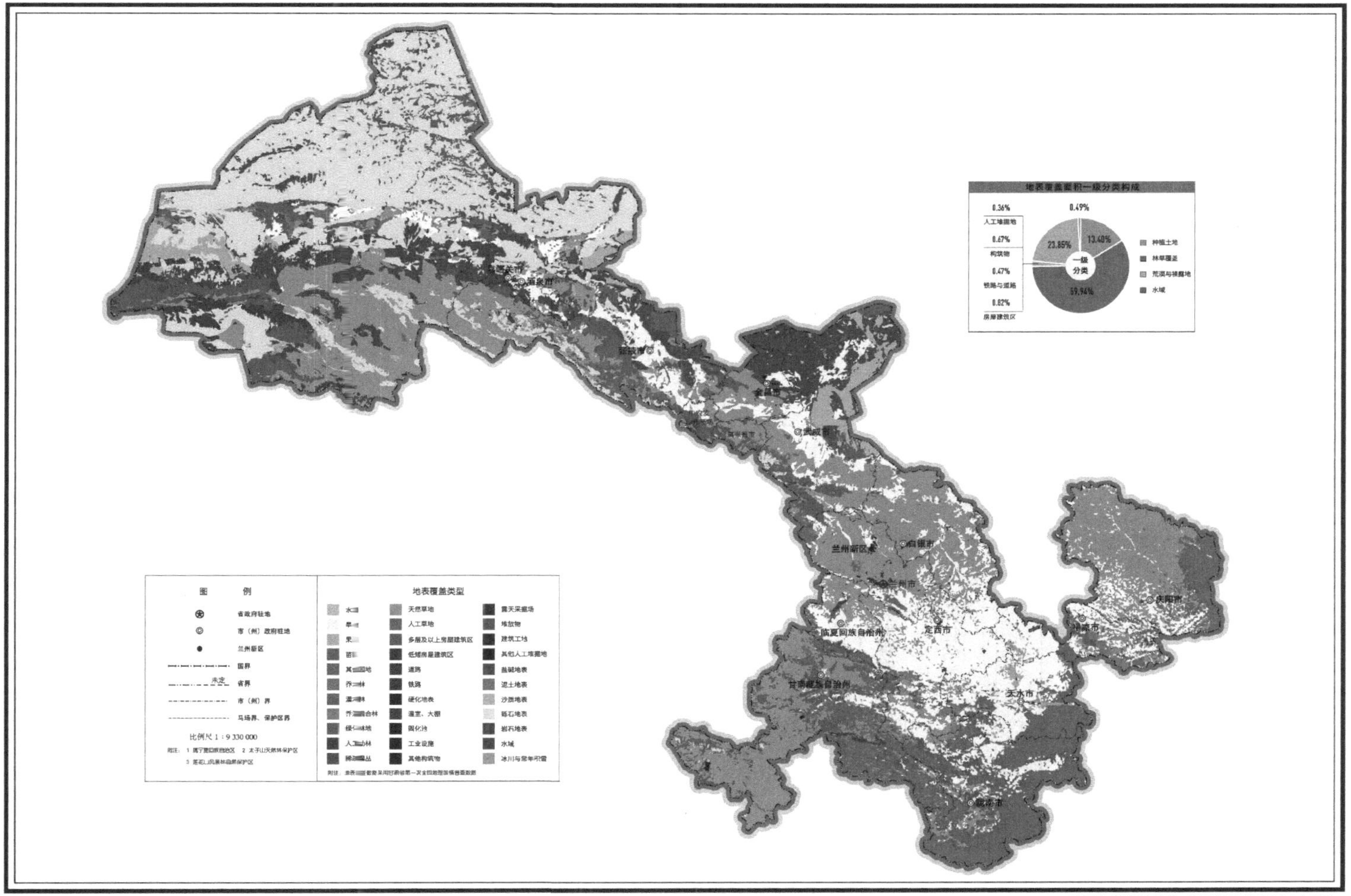

甘肃省自然资源厅监制　甘肃省基础地理信息中心编制

图1-7　甘肃省林草覆盖分布图

原图为“甘肃地表覆盖 8开”下载自甘肃省标准地图在线服务系统。

是甘肃省的林草分布情况。

2. 判断本幅专题地图的类型

- 按照内容性质属于自然地图，自然地图反映的是制图区内自然要素的空间分布规律及其相互关系。
- 按照结构形式应划分为分布图，分布图反映的是制图对象空间分布特征的地图。

○ 考核评价

由学生自评，完成表1-8。

表1-8 成绩考核评价表

任务1-3　认识专题地图				
学习目标	评价内容	评价结果		
		A	B	C
知识目标	1. 了解专题地图的概念和类型			
	2. 掌握专题地图的构成要素和功能			
能力目标	1. 会描述专题地图的特性			
	2. 会识别地图的构成要素			
素质目标	培养绿水青山就是金山银山的理念			
综合评价				

○ 巩固训练

1. 专题地图的内容由哪几部分构成？
2. 什么是统计专题图？

○ 知识拓展

专题地图的表示方法

1. 点状要素的表示方法——定点符号法

点状要素常用定点符号法表示，简称符号法。它是用各种不同形状、大小、颜色和结构的符号，表示专题要素的空间分布及其数量和质量特征。通常符号的位置表示专题要素的空间分布，形状和颜色表示质量的差别，大小表示数量的差别，结构符号表示内部组成，定位扩展符号表示发展动态。

2. 线状要素的表示方法——线状符号法

线状或带状分布要素，通常用颜色和图形表示线状要素的质量特征，如用颜色区分不同的旅游路线、不同时期内的客流路线、不同的江河类型等；用符号粗细表示等级差异；符号的位置通常描绘于被表示事物的中心线上（如交通线），有的描绘于线状事物的某一侧，形成一定宽度的彩色带或晕线带（如海岸类型、境界线晕带等）；用符号的长短表示专题要素的数量，如用公路符号的长短表示公路的长度。线状符号法常用来编制水系图、交通图、地质构造图、导游图以及路线图等。

3. 面状要素的表示方法

面状要素按空间分布特征可归纳为 3 种形式：一是布满制图区的要素，可用质底法、等值线法和定位图表法表示；二是间断呈片状分布要素，可用范围法表示；三是离散分布要素，常用点值法、分级比值法、分区统计图表法。

（1）质底法

质底法全称质量底色法，又称定质底色法或底色法，是在区域界线或类型范围内普染颜色或填绘晕线、花纹，以显示布满制图区域专题要素的质量差别，常用于各种类型图和区划图的编制，如地貌类型图、农业区划图、气候类型图等。

（2）等值线法

等值线法是连接某种专题要素的各相同数值点所成的平滑曲线，如等高线、等温线、等降水量线、等海深线等。常用于表示地面上连续分布而逐渐变化的专题要素，并说明这种要素在地图上任一点的数值和强度，它适用于表示地貌、气候、海滨等自然现象。

（3）定位图表法

定位图表法是把某些地点的统计资料，用图表形式绘在地图的相应位置上，以表示该地某种专题要素的变化。常用柱状图表中的符号高度（长短）或曲线图表表示专题要素的数量变化，如各月或各年度风向、风力的变化以及降水量、气温变化等，均可采用此方法。

（4）范围法（区域法）

范围法是用轮廓界线来表示制图区内间断而成片状分布专题要素的区域范围，用颜色、晕线、注记、符号等整饰方式来表示事物类别；用数字注记表示数量。间断而成片状分布专题要素（如森林、资源、煤田、石油、某农作物、自然保护区等）的表示常采用范围法。

（5）点值法（点数法）

点值法是在图上用一定大小、相同形状的点表示专题要素的数量、区域分布和疏密程度的方法。该法用于表示分布不均匀的专题要素，如人口分布、资源分布、农作物分布、森林分布等。

（6）分级比值法（分级统计图法）

分级比值法是把整个制图区域按行政区划（或自然分区）分成若干小的统计区；然后按各统计区专题要素集中程度（密度或强度）或发展水平划分级别，再按级别的高低分别填上深浅不同的颜色或粗细、疏密不同的晕线，以显示专题要素的数量差别。同时，还可用颜色由浅到深（或由深到浅），或晕线由疏到密（或由密到疏）的变化显示出要素集中或分散的趋势。

（7）分区统计图表法

分区统计图表法是把整个制图区域分成几个统计区（按行政区划单位或自然分区），在每个统计区内，按其相应的统计数据，设计出不同形式的统计图形，以表示各统计区内专题要素的总和及其动态。可用来编制资源图、统计图、经济收入图、经济结构图等。

4. 其他表示方法

（1）移动要素表示方法——动线法

移动要素（如货物流、客流、气团移动路线、交通车流等）的表示方法，常采用动线法。动线法是用各种不同形状、颜色、长度、宽度的箭形符号，表示专题要素移动的方向、路线、数量、质量、内部组成以及发展动态的方法。

（2）内部结构表示法——三角形图表法

三角形图表法的成图是一种类似于质底法的地图，但其主要揭示事物现象的内部结构特征，这种图的分区范围是各行政单元或统计区，三角形图表是作为图例形式出现的。

（3）其他方法

在专题地图上还常使用柱状图表、剖面图表、玫瑰图表、塔形图表等多种统计图表，作为地图的补充。上述各种方法，经常是配合应用的。

专题地图应用广泛，在经济和国防建设、科学研究及文化教育中均起重要作用。专题地图内容是各学科长期研究积累的知识的高度概括，又为深入研究和指导生产提供科学依据。

任务 1-4　认识地形图

○ 工作任务

认真观察地形图 1-8 的图面信息，详细描述地形图上所反映的地物、地貌和地形图的类型。

○ 知识准备

地形图的识别与应用是林业工作人员的一项基本功。学会识别地形图，才能够从图上找到实地对应的位置或在实地找到图上对应的位置，才能够真正弄清楚每块林地的边界，并利用地形图从事林业生产建设工作。

1. 地形图的含义

地形图是将地面上的地物和地貌按照水平投影的方法，即沿铅垂线方向投影到水平面上，并按一定的比例尺，用《地形图图式》统一规定的符号和注记缩绘到图纸上，这种表示地物的平面位置和地貌的起伏形态的投影图，称为地形图。

地形是地物地貌的总称。其中，地面上有明显轮廓的、天然形成或人工建造的各种固定物体称为地物，如森林、河流、道路、城镇、房屋等物体。

地球表面的高低起伏状态称为地貌，如陆地上的山岭、平原、断崖、绝壁等形态，海底的大陆架、大陆坡、深海平原、海底山脉等。根据地表形态规模的大小，有全球地貌、

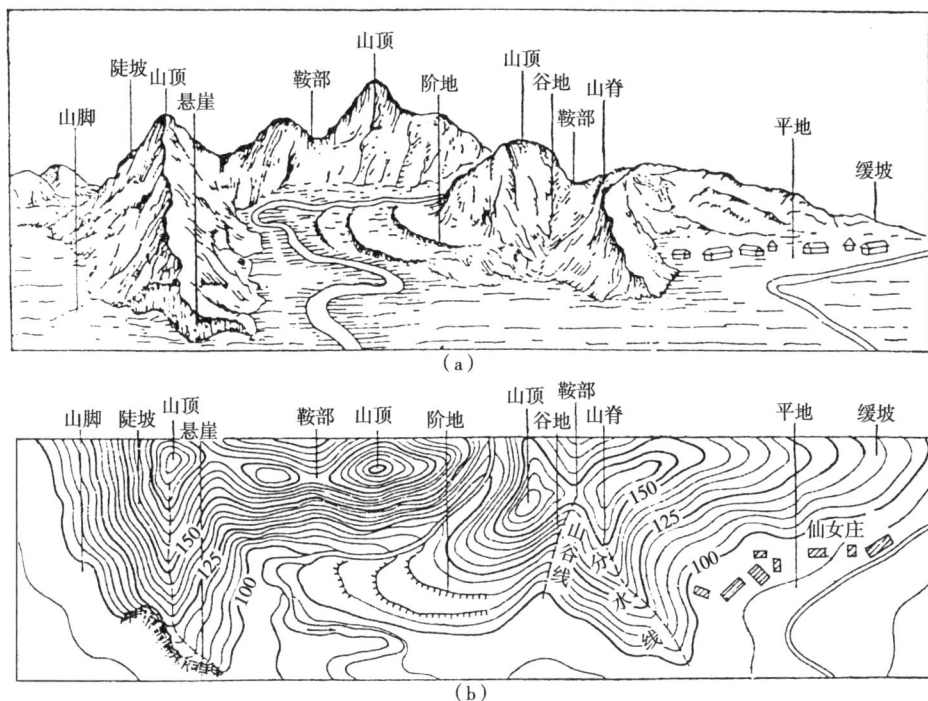

图 1-8　地形图

巨地貌、大地貌、中地貌、小地貌和微地貌之分。

地貌是地球表面各种形态的总称，作为自然地理环境的要素之一，对地理环境的其他要素及人类的生产和生活具有深刻影响。地貌是不断发展变化的，地貌发展变化的物质过程称地貌过程，包括内力过程和外力过程。

内力和外力是塑造地貌的两种营力，地貌是内力过程与外力过程对立统一的产物。根据形态及其成因，可将地貌划分出各种各样的形态类型、成因类型或形态-成因类型。

2. 地形图的类型

地形图按照比例尺、内容、形式、用途等要素可以划分为不同的类型。

（1）按照比例尺大小划分

①大比例尺地形图。如 1 : 2000、1 : 5000、1 : 1 万的地形图。

②中比例尺地形图。如 1 : 2.5 万、1 : 5 万、1 : 10 万的地形图。

③小比例尺地形图。如 1 : 25 万、1 : 50 万、1 : 100 万的地形图。

（2）按照地形图的内容划分

①普通地形图。即具有区域自然地理和社会经济等方面要素的地形图。

②专门地形图。主要指除具有普通地形图的各要素之外还包括某些特有的专门资料要素的地形图。

此外，按照地形图的表现方式可分为等高线地形图和分层设色地形图。可根据地形图的用途划分为参考图、教学图、军用图、飞行图和航海图等。

目前，各省份林业生产建设中所用的地形图主要是除去军事要素的中比例尺普通地形图。

○ 任务实施

1. 认真观察图 1-8，说明地形图上所反映的地物

• 图 1-8 中的典型地物有湖泊、河流等。

2. 指出本幅地形图所反映的地貌特征

• 图 1-8 所反映的地貌包括山顶、陡崖和山谷等。

3. 判断地形图 1-8 的类型

• 从地形图的表现方式可判断图 1-8 为等高线地形图。

○ 考核评价

由学生自评，完成表 1-9。

表 1-9　成绩考核评价表

任务 1-4　认识地形图				
学习目标	评价内容	评价结果		
		A	B	C
知识目标	1. 了解地形图的概念和类型			
	2. 掌握地形图的功能			
能力目标	1. 会描述地形图的类型			
	2. 会识别地形图的功能			
素质目标	培养学生热爱学习、独立思考的习惯			
综合评价				

○ 巩固训练

1. 地形图所反映的地形包括哪些内容？
2. 列举地形图的类型。
3. 地形图的作用是什么？
4. 地形图上的每个点位需要的 3 个基本要素是什么？

○ 知识拓展

等高线地形图

1. 相关概念

等高线地形图是用等高线表示地面起伏和高度状况的地图。在同一幅等高线地形图上，地面越高，等高线条数越多。等高线密集的地方，地面坡度陡峻。凡等高线重合处，必为峭壁。若等高线呈较小的封闭曲线时，这一地区便是山峰、洼地或小岛。等高线的形状是从山顶起逐渐向外凸出的为山脊，山脊的连线称为分水线。等高线形状逐渐向山顶或鞍部方向凹陷的为山谷，山谷最低点的连线为山谷线或集水线。两条等高线凸侧互相对称处，称为山的鞍部(图 1-9)。

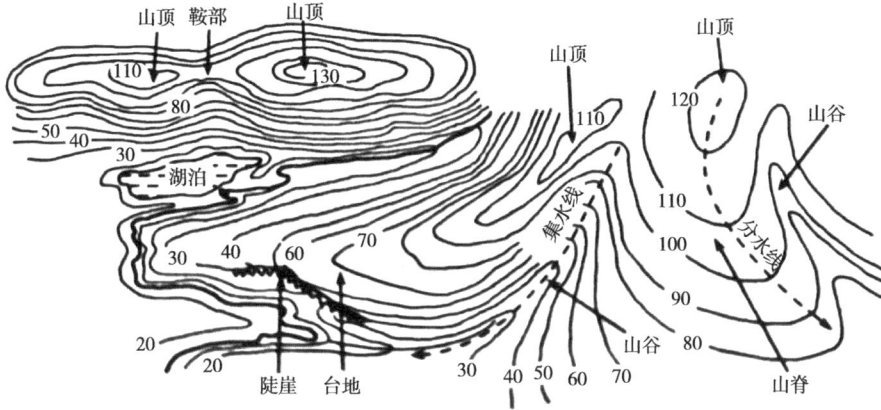

图 1-9　等高线地形图(单位：m)

在等高线地形图上，根据等高线不同的弯曲形态，可以判读出地表形态的一般状况。

等高线呈封闭状时，高度是外低内高，则表示为凸地形(如山峰、山地、丘顶等)；等高线高度是外高内低，则表示的是凹地形(如盆地、洼地等)。等高线是曲线状时，等高线向高处弯曲的部分表示为山谷；等高线向低处凸出处为山脊。数条高程不同的等高线相交一处时，该处的地形部位为陡崖，并在图上绘有陡崖图例。由一对表示山谷与一对表示山脊的等高线组成的地形部位为鞍部。等高线密集的地方表示该处坡度较陡；等高线稀疏的地方表示该处坡度较缓。部分常用地形判读方法如下。

高原：表现为一圈一圈的同心圆，越靠近中心的圆所标的数值越大，代表它的海拔越高。

盆地：和高原图形相同，数值相反，代表中心的海拔低。

丘陵：在一个区域内，有许多小的形同于高原的等高线图，其标注的值相差不会太大，否则即为山峰。

山地：图形也类似于高原，不一定是圆形，在一个圈内，可能有两个或多个小圈，代表山峰。

识别时需注意，看每条线上标的数值，数值越大，代表海拔越高，如高原山地等；数值越小，海拔越低，如盆地。

2. 表示方法

在表示小山顶、小洼地、小鞍部等地貌形态时，可缩短其实部和虚部的尺寸。在等高线比较密的等倾斜地段，当两计曲线间的空白小于 2mm 时，首曲线可省略不表示。等高线遇到房屋、窑洞、公路、双线表示的河渠、冲沟、陡崖、路堤、路堑等符号时，应表示至符号边线。

单色图上等高线遇到各类注记、独立地物、植被符号时，应间断 0.2mm。

大面积的盐田、基塘区，视具体情况可不测绘等高线。

等高线高程注记应分布适当，便于用图时迅速判定等高线的高程，其字头朝向高处。根据地形情况，图上每 $100cm^2$ 面积内，应有 1~3 个等高线高程注记。

任务 1-5　认识国家基本比例尺地形图

○ 工作任务

认真观察表 1-10 列出的中国地图图幅信息，详细描述每种比例尺下能够覆盖全国范围的图幅数和已测得基础地理数据的图幅数。

表 1-10　中国不同比例尺基础地理数据图幅数统计

比例尺	覆盖全国范围的图幅总数	现有测绘成果图幅数	测绘完成进度
1：5 万	24 091	20 496	84%
1：10 万	7176	7176	100%
1：25 万	819	819	100%
1：50 万	257	257	100%
1：100 万	77	77	100%

○ 知识准备

1. 国家基本比例尺地形图的含义

国家基本比例尺地形图是根据国家颁布的测量规范、图式和比例尺系统测绘或编绘的全要素地图，也可简称为国家基本地形图、基础地形图或普通地图等。

认识国家
基本比例尺
地形图

2. 国家基本比例尺地形图的类型

世界各国采用的基本比例尺系列不尽相同，目前中国采用的基本比例尺系列为 1：500、1：1000、1：2000、1：5000、1：1 万、1：2.5 万、1：5 万、1：10 万、1：25 万、1：50 万、1：100 万等。过去曾用 1：20 万，后改为 1：25 万。基本地形图既是国家经济建设、国防建设和文教科研的重要图件，又是编绘各种地理图的基础资料，其测绘精度、成图数量和速度等都是衡量国家测绘技术水平的重要标志。

3. 国家基本比例尺地形图的投影方式

国家基本比例尺地形图分别采用两种地图投影。大于或等于 1：50 万比例尺的地形图采用的是高斯-克吕格投影，1：100 万比例尺地形图采用双标准纬线等角圆锥投影。高斯-克吕格投影，即横轴等角切圆柱投影，投影所用椭球体为大地基准面椭球。投影分带带宽为 6°（一些比例尺较大的地图采用 3°带），每带的坐标原点为赤道与中央经线向西平移 500km 后所得纵向直线的交点。

○ 任务实施

1. 认真观察表1-10，说明已测得基础地理数据的国家基本比例尺地形图有几种比例尺

· 根据国家基础地理信息中心提供的数据，从1∶5万开始，共已测得5种基础地理数据的国家基本比例尺地形图。

· 1∶5万及更大比例尺地形图的图幅由于条件所限，尚未完成。不过未能测完的地区主要分布在西部的青藏高原、塔里木盆地等地区，而处于中部和东部的非边疆地区已经基本完成了基础地形图的全覆盖。

2. 根据表1-10，指出覆盖全国范围的1∶50万国家基本比例尺地形图图幅总数

· 从表1-10可知，覆盖全国范围的国家基本比例尺地形图图幅总数为257幅；现有测绘成果图幅数为257幅，测绘完成进度为100%。

○ 考核评价

由学生自评，完成表1-11。

表1-11 成绩考核评价表

任务1-5 认识国家基本比例尺地形图				
学习目标	评价内容	评价结果		
		A	B	C
知识目标	1. 了解国家基本比例尺地形图的概念和类型			
	2. 掌握国家基本比例尺地形图的投影方式			
能力目标	1. 会描述国家基本比例尺地形图的类型			
	2. 会识别国家基本比例尺地形图的投影方式			
素质目标	养成严谨细致的工作作风			
综合评价				

○ 巩固训练

1. 简述国家基本比例尺地形图的含义。
2. 列举中国采用的基本比例尺系列。
3. 我国采用的基本比例尺最小是多少？
4. 什么是高斯-克吕格投影？
5. 说明国家基本比例尺地形图的作用和投影方式。

○ 知识拓展

国家基本比例尺地形图表达要素

国家基本比例尺地形图，即普通地图上的表达要素按照表达位置的不同，分为图廓外要素、图廓间要素和图廓内要素。

1. 图廓外要素

图廓外要素包括：图幅名、图幅编号、邻接图幅示意图、比例尺、坡度表、三北方向指示、制图单位、制图时间、图例等。

2. 图廓间要素

图廓间要素主要指基本比例尺地形图内外图廓间的表达要素。主要包括内图廓的经纬度注记、方里网坐标注记、境界线注记等内容。

3. 图廓内要素

图廓内要素指普通地图图廓范围内的表示要素。主要包括方里网、地物符号和地物注记。

普通地图图幅范围内需要表达的地理事物(简称地物)主要分为六大类。

地形：包括以等高线为代表的各类地形地貌符号。

水系：包括河流、沟渠、湖塘、水库、海洋以及各种与水系及水工建筑相关的符号。

植被：以范围法或点状符号法的表现形式表达一片区域的植被覆盖类型，耕地、果园等农业用地也算在其中。

居民地：大到城市，小到农村的孤立住房都需要予以明确表示。

交通网线：这里的交通指广义交通，除了道路网外，还包括电线、通信线路、地下管网等交通管道。

境界：通过境界线表示图幅所包含的行政区划范围。例如，国界、省界、县界等。

具体的地图成图规范(符号、注记的样式等)须严格按照国家专门的对应比例尺地形图的图式来进行制图、印刷。

任务1-6　认识地形图的作用

○ 工作任务

认真观察图1-10地形图，详细描述图上所表示的地物地貌，判断地形图的类型。

○ 知识准备

地形图制图的区域范围比较小，因此能够比较精确而且详细地表示地面的地物地貌，如水文、地形、土壤、植被等自然地理要素，以及居民点、交通线、境界线、工程建筑等社会经济要素。

认识地形图的作用

此外，地形图是根据地形测量或者航摄资料绘制的，误差和投影变形都非常小，所以是经济建设、国防建设和科学研究中不可缺少的工具，也是编制各种小比例尺普遍地图、专题地图和地图集的基础资料。

不同比例尺的地形图，具体用途也不相同。地形图按照比例尺可分为大、中、小3种。

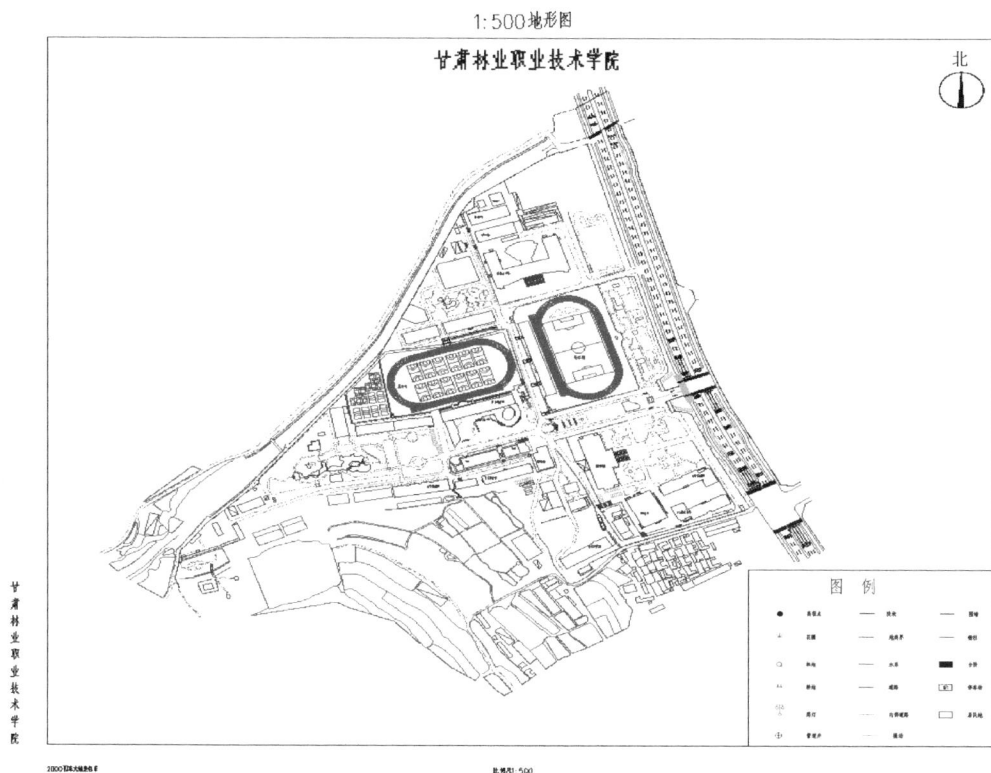

图 1-10 甘肃林业职业技术学院 1：500 地形图

测量学一般把 1：500、1：1000、1：2000、1：5000、1：1 万的地形图称为大比例尺地形图，主要用于工程建设的规划、设计、施工等，还可作为专业调查和填图的工作底图和编制专题地图的底图。

比例尺为 1：2.5 万、1：5 万、1：10 万的地形图称为中比例尺图，它是国家的基本图，由测绘部门使用航空摄影测量方法成图。一般作为总体规划用图，也可用作编制小比例尺专题地图的底图。

1：25 万、1：50 万、1：100 万的地形图称为小比例尺图，一般根据大比例尺图和其他测量资料编绘而成。因为小比例尺图概括地表示了区域地理特征，所以也称为一览图，通常用于国家、省级的总体规划和全国性专题图的底图。

○ 任务实施

1. 认真观察图 1-11，描述图上所表示的地物地貌

• 根据图例 1-11 上所呈现的信息，可以判断图例所属地形图 1-10 上有道路、路灯、操场、停车场、花圃及陡坎等地物地貌。

2. 观察图 1-10，判断其类型

• 从图 1-10 上可以看到其比例尺为 1：500。

• 根据比例尺大小判断，图 1-10 为大比例尺地形图。

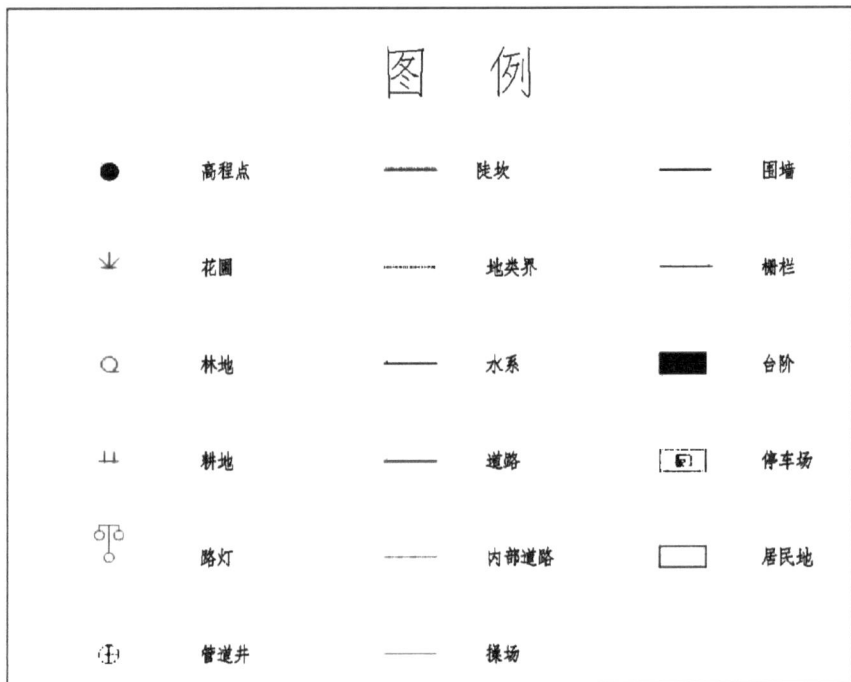

图 1-11　图例

○ 考核评价

由学生自评，完成表 1-12。

表 1-12　成绩考核评价表

任务 1-6　认识地形图的作用				
学习目标	评价内容	评价结果		
		A	B	C
知识目标	1. 了解不同比例尺地形图的特点			
	2. 掌握不同比例尺的地形图的用途			
能力目标	1. 会描述不同比例尺地形图的特点			
	2. 会描述不同比例尺地形图的作用			
素质目标	培养学生勇于探索的精神			
综合评价				

○ 巩固训练

1. 地形图的特点有哪些？

2. 说明不同比例尺地形图的用途。

○ 知识拓展

地理底图

　　地理底图是专题内容在地图上定向定位的地理骨架，是用于编绘专题地图的基础底图，又称基础底图或地理基础底图。实际是简化或不简化的地形图或普通地图，分为编图底图和规划设计底图等。一般表示水系、地貌和居民地等主要要素，是转绘专题内容的基础，能提高专题地图的精度和易读性。编绘专题地图时，只要明确专题内容与底图上基本地物的相对位置，即可进行转绘。

　　地理底图与专题内容配合有两种形式：①在内容详细的底图上，即在未经简化的地形图或普通地图印成的浅灰色衬底上，叠印不同颜色的专题内容；②内容简化的底图与专题内容交织在同一平面上。为使专题内容与地理底图有机地结合，地理底图的内容要根据不同专题地图的特殊要求进行选取和增强。如编绘地质图时，地理底图上的地名应当选取重要地质点的所在地；编绘气候图时，要选取气象台站的所在地名。

　　地理底图作为专题地图的骨架是转绘专题内容控制的基础，也是专题地图科学内容的背景和组成部分。在一定程度上决定专题地图的精度和详细程度。地理底图具备地图数学基础（包括大地控制点、经纬网、比例尺）和基本地理要素（包括海岸线、水系、地形、居民点、交通线、政区界线等）。这些内容是建立专题要素的地理空间分布（如空间定位、形状、范围、面积等）和反映区域特征的必要条件。具体内容随主题、用途、比例尺、制图区域的特点而不同，如水系流域图详细表示水系数量和结构，地质图着重选取与大地构造直接关联的水系等。根据用途分为两类：一是编稿用底图，要求内容完备、详细，具精确性；二是印刷出版用底图，要求简明、扼要，具易读性。两者内容不尽相同而又不能相互矛盾。为了紧密配合主题内容，一些出版的地理底图可以增加地貌晕渲、等高线分层设色，或用遥感影像作背景。高质量的地理底图，是提高专题地图质量的重要保证。

项目2 地形图基础知识

学习目标

知识目标：

1. 了解地形图比例尺、梯形分幅、矩形分幅、图名、图幅编号（图号）、接图表图廊、坐标格网、三北方向线、坡度比例尺、投影、坐标系统、高程系统等相关概念。

2. 掌握地形图投影方式。

3. 掌握坐标系统原理和不同高程系统的计算方法，以及地形图成图方法。

技能目标：

1. 能够进行地形图梯形分幅、矩形分幅和编号。

2. 能够进行坡度比例尺计算。

3. 能够进行常用高程换算。

素质目标：

1. 培养学生知行合一的学习态度。

2. 培养学生严谨细致、勇于担当的工作作风。

项目导入

北斗卫星导航系统
——那颗最亮的"星"

党的二十大报告指出，教育、科技、人才是全面建设社会主义现代化国家的基础性、战略性支撑。必须坚持科技是第一生产力、人才是第一资源、创新是第一动力，深入实施科教兴国战略、人才强国战略、创新驱动发展战略，开辟发展新领域新赛道，不断塑造发展新动能新优势。

北斗卫星导航系统（Beidou Navigation Satellite System，简称BDS）是中国着眼于国家安全和经济社会发展需要，自主建设、独立运行的卫星导航系统，是为全球用户提供全天候、全天时、高精度的定位、导航和授时服务的国家重要空间基础设施（图2-1）。北斗卫星导航系统也是中国航天领域科技创新里程碑式的成果，其取得的一系列举世瞩目的成就让每一位中华儿女倍感自豪。

中国北斗卫星导航系统是中国自行研制，继全球定位系统（Global Positioning System，简称 GPS)、全球卫星导航系统(GLobal Orbiting Navigation Satellite System,简称 GLONASS)之后的第 3 个成熟的卫星导航系统。中国北斗卫星导航系统和美国全球定位系统、俄罗斯全球卫星导航系统、欧盟伽利略卫星导航系统(Galileo Satellite Navigation System,简称 GALILEO),是联合国卫星导航委员会已认定的供应商。

图 2-1 北斗卫星导航
系统标识

北斗系统由空间段、地面段和用户段 3 部分组成。空间段包括若干地球静止轨道卫星、倾斜地球同步轨道卫星和中圆地球轨道卫星。地面段包括主控站、时间同步/注入站和监测站等若干地面站,以及星间链路运行管理设施。用户段包括北斗及兼容其他卫星导航系统的芯片、模块、天线等基础产品,以及终端设备、应用系统与应用服务等。

北斗系统可在全球范围内全天候、全天时为各类用户提供高精度、高可靠的定位、导航、授时服务,并且具备短报文通信能力,已经初步具备区域导航、定位和授时能力,定位精度为分米、厘米级别,测速精度 0.2m/s,授时精度 10ns。

随着北斗系统建设和服务能力的发展,相关产品已广泛应用于交通运输、海洋渔业、水文监测、气象预报、测绘地理信息、森林防火、通信系统、电力调度、救灾减灾、应急搜救等领域,逐步渗透到人们社会生产和生活的方方面面,为全球经济和社会发展注入新的活力。

全球范围内已经有 137 个国家与北斗卫星导航系统签下了合作协议。随着全球组网的成功,北斗卫星导航系统未来的国际应用空间将会不断扩展。

卫星导航系统是全球性公共资源,多系统兼容与互操作已成为发展趋势。中国始终秉持和践行"中国的北斗,世界的北斗"的发展理念,服务"一带一路"建设发展,积极推进北斗系统国际合作。与其他卫星导航系统携手,与各个国家、地区和国际组织一起,共同推动全球卫星导航事业发展,让北斗系统更好地服务全球、造福人类。

任务 2-1 认识地形图比例尺

○ 工作仟务

认真观察图 2-2 地形图比例尺,识别两个比例尺类型,并分别计算其精度。

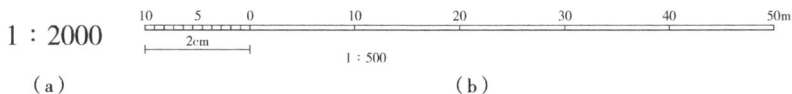

图 2-2 地形图比例尺

○ 知识准备

1. 比例尺的定义

图上任一线段长度与地面上相应线段的水平距离之比,称为地形图的比例尺。

2. 比例尺的类型

常用地形图比例尺有数字比例尺和图示比例尺两种。

（1）数字比例尺

数字比例尺是用分子为 1、分母为整数的分数式表示，如 1∶500、1∶1000 等。假设图上某线段的长度为 d，地面上相应的水平距离为 D，则该图的比例尺为：

认识地形图比例尺

$$\frac{1}{M}=\frac{d}{D} \tag{2-1}$$

式中，M 为比例尺的分母，M 的值越小，比例尺越大。

例 1　某地形图比例尺为 1∶1000，图上距离为 1cm，求实地距离是多少？

解：根据式（2-1）变换可以得到：

$$D=d \cdot M \tag{2-2}$$

代入比例尺 1∶1000，则实地距离为：

$$D=d \cdot M=1cm \times 1000=10m$$

例 2　一幅比例尺为 1∶2000 的地形图上有一矩形图斑，其面积为 16cm²，求图斑对应的实地平面面积。

解：假设图斑为正方形，则实地边长 D 为：

$$D=d \cdot M=4cm \times 2000=80m$$

实地面积 S 为：

$$S=D^2=80m \times 80m=6400m^2$$

即实地面积与图上面积的关系为：

$$S=d^2 \cdot M^2 \tag{2-3}$$

（2）图示比例尺

常见的图示比例尺是直线比例尺，它用图上单位线段长度来表示实地长度。

使用图示比例尺时，可用分规的两只脚将图上某直线的长度移至图示比例尺上，使一只脚尖对准 0 分划线右侧的整分划线，而另一只脚尖落在 0 分划线左端的细分划段中，则所量直线在实地上的水平距离就是两个脚尖的读数之和，不足一个小分划的零数可用目估。若需要将地面上已丈量水平距离的直线展绘在图上，则需要先从图示比例尺上找出等于实地水平距离的直线的两端点，然后将其长度移至图上相应位置。

图 2-2 是 1∶500 的图示比例尺，图面上线段长度为 1cm，代表实地长度为 5m。

图示比例尺一般标注在图纸的下方，这样便于用分规在图上直接量取直线段的水平距离，并且可以抵消图纸伸缩的影响。

3. 比例尺精度

由于正常人的眼睛能够分辨的图纸上的最短距离是 0.1mm，所以在描绘地形图或者在图上量取距离时就只能精确到 0.1mm。因此，也把地形图上 0.1mm 所代表的实地水平距离称为比例尺的精度。

从表 2-1 中可以看出，比例尺越大，精度值就越小，表示地表地貌的情况越详细，说明精度越高；反之，比例尺越小，精度的值就越大，表示地表地貌的情况越简略，精度越低。当然，在图幅大小相同的情况下，比例尺越大，所表示的范围就越小。

表 2-1　比例尺精度

比例尺	1∶1000	1∶2000	1∶5000	1∶10 000
比例尺精度（m）	0.10	0.20	0.50	1.00

讨论比例尺的精度具有两个方面的意义。

一是确定量距精度问题。当测绘某种比例尺地形图时，其实地量距的精度只需达到该图比例尺的精度即可。

二是合理选择测图比例尺问题。比例尺越大，要求实地量距的精度就越高，测绘的工作量越大；比例尺越小，测绘工作量就越小，但实地量距的精度也较低。因此，当要求在图上表示出实地水平距离的精度时，可以参考表 2-1，合理选择测图比例尺。例如，要在图上表示 1m 的实际长度，则选用的比例尺应不小于 $0.1/(1×1000)=1/10\,000$。

○ 任务实施

1. 认真观察图 2-2 中的两个比例尺，判断其类型

• 根据比例尺的含义和表现方式可判断：

图 2-2（a）中的比例尺为数字比例尺；

图 2-2（b）中的比例尺为图示比例尺。

2. 分别计算图 2-2 中两个比例尺的精度

• 根据比例尺精度的计算公式：

图 2-2（a）中比例尺的精度为 $D=d\cdot M=0.1\text{mm}×2000=200\text{mm}=0.20\text{m}$；

因图 2-2（b）中比例尺的值为 1∶500，同理，其精度为 $D=d\cdot M=0.1\text{mm}×500=500\text{mm}=0.05\text{m}$。

○ 考核评价

由学生自评，完成表 2-2。

表 2-2　成绩考核评价表

任务 2-1	认识地形图比例尺			
学习目标	评价内容	评价结果		
		A	B	C
知识目标	1. 了解地形图比例尺的概念和类型			
	2. 掌握地形图比例尺的功能和用法			
能力目标	1. 会描述地形图比例尺的功能			
	2. 能够进行地形图比例尺的计算			
素质目标	培养学生尊重科学、热爱科学的品质			
综合评价				

○ **巩固训练**

　　1. 简述地形图比例尺的含义。

　　2. 列举地形图比例尺的类型和计算方法。

　　3. 简述地形图比例尺精度的概念和计算方法。

　　4. 比例尺在地形图中的作用主要表现在哪些方面？

　　5. 地形图精度的作用是什么？

○ **知识拓展**

人眼的分辨率

　　我们经常讨论一些视频文件、显示屏，还有摄像头的分辨率大小。然而，真实的世界是否等同于一部电影，我们的视觉也可以用分辨率来描述吗？

　　一定程度上，更高的分辨率往往意味着更好的视觉效果，从 480×320 的录像带（HS）、570×480 的激光碟（VCD）、720×480 的数码碟（DVD），到 1280×720 的蓝光碟（BD），再到 10 000×7000 的 IMAX 巨幕，娱乐的体验不断提高。

　　在分辨率的表示方法中，前后两个数字的乘积就是视频中的一个画面里所包含的视觉元素的总数，称作像素（pixel）。这个数字常被用来定位数码相机等设备，比如老式手机的后置镜头旁边可能标有"5.0 MEGA"，即 500 000 像素。

　　不过，虽然 1920×1080＝2 073 600，但这无法说明一个 1920×1080 的视频文件，分辨率就一定是 2 073 600。分辨率的重点在于"分辨力"，它的实际意义是分辨和解析影像细节的能力。

　　许多现实因素会对这种分辨和解析的能力产生影响，如曝光度、摄像设备的光圈尺寸、实际执行写入的像素个数，以及摄影目标的距离等。最重要的是，观察者的位置将决定一切。不妨想象，坐在离电影院大屏幕只有 5cm 的地方，与坐在离家用电视机 50cm 的地方相比，我们所见的画质也许是等同的，可能都会看到明显的像素色块；在理论分辨率不变的情况下，在观察者的角度上，影像也可能会丢失解像力，因为当人眼注视一块区域时，该区域旁边的部分会变得模糊。

　　假设一切影响现实分辨率的条件都被无限地优化，要想知道人眼的分辨率有多大，可以去想象我们到底需要多少个像素，才能让一块屏幕上的某个图形大到占满人眼的整个视野，而且质量还要好到像现实世界里的物体一样，看不出有任何的像素块。

　　在这之前，需要先弄清人眼与摄像设备的区别。

　　当光照射在物体上后，会反射并散开。人眼和照相机会将这些分散的光线重新聚合起来，投射在一点上。如果眼睛的视网膜，或者照相机的成像感应器正好处在光聚合的那个点上，我们得到的图像就会是清晰的，否则便会模糊失真。在这方面，人眼与照相机的功能基本一样，摄像设备本身就是一种生物眼睛的仿生机器。唯一的不同是，眼球通过肌肉的带动，来改变自身的形状以获得正好的焦距，而照相机则靠的是调节镜头的远近实现。

摄像设备只能在单位时间内记录一帧的定格影像。虽然能让观众产生连续的感觉，但是数码视频不过是一帧接着一帧的幻灯片连放而已。与此不同的是，人的眼睛虽然成像方式与摄像设备毫无差别，但解析的却是真正意义上的"连续画面"；在人眼的视野中，很大一部分其实是自己的鼻子。人用双眼所看到的景象，是被大脑滤去了两只眼睛中间的"空洞"之后，再"剪切拼合"成的影像，而不是两眼视觉的直接写照。如果视觉等同于视野的话，人们所见的将是两个有重复部分的"圆窟窿"，世界将会变得非常别扭。

人类眼球的后部内侧有一个很小的凹陷，称为小凹（fovea），如图 2-3 所示。小凹是视网膜上唯一能够保证100%清晰成像的地方。这块区域在真实视域中所占的面积非常小。也就是说，人眼的视野虽然广阔，但是真正能够完美解析，并且保证100%分辨率无损的区域只有一小块而已；人们在日常生活中对此也深有体会，除了眼前聚焦的一小块是清楚的，两边的余光基本是看不清的；在视网膜上，接收不到足够分辨率来成像的地方被称为盲点（blind spot）。

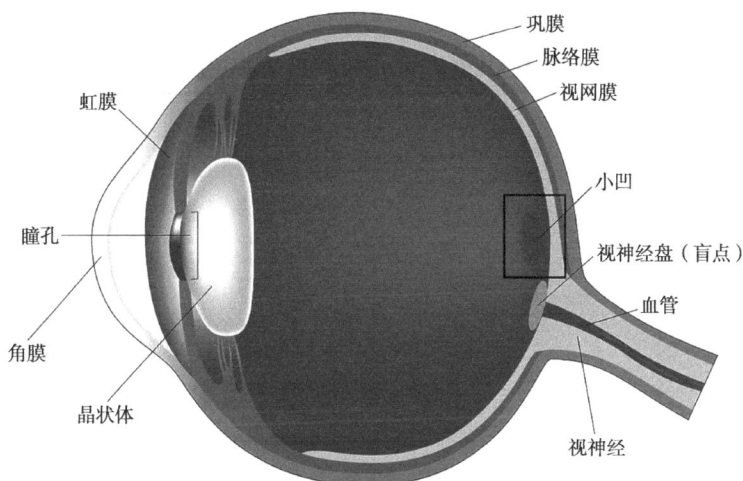

图 2-3 眼睛的构造

在现实生活中，人们之所以能够看到较为全面的清晰图像，是因为我们的眼球在不断地移动（包括下意识的移动）。这样，眼睛就可以在整片区域内收集到高分辨率的视觉信号，大脑再对其进行合成和处理，一个美好的世界才展现在我们眼前。

因此，人眼的视力与电子领域上的分辨率是没有可比性的。然而，这并不意味着人类无法计算出与人的视力等价的分辨率。

影像专家罗杰·克拉克（Roger Clark）在他的论文《深空目视天文学》（*Visual Astronomy of the Deep Sky*）中介绍了一种独特的方法，将人的视角宽度设定为120°，解像力设定为0.59角分（1 角分是 1°的 1/60），然后再将各种特定的可见元素加入视野中测试，最后算出人眼的分辨率约为 576 000 000 像素，也就是 576 MEGA。

需要注意的是，这个数据是将人们无法完全看清的余光也包含在内的人眼总像素数。如果单算视网膜小凹的分辨率，也就是可以完全清晰成像的区域，人眼的分辨率应该在700 万像素左右。

576 000 000 像素似乎大得惊人，然而实际上，目前已经有许多手机屏幕的显像能力超过了人眼的解析上限(在正常阅读距离内，手机屏幕上的像素密度很大)。

虽然屏幕的大小和像素密度可以让人们产生自己的眼睛无法完全解析它们的错觉，但实际上，人并不是用数码的方式去看世界的。准确地说，是人类的大脑拒绝像摄像机一样地工作。人类的视觉是建立在经历上的，而不是基于胶卷或存储卡的。总而言之，人类从不单纯地在视觉角度上分辨和解析任何一个现实中的景象。

任务 2-2 认识地形图梯形分幅和编号

○ 工作任务

认真观察图 2-8 至图 2-11，根据某地的经纬度计算其所在不同比例尺地形图的编号，编号的具体方法见表 2-3。

表 2-3 不同比例尺地形图的梯形分幅和编号方法

地形图比例尺	分幅编号方法					编号举例
	图幅大小		作为分幅编号基础的地形图比例尺	每幅基础图等分的图幅数	在基础图图号后加的代号	东经 116°28′15″，北纬 39°54′30″
	经差	纬差				
1:100 万	6°	4°	1:100 万	1	横列：A、B、C、…；纵行：1、2、3、…	J-50
1:50 万	3°	2°	1:100 万	4	A、B、C、D	J-50-A
1:25 万	1°30′	1°	1:100 万	16	[1]、[2]、[3]、…[16]	J-50-[1]
1:10 万	30′	20′	1:100 万	144	1、2、3、…、144	J-50-1
1:5 万	15′	10′	1:10 万	4	A、B、C、D	J-50-144-A
1:2.5 万	7′30″	5′	1:5 万	4	1、2、3、4	J-50-144-A-2
1:1 万	3′45″	2′30″	1:10 万	64	(1)、(2)、…、(64)	J-50-144-(60)
1:5000	1′52.5″	1′15″	1:1 万	4	a、b、c、d	J-50-144-(60)-a

○ 知识准备

1. 地形图分幅和含义

地形图分幅是将测区的地形图划分成规定尺寸的图幅。为了便于管理和使用，需要将各种比例尺地形图进行统一分幅和编号。

认识地形图梯形分幅和编号

2. 地形图分幅的类型

地形图的分幅方法有两种：一种是按照经纬线分幅的梯形分幅法，主要用于国家基本比例尺地形图；另一种是按照坐标格网分幅的矩形分幅法，主要用于城市建设的大比例尺地形图。

(1)地形图的国际分幅和编号(旧分幅编号方法)

梯形分幅法(经纬线分幅法)是按照国际统一规定的经差和纬差划分梯形图幅的方法，又称国际分幅法。

①1∶100 万比例尺地形图的分幅和编号。国际 1∶100 万地图会议(1913 年，巴黎)规定，1∶100 万地形图实行统一分幅和编号，如图 2-4 所示。即从赤道起算，每纬差 4°为一行，至南纬 88°、北纬 88°各分为 22 行，由低纬向高纬依次用大写拉丁字母(字符码)A、B、C、…、V 表示其相应行号(行号 = [纬度/4°]+1)，以两极为中心，以纬度 88°为界的圈，则用 Z 标明；从 180°经线起算，自西向东每经差 6°为一列，全球分为 60 列，依次用阿拉伯数字(数字码)1、2、…、60 表示其相应列号。由经线和纬线围成的每一个梯形小格为一幅 1∶100 万地形图，其编号由该图所在的行号和列号组合而成。

为了区分北半球、南半球，在列号前冠以 N 和 S(中国地处北半球，图号前的 N 全部

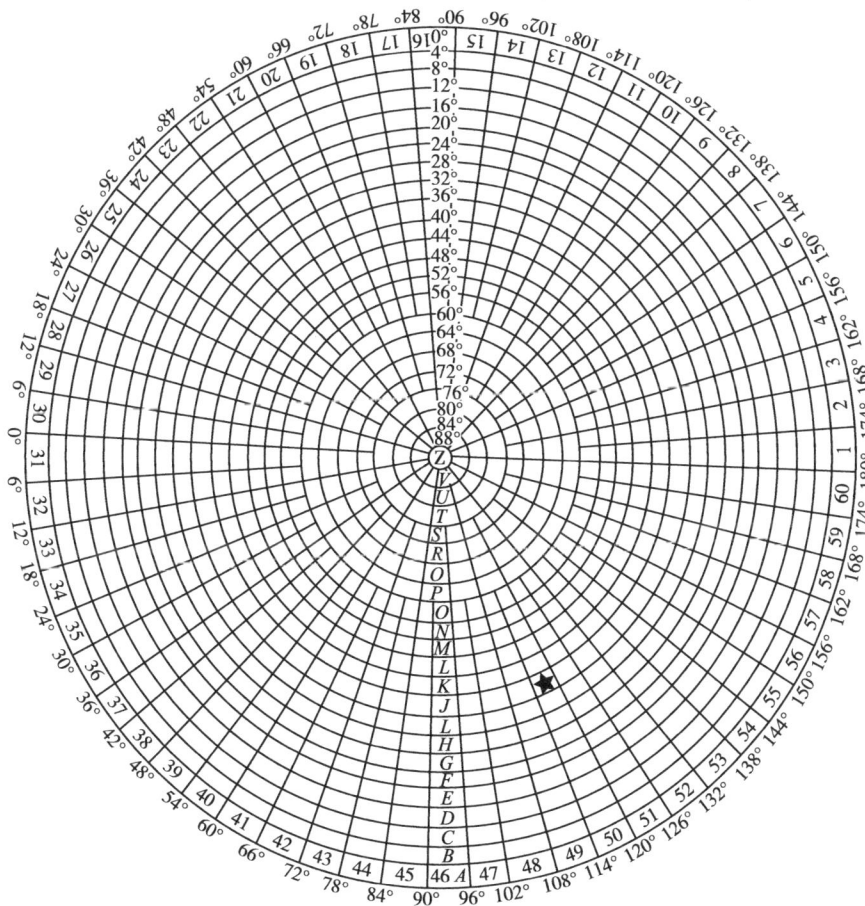

图 2-4　北半球 1∶100 万地形图梯形分幅编号

省略）。随着纬度的增高地图面积迅速缩小，因此规定在 60°~76° 双幅合并，即按经差 12° 纬差 4° 分幅；在 76°~88° 4 幅合并，即经差为 24°，纬差为 4°；88° 以上单独为一幅，见表 2-4 所列。中国纬度处于 60° 以下（4°~53°），所以不存在合幅问题。1∶100 万比例尺地形图的分幅与编号就是按照这种方法进行的。

表 2-4　1∶100 万比例尺地形图分幅表

分幅	经差	纬差	适用纬度范围
单幅	6°	4°	60° 以下
双幅	12°	4°	60°~76°
四幅	24°	4°	76°~88°
纬度 88° 以上合为一幅			

②1∶50 万、1∶25 万、1∶10 万地形图的分幅和编号。这 3 种比例尺地形图都是在 1∶100 万地形图的基础上进行分幅和编号的，如图 2-5 所示。

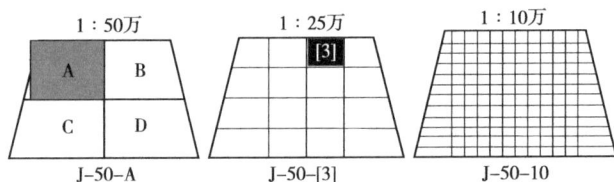

图 2-5　1∶50 万至 1∶10 万地形图梯形分幅

将一幅 1∶100 万地形图按经差 3°、纬差 2° 分为 4 幅 1∶50 万地形图，从左至右、自上而下以 A、B、C、D 为代号，每幅图的编号是由 1∶100 万图的编号和相应代号组成，如 J-50-A。

一幅 1∶100 万地形图按照经差 1°30′、纬差 1° 分为 16 幅 1∶25 万地形图，以 [1]、[2]、[3]、…、[16] 为代号，每幅图的编号是由 1∶100 万图的编号和相应代号组成，如 J-50-[3]。

一幅 1∶100 万地形图按照经差 30′、纬差 20′ 分为 144 幅 1∶10 万地形图，以 1、2、3、…、144 为代号，其编号是由 1∶100 万地形图的编号和相应代号组成，如 J-50-10。

③1∶5 万、1∶2.5 万、1∶1 万地形图的分幅和编号。如图 2-6 所示，将一幅 1∶10 万地形图分为 2 行 2 列共 4 幅 1∶5 万地形图，从左至右、自上而下以 A、B、C、D 为代号，编号是由 1∶10 万地形图的编号和相应代号组成，如 J-50-10-A。

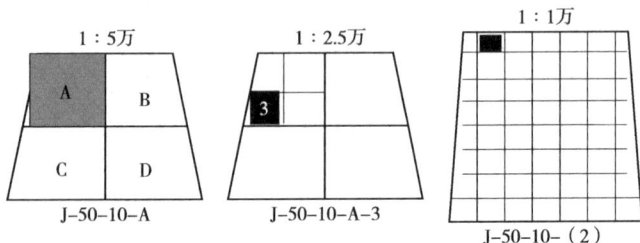

图 2-6　1∶5 万~1∶1 万地形图梯形分幅

将一幅 1∶5 万地形图分为 2 行 2 列共 4 幅 1∶2.5 万地形图，以 1、2、3、4 为代号，每幅图的编号是由 1∶5 万地形图的编号和相应代号组成，如 J-50-10-A-3。

将一幅 1∶10 万地形图分为 8 行 8 列共 64 幅 1∶1 万地形图，以 (1)、(2)、(3)、…、(64) 为代号，其编号是由 1∶10 万地形图的编号和相应代号组成，如 J-50-10-(2)。

④1∶5000 地形图的分幅和编号。1∶5000 比例尺的地形图是在 1∶1 万地形图的基础上进行分

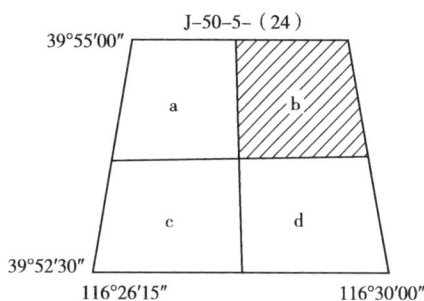

图 2-7 1∶5000 地形图的分幅和编号

幅编号。1∶5000 比例尺图是将 1∶1 万地形图以经差 1′52.5、纬差 1′15″ 分为 2 行 2 列共 4 幅，分别以 a、b、c、d 为代号，其编号是由 1∶1 万地形图的编号和相应代号组成，如 J-50-5-(24)-b，如图 2-7 所示。

(2) 国家基本比例尺地形图现行分幅和编号(新分幅编号方法)

中国 2012 年颁布的《国家基本比例尺地形图分幅和编号》(GB/T 13989—2012) 国家标准规定新测和更新的基本比例尺地形图，均须按此标准进行分幅和编号，即均以 1∶100 万地形图为基础，按照规定的经差和纬差划分图幅。

①分幅。以 1∶100 万地形图为基础，一幅 1∶100 万地形图按表 2-5 所列经差和纬差，分成 1∶50 万~1∶500 等 10 种比例尺地形图的图幅数分别为 4、16、144、576、2304、9216、36 864、331 776、1 327 104、5 308 416 幅，不同比例尺地形图的经纬差、行列数和图幅成简单的倍数关系，如图 2-8 所示。

表 2-5 中国基本比例尺地形图的分幅关系

地形图比例尺	图幅大小		1∶100 万图幅包含关系		
	纬差	经差	行数	列数	图幅数
1∶100 万	4°	6°	1	1	1
1∶50 万	2°	3°	2	2	4
1∶25 万	1°	1°30′	4	4	16
1∶10 万	20′	30′	12	12	144
1∶5 万	10′	15′	24	24	576
1∶2.5 万	5′	7′30″	48	48	2304
1∶1 万	2′30″	3′45″	96	96	9216
1∶5000	1′15″	1′52.5″	192	192	36 864
1∶2000	25″	37.5″	576	576	331 776
1∶1000	12.5″	18.75″	1152	1152	132 7104
1∶500	6.25″	9.375″	2304	2304	5 308 416

②1∶50 万~1∶5000 地形图编号。1∶50 万~1∶5000 地形图编号均以 1∶100 万地形图为基础，采用行列式编号方法。也就是将 1∶100 万地形图所含分幅后的各种比例尺地形图，横行自上而下、纵列从左到右按顺序分别用 3 位阿拉伯数字（数字码，不足 3 位补 0）编号，取行号在前、列号在后的排列形式，加在 1∶100 万地形图的编号之后。为了不导致各种比例尺混淆，还采用不同的大写拉丁字母作为比例尺的代码，见表 2-6。

J　　　50

1∶1 000 000 地形图
图幅行号（字符码）

1∶1 000 000 地形图
图幅列号（数字码）

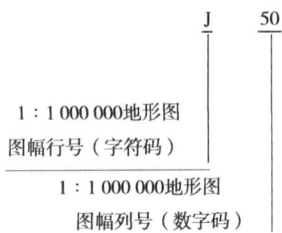

**图 2-8　1∶100 万地形图
编号方法**

表 2-6　比例尺代码

比例尺	1∶50 万	1∶25 万	1∶10 万	1∶5 万	1∶2.5 万	1∶1 万	1∶5000	1∶2000	1∶1000	1∶500
代码	B	C	D	E	F	G	H	I	J	K

具体的图号均由 10 位代码构成，即 1∶100 万地形图行号（字符码，第 1 位）、列号（数字码，第 2、3 位），比例尺代码（字符码，第 4 位）和该幅图的行号（数字码，第 5~7 位）、列号（数字码，第 8~10 位），如图 2-9 所示。

③1∶2000 地形图编号。1∶2000 地形图的图号方法与 1∶50 万~1∶5000 地形图编号方法相同，也可以根据需要以 1∶5000 地形图编号加上短线，再加上阿拉伯数字 1、2、3、4、5、6、7、8、9 表示，其编号方式如图 2-10 所示。图中深色区域所示图号为 H51H018025-5。

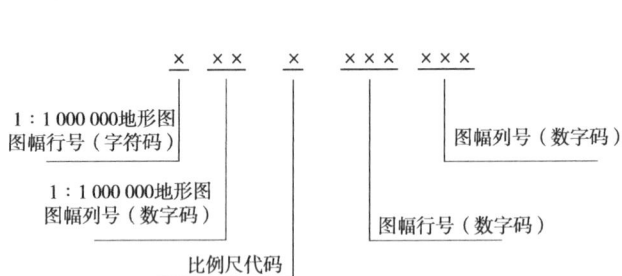

× ×× × ××× ×××

1∶1 000 000 地形图
图幅行号（字符码）

1∶1 000 000 地形图
图幅列号（数字码）

比例尺代码

图幅列号（数字码）

图幅行号（数字码）

图 2-9　1∶50 万~1∶5000 地形图图号的含义

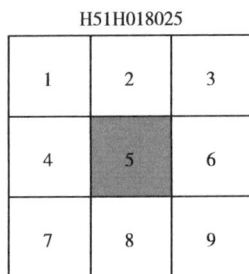

H51H018025

1	2	3
4	5	6
7	8	9

图 2-10　1∶2000 地形图编号

④1∶1000、1∶500 地形图编号。1∶1000、1∶500 地形图编号均以 1∶100 万地形图为基础，行、列编号方式与 1∶50 万~1∶5000 地形图编号方式相同，但要强调的是，横行自上而下、纵列从左到右按顺序分别用 4 位阿拉伯数字（数字码，不足 4 位补 0）编号，所以 1∶1000、1∶500 地形图的图号共 12 位，如图 2-11 所示。

○ 任务实施

1. 北京某地的经度为东经 116°24′28″，纬度为北纬 39°56′29″，如图 2-12 所示，计算该地所在的 1∶100 万比例尺地形图的图号（按旧分幅编号方法）

● 该地纬度为 39°56′29″，按照纬差 4° 划分横列，代入式（2-4），计算得出 $a=$ ［39°56′29″/4°］+1＝10，故该地在第 10 横列，对应的横列号字符码为 J。

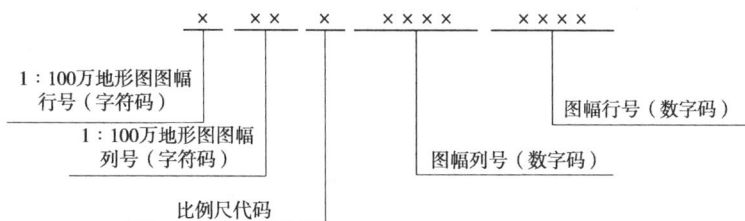

图 2-11　1：1000、1：500 地形图图号的含义

- 该地经度为 $116°24'28''$，按照经差 6° 划分纵行，代入式（2-5），计算得出 $b=$ $[116°24'28''/6]+31=50$，故该地在第 50 纵行，纵行号字符码为 50。
- 按照"行号-列号"方式进行编号，该地所在的 1：100 万比例尺地形图图号为 J-50。

$$a=[\varphi/4°]+1 \tag{2-4}$$

$$b=[\lambda/6]+31 \tag{2-5}$$

式中　[ ]——表示商取整；

a——1：100 万地形图图幅所在纬度带字符码所对应的数字码；

b——1：100 万地形图图幅所在经度带的数字码；

λ——图幅内某点的经度或图幅西南图廓点的经度；

φ——图幅内某点的纬度或图幅西南图廓点的纬度。

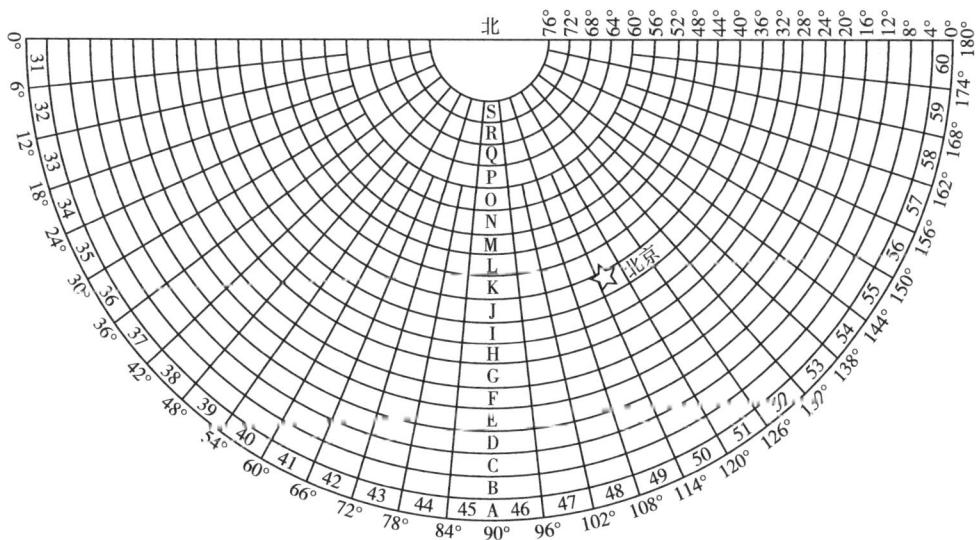

图 2-12　旧分幅编号方法

2. 某地经纬度分别为东经 $114°33'45''$ 和北纬 $39°22'30''$，计算该地所在的 1：500 地形图的编号（按新图号编号方法）

- 该地纬度为北纬 $39°22'30''$，按照纬差 4° 划分横列，代入式（2-4），计算得出 $a=$ $[39°22'30''/4°]+1=10$，故该地在第 10 横列，对应的横列号字符码为 J。
- 该地经度为东经 $114°33'45''$，按照经差 6° 划分纵行，代入式（2-5），计算得出 $b=$

[114°33′45″/6]+31＝50，故该地在第50纵行，纵行号字符码为50。

● 该地所在1∶500地形图纬差为6.25″，代入式（2-6），计算得出 $c＝4°/6.25″-$ [（39°22′30″/4°）/6.25″]＝2304-[3°22′30″/6.25″]＝0360，故该地1∶500比例尺地形图在1∶100万地形图图号后的行号为0360。

● 该地所在1∶500地形图经差为9.375″，代入式（2-7），计算得出 $d＝$ [（114°33′45″/6°）/9.375″]+1＝[33°45″/9.375″]+1＝0217，故该地所在的1∶500比例尺地形图在1∶100万地形图图号后的列号为0217。

● 因此，该地所在的1∶500地形图的编号为J50K03600217。

$$c＝4°/\Delta\varphi-[（\varphi/4°）/\Delta\varphi] \tag{2-6}$$

$$d＝[（\lambda/6°）/\Delta\lambda]+1 \tag{2-7}$$

式中 （ ）——表示商取余；

[ ]——表示商取整；

c——所求比例尺地形图在1∶100万地形图图号后的行号；

d——所求比例尺地形图在1∶100万地形图图号后的列号；

λ——图幅内某点的经度或图幅西南图廓点的经度；

φ——图幅内某点的纬度或图幅西南图廓点的纬度；

$\Delta\varphi$——所求比例尺地形图分幅的经差；

$\Delta\lambda$——所求比例尺地形图分幅的纬差。

◯ 考核评价

由学生自评，完成表2-7。

表2-7 成绩考核评价表

任务2-2 认识地形图梯形分幅和编号				
学习目标	评价内容	评价结果		
		A	B	C
知识目标	1. 了解地形图梯形分幅和编号的概念和方法			
	2. 掌握地形图梯形分幅和编号的原理			
能力目标	1. 会描述地形图梯形分幅和编号的作用			
	2. 能够进行地形图梯形分幅和编号			
素质目标	培养学生善于思考、勇于思考的学习习惯			
综合评价				

◯ 巩固训练

1. 按照新图号编号方法，1∶2000地形图的两种编号方法分别是什么？

2. 某地经纬度分别为东经114°33′45″和北纬39°22′30″，计算该地所在的1∶2000地形图的编号（按新图号编号方法）。

3. 某地所在地形图图号为 J50I090055，计算该图幅西南角的经纬度及其范围。

○ 知识拓展

经纬度

经纬度是经度与纬度组成的坐标系统，是一种利用三度空间的球面来定义地球上的空间的球面坐标系统，能够标示地球上的任何一个位置。

1. 纬线

纬线和经线都是人类为度量方便而假设出来的辅助线，定义为地球表面某点随地球自转所形成的轨迹。任何一根纬线都是圆形且两两平行。纬线的长度是赤道的周长乘以纬线的纬度的余弦，因此赤道最长，离赤道越远的纬线，周长越短，两极即为 0。从赤道向北和向南，各分 90°，称为北纬和南纬，分别用"N"和"S"表示。纬度分南北，指东西。

图 2-13　重要的纬线

实际应用中较为重要的纬线有：北极圈（66°33′38″N）；北回归线（23°26′22″N）；赤道（0°纬线）；南回归线（23°26′22″S）；南极圈（66°33′38″S），需注意的是不同纬线，长度不同（离赤道越远的纬线越短，图 2-13）。

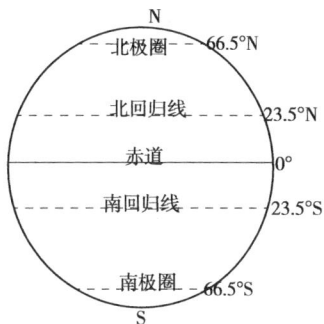

纬线和经线

	经线	纬线
定义	连接南北两极并垂直于纬线的线，也称为子午线	在地球仪上，与南、北极距离相等的大圆圈，称为赤道。所有与赤道平行的圆圈叫纬线
形状	半圆	圆
长度	经线长度都相等	赤道最长，向南北两极逐渐缩短
方向	指示南北方向	指示东西方向

2. 经线

经线也称子午线，定义为地球表面连接南北两极的大圆线上的半圆弧。任两根经线的长度相等，相交于南北两极点。每一根经线都有其相对应的数值，称为经度，是通过某地的经线面与本初子午面所成的二面角。在本初子午线以东的经度称为东经，在本初子午线以西的称为西经。东经用"E"表示，西经用"W"表示。经线分东西，指示南北方向。

在古代，人们用地支来表示方向，"子"代表正北方，而"午"代表正南方。因此，"子午线"从字面意思看即是"从正北到正南的线"。不同的经线具有不同的地方时。相同纬度地区，相对位置偏东的地点要比位置偏西的地点的地方时早。

实际应用中较为重要的经线有：本初子午线(0°经线)；巴黎子午线(2°20′14.025″E)；国际日期变更线(180°经线)；东西半球分界线(西经 20°W)；东西半球分界线(东经 160°E)。

需注意的是所有经线长度相等。

3. 经度

经度是地球上一个地点离本初子午线以东或以西的度数。本初子午线的经度是 0°，地球上其他地点的经度是向东到 180°或向西到 180°。东经正数，西经为负数。不像纬度有赤道作为自然的起点，经度没有自然的起点，作为起点的本初子午线是人为选出来的。英国的制图学家使用经过伦敦格林尼治天文台的子午线作为起点，过去其他国家或人也使用过其他的子午线作起点，如罗马、哥本哈根、耶路撒冷、圣彼得堡、比萨、巴黎、费城等。在 1884 年的国际本初子午线大会上格林尼治的子午线被正式认定为经度的起点。东经 180°即西经 180°，约等同于国际换日线，国际换日线的两边，日期相差一日。

经度的每一度被分为 60′，每一分被分为 60″。因此经度的表示方法是这样的，如东经 23°27′30″或西经 23°27′30″。更精确的经度位置中秒被表示为分的小数，如东经 23°27.500′，但也有使用度和它的小数的，如东经 23.458 33°。有时西经被写作负数，如 −23.458 33°。偶尔也有人把东经写为负数，但这是非常规的。

一个经度和一个纬度即可一起确定地球上一个地点的精确位置。

赤道上经度的每个度大约相当于 111km，其他地区经度的每个度的距离从 0km 到 111km 不等。它的距离随纬度的不同而变化，是 111km 乘纬度的余弦。不过这个距离并非是相隔一经度的两点之间最短的距离，最短的距离是连接这两点之间的大圆的弧的距离，它比上面所计算出来的距离要小一些。

一个地点的经度一般与它和协调世界时之间的时差相对应。每天有 24h，而一个圆圈有 360°，因此地球每小时自转 15°。因此，假如一个人的地方时比协调世界时早 3h 的话，那么他在东经 45°左右。不过由于时区的划分也受政治因素影响，因此，一个人所在的时区不一定与上面的计算相符。但通过对地方时的测量，一个人可以算出他所在地点的经度。为了计算这个数据，需要一个指示协调世界时的钟，并需要观察太阳经过本地子午圈的时间。

4. 纬度

纬度是指过椭球面上某点作法线，该点法线与赤道平面的线面角，其数值在 0°～90°。其中，北纬为正数，南纬为负数。

纬度数值在 0°～30°的地区称为低纬度地区；纬度数值在 30°～60°的地区称为中纬度地

区；纬度数值在 60°~90° 的地区称为高纬度地区。

赤道、南回归线、北回归线、南极圈和北极圈是特殊的纬线。

5. 计算方法

在地球上任何地点，只要有一个钟表，一根竹竿，一根卷尺，就可知道当地经纬度。但钟表必须与国际标准时间（世界时）进行对校对。

计算方法如下。

（1）先算两分日

例如，在中国某地，竿影最短时是中午 13:20，且杆长与影长之比为 1，则根据公式 $\tan\alpha=1$ 可知该地是北纬 45°，东经 100°（从 120° 里每相差 1h 减去 15°，4min 减去 1°），根据杆长与影长之比可通过查表求 α，这里是特殊角，可直接得出 45°。

（2）再算两至日

经度的算法不变，北半球纬度在冬至 $\alpha+23.5°$，夏至 $\alpha-23.5°$，在任意一天加减修正值即可。

（3）修正值算法

即距两分或两至日的天数差乘以 94/365，如 2013 年 2 月 17 日，距 2013 年 3 月 22 日春分差 33 天，即太阳直射点在南纬，计算修正值 33×94/365＝8.5°，所以当天正午时得到的纬度是（arctan α+8.5）°，式中 tan α＝杆长/影长。

任务 2-3　认识地形图矩形分幅和编号

○ 工作任务

认真观察图 2-14，理解矩形分幅的原理，学会矩形分幅和编号的方法。

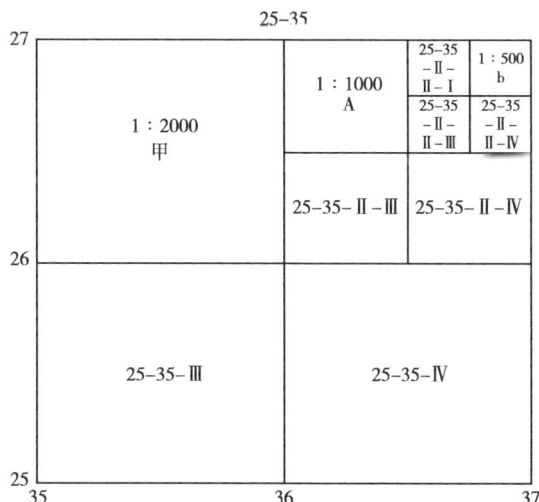

图 2-14　矩形分幅和编号法

○ 知识准备

矩形分幅是地形图分幅的一种，矩形分幅适用于大比例尺地形图，它是根据比例尺由小到大逐级按照统一的直角坐标格网划分成 4 幅的分幅方法。1∶500、1∶1000、1∶2000、1∶5000 比例尺地形图图幅一般为 50cm×50cm 或 40cm×40cm，以纵横坐标的整千米或整百米数的坐标格网作为图幅的分界线，称为矩形或正方形分幅。图幅大小如表 2-8 所示，一般规定 1∶5000 比例尺采用纵、横各 40cm，即实地 2km 的分幅，1∶2000、1∶1000、1∶500 比例尺采用纵、横各 50cm 分幅。其中，50cm×50cm 的图幅最为常见。

认识地形图
矩形分幅
和编号

工程规划、设计、管理、施工所用的 1∶500、1∶1000 和小区域采用的 1∶2000、1∶5000 大比例尺地形图，常采用矩形分幅法。采用矩形分幅时，图号一般使用西南角坐标千米数编号法，即使用该幅图西南角坐标 x、y 的千米数进行编号。编号时，比例尺为 1∶5000 地形图坐标值取至 1km，1∶1000、1∶2000 地形图取至 0.1km，1∶500 地形图取至 0.01km。如图 2-14 所示，已知其比例尺为 1∶5000，西南角的坐标为 $x=25$km、$y=35$km，则其编号为 25-35。

表 2-8 矩形分幅图幅数

地形图比例尺	图幅大小（cm）	实际面积（km²）	1∶5000 图幅包含数	每平方千米图幅数
1∶5000	40×40	4	1	0.25
1∶2000	50×50	1	4	1
1∶1000	50×50	0.25	16	4
1∶500	50×50	0.0625	64	16

如果测区面积较大，而且有几种不同比例尺地形图，为了便于测绘、拼接、编绘、存档、管理及应用，地形图编号通常采用基本图号法，即以最小比例尺图号为基础，而较大比例尺图幅编号是在它的编号后面加上罗马数字。

例如，测区 1∶5000 图号为 25-35，则这个图号将作为该图幅中其他所有较大比例尺图幅的基本图号。以图 2-14 为例，在 1∶5000 图号后面加上罗马数字 Ⅰ、Ⅱ、Ⅲ、Ⅳ，就是 1∶2000 比例尺图号，如甲图号为 25-35-Ⅰ。同样，在 1∶2000 图号后面加上 Ⅰ、Ⅱ、Ⅲ、Ⅳ，就是 1∶1000 图号，如 A 图号为 25-35-Ⅱ-Ⅰ。在 1∶1000 比例尺图号后加 Ⅰ、Ⅱ、Ⅲ、Ⅳ，就是 1∶500 图号，如 b 图号为 25-35-Ⅱ-Ⅱ-Ⅱ。

○ 任务实施

1. 已知图 2-15 比例尺为 1∶2000，根据矩形分幅和编号方法，确定其编号

• 采用矩形分幅时，图号一般使用西南角坐标千米数编号法，图 2-15 西南角坐标为 $x=10.0$km、$y=15.0$km。

• 编号时，比例尺为 1∶2000 地形图坐标值取至 0.1km，所以其编号为 10.0-15.0。

2. 根据矩形分幅法，指出图 2-15 中甲和 A 的图号

• 矩形分幅是根据比例尺由小到大逐级按照统一的直角坐标格网划分成 4 幅的分幅方

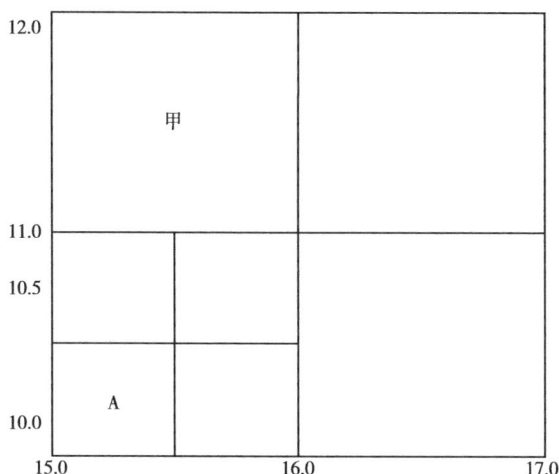

图 2-15　西南角坐标千米数编号法

法，在 1∶2000 图号后面加上Ⅰ、Ⅱ、Ⅲ、Ⅳ，就是 1∶1000 图号，故甲图号为 10.0-15.0-Ⅰ。

●在 1∶1000 比例尺的图幅编号后加Ⅰ、Ⅱ、Ⅲ、Ⅳ，就是 1∶500 图号，所以 A 图号为 10.0-15.0-Ⅲ-Ⅲ。

○ 考核评价

由学生自评，完成表 2-9。

表 2-9　成绩考核评价表

任务 2-3　认识地形图矩形分幅和编号				
学习目标	评价内容	评价结果		
		A	B	C
知识目标	1. 了解地形图矩形分幅和编号的概念和方法			
	2. 掌握地形图矩形分幅和编号的原理			
能力目标	1. 能完整描述地形图矩形分幅和编号的过程			
	2. 能够进行地形图矩形分幅和编号			
素质目标	培养学生尊重大国工匠的意识			
综合评价				

○ 巩固训练

1. 简述矩形分幅的含义。

2. 说明矩形分幅和编号的方法。

3. 矩形分幅法适合哪几种比例尺地形图?

4. 列举矩形分幅和编号的具体应用。

5. 什么是西南角坐标千米数编号法?

6. 不同比例尺地形图分幅和编号时,坐标值分别取至多少?

知识拓展

行列编号法和流水编号法

1. 行列编号法

行列编号法一般采用以字母(如 A、B、C)为代号的横行从上到下排列,以阿拉伯数字为代号的纵列从左到右排列来编写,先行后列,如图 2-16 所示,灰色区域图号为 A-5。

A-1	A-2	A-3	A-4	A-5	A-6
B-1	B-2	B-3	B-4		
	C-2	C-3	C-4	C-5	C-6

图 2-16 行列编号法

2. 流水编号法

带状测区或小面积测区可按测区统一顺序编号,一般从左到右,从上到下用阿拉伯数字(如 1、2、3)编定,如图 2-17 所示,灰色区域图号为 XX-8(XX 为测区代号)。

	1	2	3	4	
5	6	7	8	9	10
11	12	13	14	15	16

图 2-17 流水编号法

任务 2-4 认识地形图图名与图号

工作任务

认真观察地形图 2-18,识别其图名和图号。

知识准备

为了图纸管理、查找和使用方便,需在地形图的图框(称为图廓)周边标注如图名、图号、接图表、坐标格网、三北方向线等图廓元素。

认识地形图
图名与图号

毛家镇	二道梁	北集
三顶丘		青山
白石湾	付家	沟口

白吉树村
15.0–10.0

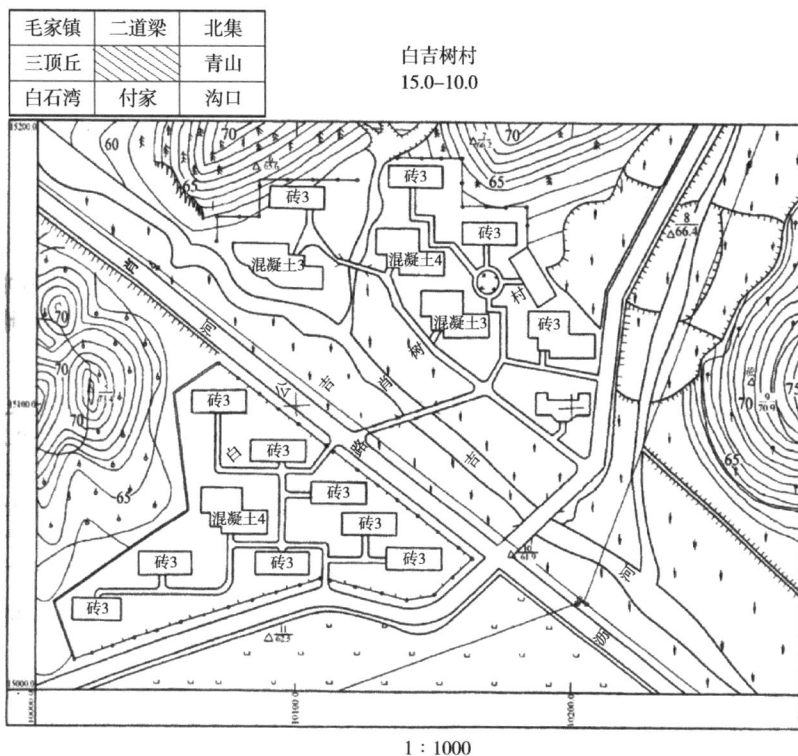

1 : 1000

图 2-18　白吉树村 1 : 1000 比例尺地形图

1. 图名

图名即本幅图的名称，表明了该图幅的制图区域和主要内容，是地图的一种整饰要素。每幅地形图都应标注图名，通常以图内标志性的地理名称，如标志性的地名、村庄、企业、厂矿或最突出的地物、地貌等来命名。图名应简练，含义明确，具有概括性。

图名可以置于图外，也可以置于图内。置于图外时，通常都是将图名放在北图廓外居中的位置，距外图廓的间距约为 1/3 字高。放置在图内时，一般安置在右上角或左上角，可以用横排、竖排的形式。

2. 图号

图号即本幅图的编号或代号，是根据统一的分幅进行编号的。通常，一幅地形图的幅面有限，制图区域往往包含几幅甚至几十幅地形图的范围，所以制图时需要将制图区域划分成若干块，分别绘制在合适幅面的图纸上，并以一定规律编注每幅图的号码，即图号。所以，为了区别各幅地形图所在的位置，每幅地形图上都编有图号，通常标注在北图廓上方的中央、图名的下方。

如图 2-19 所示，该图编号采用的是图幅西南角坐标千米数编号法，也就是以图廓西南角坐标值的千米数作为该图幅的编号。根据图号 15.0–10.0 可以知道该幅地形图西南角的坐标为（15 000，10 000）。

◎ 任务实施

1. 认真观察图2-19，说明本幅地形图的图名

- 图名置于图外时，通常放在北图廓外居中的位置。

本幅地形图的图名是白吉树村，如图2-19所示。

2. 指出图2-20的图号，并说明其编号方法

- 地形图的图号通常标注在北图廓上方的中央、图名的下方。

本幅地形的图号是15.0-10.0，如图2-20所示。

本幅地形图图号的编号方法为西南角坐标千米数编号法。

图2-19　图名

图2-20　图号

◎ 考核评价

由学生自评，完成表2-10。

表2-10　成绩考核评价表

任务2-4　认识地形图图名与图号				
学习目标	评价内容	评价结果		
		A	B	C
知识目标	1. 了解地形图图名与图号的概念			
	2. 掌握地形图图名与图号的作用			
能力目标	1. 会应用地形图图名与图号			
	2. 能够识别地形图图名与图号			
素质目标	培养学生发现问题、解决问题的良好习惯			
综合评价				

◎ 巩固训练

1. 简述图名和图号的概念。

2. 地形图图名的命名规则是什么？

3. 西南角坐标千米数编号法的具体编号方法是什么？

4. 地形图图号的作用是什么？

○ **知识拓展**

地图整饰

1. 地图整饰的内涵

地图整饰（map appearance）是关于地图内容的表现形式和手段的技术，是地图制图学中的一个重要部分，也是制图实践中的一种造型艺术和工序。根据透视和色彩学原理，利用图案、色彩显示地图内容的类别、特征、主次关系、地理分布和相互联系等。地图整饰主要包括：地图符号设计、色彩设计、地貌立体表示、出版原图绘制、图面配置、图外装饰设计等。整饰的顺序是先图内后图外、先地物后地貌、先注记后符号，再按图式要求写出图名、图号、比例尺、坐标系统、高程系统、测绘单位、测绘者和测绘日期等。

地图整饰需要点、线、面符号和图例、比例尺、指北针等可视化要素，良好的可视化要素风格能使地图使用者迅速、准确地判读地理信息。地图整饰是地图进行打印输出必不可少的过程，是一个完整的地理信息系统或数字地图制图系统不可或缺的功能模块。

2. 地图符号设计

地图符号系统包括表示各种事物或现象的线画符号（包括注记），以及有关的说明和示例。地图符号主要依据地图的性质和用途、地图的内容特点、地图比例尺、用图者的视力、绘图和制印技术等进行设计。所设计的符号要求有代表性、独立性和系统性，适于各种事物的分类、分级，适于常规地图制图和计算机辅助地图制图。

3. 色彩设计

可以扩大符号范围，丰富地图内容，显示事物或现象的质量差别和数量变化，增强地图的美感。地图上需设计的色彩主要有：表示各种事物的线画符号的色彩；表示事物本质差别的色彩；表示事物的质及其数量变化的色彩；显示某些平面图形或区域界限的底色等。各种色彩主要依据色彩三原色原理，色相、亮度、饱和度变化规律，色彩的对比和协调效果，以及色彩的远近和冷暖感觉等进行设计。

4. 地貌立体表示

主要根据地图上地貌类型特征，以透视原理、色彩的立体效应和光影造型原理，在平面图上制作富有立体感的地貌原图和地貌分层设色高度表，表示地貌类型、高程和倾斜度。用于地貌表示的最早为图案和形象符号，之后又发展演变出了写景法、晕法（以不同长短、粗细和疏密的线条表示地面的起伏形态）、晕点法（以点的密度表示地面的起伏形态）、晕渲法（又称阴影或光影法，用浓淡不同的颜色表示地面的起伏形态）、等高线法（以地面上高程相等的相邻点连成的闭合曲线来表现地面的起伏形态）、分层设色法（将地貌按高度分带，每带用一定的色相显示，称为色层；为所有的高度带设计的系列色层即称为分层设色高度表）等。应用最广泛的是等高线法、分层设色法、晕渲法以及这几种方法的组合，其中等高线法被认为是比较科学而精确的表示方法。航摄像片和陆地卫星像片也被直接用来显示立体地貌。

5. 图面配置和图外装饰设计

根据地图图幅、地图集(册)的主题、开本和出版条件，配置、装饰与地图内容密切联系的辅助元素及其他形式。例如，图幅上的图名、图例、插图等辅助元素的配置；地图集(册)的封面材料及颜色的选择，封面上图集名称、副标题、编辑出版者名称、版本等字体、标志性图案的确定和配置，扉页、标题页(内封面)、环衬的设计，以及装订材料和方法的选择等。

任务 2-5　认识地形图接图表

○ 工作任务

认真观察图 2-21 接图表信息，详细描述相邻图幅信息。

○ 知识准备

图幅接合表简称接图表，是表示各图幅间相互位置的图表，用来说明本图幅与相邻图幅的关系，以便索取相邻图幅。接图表也可以是标明某一地区的多幅地图或分幅地图的相邻图幅的相关位置的略图。根据其用途和范围可分为图幅接图表和区域接图表。接图表所包含的信息分为两部分：一是部分图幅的语义信息，包括图号、图幅所属的行政区划以及相应的面积；二是图形信息，即各行政区划的边界。接图表一般绘制在图廓左上方的位置。如图 2-21 所示，中间阴影格代表本图幅，其他区域分别注明相应的图名(或图号)代表相邻图幅。有的地形图还把相邻图幅的图号分别注记在东、南、西、北图廓线中，进一步说明与四邻图幅的相互关系。

认识地形图接图表

野竹村	平顶山	小庙山
黄土沟		胡家庄
李家庄	象山	沈官山

图 2-21　接图表

地形图图幅接合表是从事测绘生产管理不可缺少的图件资料。中国使用的地形图中小比例尺有 8 种，分别是 1∶5000、1∶1 万、1∶2.5 万、1∶5 万、1∶10 万、1∶25 万、1∶50 万和 1∶100 万，对应每种比例尺的图号方式又分两种：一种是按 1992 年以前标准分幅编号的旧图号；另一种是 1992 年以后按新标准分幅编号的新图号。

○ 任务实施

1. 认真观察图 2-21 接图表，识别并说明本图幅相邻周边共有几幅地形图

● 接图表中间阴影格代表本图幅。本图幅周边相邻地形图共有 8 幅。

2. 指出本图幅正北方位相邻的地形图名称

● 阴影格即为本图幅，正北方位相邻地形图图名为平顶山。

○ **考核评价**

由学生自评，完成表 2-11。

表 2-11　成绩考核评价表

任务 2-5　认识地形图接图表				
学习目标	评价内容	评价结果		
		A	B	C
知识目标	1. 了解地形图接图表的概念和作用			
	2. 掌握地形图接图表特征			
能力目标	1. 描述地形图接图表作用			
	2. 识别地形图接图表			
素质目标	培养学生拓展未知领域的意识			
综合评价				

○ **巩固训练**

1. 简述地形图接图表的概念？
2. 地形图接图表的作用是什么？
3. 地形图接图表的绘制方法是什么？
4. 地形图接图表所包含的信息有哪些？

○ **知识拓展**

图幅接合表的开发

目前尚未有提供制作标准图幅接合表(九宫格)及整个测区接合图的程序功能，在对每幅标准图接合表及整个测区接合图输入图名、图号等信息时，具有重复工作量大、输入容易出错、效率不高、编辑工作量大等特点，因而有必要开发出一套能有效自动生成接合图、表的程序。

1. 数据文件结构设计

数据文件是以图幅为单位按行或列以西南角坐标和图名来组织的，即：

图幅西南角 x_1，y_1，图名；

图幅西南角 x_2，y_2，图名；

……

图幅西南角 x_n，y_n，图名。

数据文件是按行或列排列，输入时很有规律，因此建议用 Excel 输入。实际使用时，应根据不同要求可设计不同的数据文件结构，尽量减少数据文件的冗余度。

2. 获取生成的标准分幅图比例尺块

在 AutoCAD 中有一系统变量 LTSCALE（当前的图形全局比例尺），用于自动计算并定位标准图幅接合表中图名、图号等信息输入的位置，可根据不同比例尺插入标准图廓，获取 LTSCALE 变量的值。

3. 定义和添加图层和文字样式

定义图层的目的是要将待加入的图廓放入规定的图层中，且标准图幅接合表中的字体、图名和图号的字体及其大小均不相同，要使生成好的图廓不需再进行编辑，在加入图廓之前必须先根据不同要求定义好文字的样式。利用同样方法可添加和定义其余图层以及文字式样，文字式样还可以用其他属性对其文字的高度、宽度因子及倾斜角度进行定义。

4. 文字注记及其对齐方式设置

根据分幅图比例尺大小及标准图幅接合表及图名和图号的相对位置，计算出其中心位置（即对齐点），由于图名文字长度一般不一致，所以采用文字中间对齐方式更适宜。

5. 外部引用与绑定

主要是将标准图廓利用外部引用的方式加入标准分幅图中，并且根据标准图比例尺进行缩放，若标准图廓已编辑好则可直接对外部引用进行绑定，否则可待修改好标准图廓后再进行外部引用的绑定。

6. 西南角坐标点坐标的拾取

西南角坐标点坐标是每幅图插入标准图廓和计算标准图幅接合表、图名、图号位置的必要信息。

任务 2-6 认识地形图图廓与坐标格网

○ 工作任务

认真观察图 2-22 图廓与坐标格网信息，识别内外图廓和坐标格网，并根据点坐标判断该点在图中的位置。

○ 知识准备

1. 图廓

图廓是地形图的边界线，地形图图廓有内、外图廓之分。内图廓是地形图分幅时的坐标格网或经纬线，也是图幅的边界线，用 0.1mm 细线绘出。在内图廓线内侧，每隔 10cm，绘出 5mm 的短线，表示坐标格网线的位置。外图廓是距内图廓 12mm 的加粗平行线，也是图幅的最外围边线，用 0.5mm 粗线绘出，仅起装饰作用。在内外图廓之间标有坐标格网的平面直角坐标或地理坐标的坐标值。

认识地形图图廓与坐标格网

火车站	东河庄	汽修厂
农　场	▨	石板坡
中医院	龙王庙	清风峡

西 三 庄
3510.0-220.0

密级

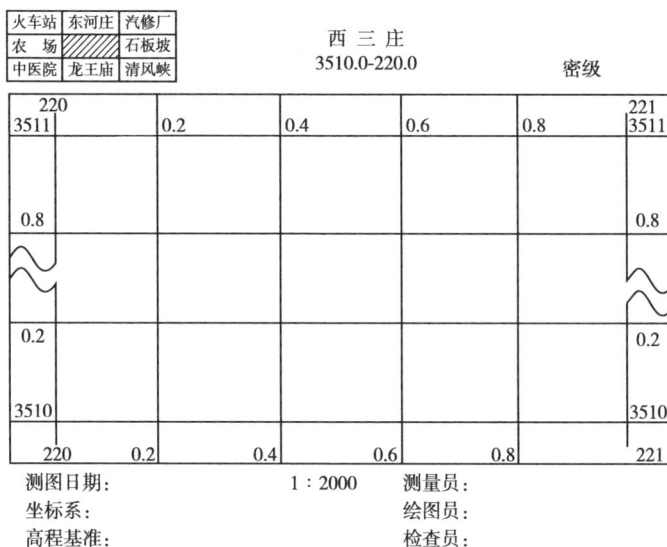

| 220 3511 | | 0.2 | 0.4 | 0.6 | 0.8 | 221 3511 |

图 2-22　图廓与坐标格网

2. 坐标格网

坐标格网(coordinate grid)简称坐标网,是按照一定的纵横坐标间距,在地图上划分的格网,是地形图的重要元素。在编制地形图时,它是绘制地形图图形的骨架。使用地形图时,常借以确定地面点的坐标,根据已知坐标来确定点位,量测线段,或确定东西南北的方向;还可以根据其确定地球椭球上各点的坐标,根据坐标将点展绘到地图上,量测方向线的方向,计算地图上任意点上的比例尺和变形等。

最常见的坐标网有两种:直角坐标网(方里网)和地理坐标网(经纬网)。

○ 任务实施

1. 认真观察图 2-22,指出内图廓和外图廓

● 本图幅的内外图廓如图 2-23 所示。

2. 指出图 2-22 的坐标格网

● 坐标格网是按照一定的纵横坐标间距,在地图上划分的格网。本幅图的坐标格网为直角坐标网,位置如图 2-24 所示。

3. 判断点 A(3 510 800,220 600)是否在该图中

● 点 A 的 x、y 坐标分别为 3 510 800m,220 600m,图幅中坐标值最小点为西南角,坐标为 $x_{min}=3\,510\,000$m,$y_{min}=220\,000$m。

● 从图上可知 $x_{min} \leqslant x_A \leqslant x_{max}$,且 $y_{min} \leqslant y_A < +y_{max}$,则 A 点必然在本幅图上。

○ 考核评价

由学生自评,完成表 2-12。

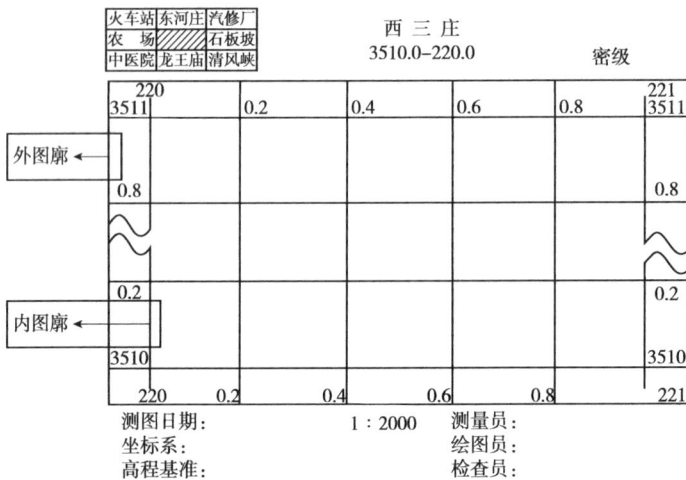

火车站	东河庄	汽修厂
农　场		石板坡
中医院	龙王庙	清风峡

西 三 庄
3510.0-220.0

密级

图 2-23　图廊

火车站	东河庄	汽修厂
农　场		石板坡
中医院	龙王庙	清风峡

西 三 庄
3510.0-220.0

密级

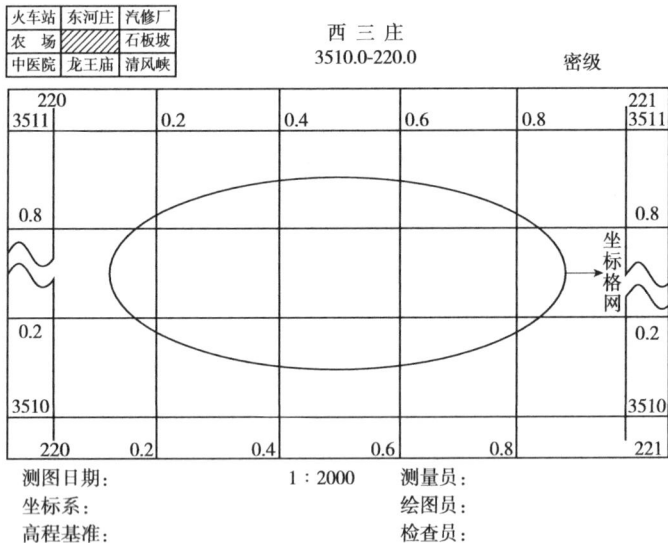

图 2-24　地图坐标格网

表 2-12　成绩考核评价表

任务 2-6　认识地图图廊与坐标格网				
学习目标	评价内容	评价结果		
		A	B	C
知识目标	1. 了解地形图图廊与坐标格网的概念和类型			
	2. 掌握地形图图廊与坐标格网的特征和功能			
能力目标	1. 描述地形图图廊与坐标格网类型和特征			
	2. 识别地形图图廊与坐标格网			
素质目标	培养学生对地图科学的热爱			
综合评价				

○ 巩固训练

1. 简述图廓的概念。
2. 简述坐标格网的作用。
3. 图廓的主要作用是什么？
4. 图廓的绘制方法是什么？
5. 坐标格网的绘制方法是什么？

○ 知识拓展

地理坐标网

地理坐标网也称经纬线网、地图格网，它多见于中、小比例尺地图中，通常称为制图网。

1. 地理坐标网的优点

控制作用：地理坐标网具有明确的地理概念，经纬线的方向是和实地上的东西南北方向相一致的，因此它可以用于确定方向。

分析投影：经纬线网格在地球上有固定的形状和面积，在地图上可以利用地理坐标网来确定地面点投影到地图上以后的变形状况。

地理经度具有明确的时间概念，地理纬度和气温有着密切的关系，因而它决定着自然界的一系列特征。

2. 地理坐标网的缺点

经(纬)差相等的线段在地图上一般情况下并不相等。经纬线往往不是正交的。因此进行图上量测工作及根据坐标展绘点位时都十分麻烦。

3. 地理坐标网表示

1∶1万~1∶25万地形图上，经纬线只以图廓线表示出来，四角点标注度数，内外图廓间绘有方便加密的短线(分度带)，需要时相连成网。1∶25万的图廓内还有加密十字线。

1∶50万 1∶100万地形图上，直接绘出经纬线网，而且内图廓上也有供加密经纬线网的加密分划短线。

任务 2-7 认识地形图三北方向线关系图

○ 工作任务

认真观察图 2-25 三北方向线图，理解磁偏角的含义，并判断其正负。

○ 知识准备

在许多中、小比例尺图的南图廓线右下方，还绘有真子午线北方向 N、磁子午线北方向 N′和纵坐标轴北方向 X，这三者之间的角度关系图，称为三北方向线。

三北方向线主要用于地图的定向，根据地形图的位置不同，会有不同形式。真子午线北方向是沿地面某点真子午线的切线方向；纵坐标轴北方向是高斯投影时投影带的中央子午线方向，也是高斯平面直角坐标系的坐标纵轴线方向；磁子午线北方向是磁针在地面某点自由静止后磁针所指的方向。

认识地形图
三北方向线
关系图

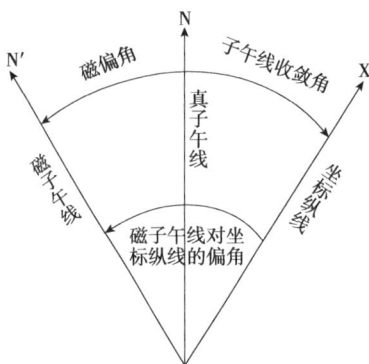

真子午线和坐标纵轴线（实为特殊的真子午线）的方向，通常用天文大地测量或陀螺经纬仪直接测定。而磁子午线方向则用罗盘仪直接测定。

由于地球的南北两极与地球的南北两磁极不重合，地面上同一点的真子午线方向与磁子午线方向是不一致的，两者间的水平夹角称为磁偏角，用德尔塔（δ）表示，如图 2-26 所示。过同一点的真子午线方向与坐标纵轴线方向的水平夹角称为子午线收敛角，用伽马（γ）表示。以真子午线方向北端为基准，磁子午线和坐标纵轴线方向偏于真子午线以东称为东偏，δ、γ 为正；偏于西侧称为西偏，δ、γ 为负。不同点的 δ、γ 值一般是不同的。

图 2-25　三北方向线　　　　图 2-26　磁偏角

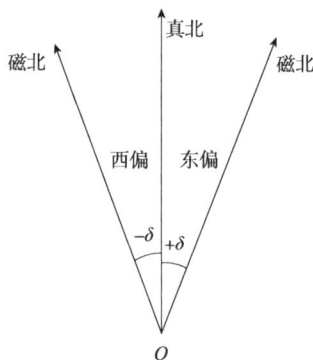

○ 任务实施

1. 认真观察图 2-26，说明地面上某点的磁偏角是否会为 0°

• 地球的南北两极与地球的南北两磁极不重合，所以地面上同一点的真子午线方向与磁子午线方向是不一致的。因此，磁偏角不会为 0°。

2. 指出图 2-26 中磁偏角的正负

• 磁子午线和坐标纵轴线方向偏于真子午线以东称为东偏，δ、γ 为正；偏于西侧称为西偏，δ、γ 为负。因此，图 2-26 中磁偏角为负。

○ 考核评价

由学生自评，完成表 2-13。

表 2-13 成绩考核评价表

学习目标	评价内容	评价结果		
	任务 2-7 认识地形图三北方向线关系图			
		A	B	C
知识目标	1. 了解地形图三北方向线的概念和类型			
	2. 掌握地形图三北方向线关系图的构成			
能力目标	1. 会描述地形图三北方向线关系图的构成特征			
	2. 会识别地形图三北方向线关系图			
素质目标	培养学生正确认识客观事物的能力			
综合评价				

〇 巩固训练

1. 简述三北方向线的含义。
2. 说明三北方向线的作用。
3. 子午线收敛角和磁偏角的区别是什么？

〇 知识拓展

真子午线

1. 真子午线的含义

如果子午线通过地球两极的南北方向，则称为真子午线。真子午线即天文子午线，在地球上的任一给定点上，真子午线的方向总是不变的，因此，以真子午线为基准的方向值在任何时候也都保持不变。大规模测量的直线和国界线都以真子午线为基准。

在美国国家海洋测量局测定的分布在美国境内的许多三角点上，均已建立了可供测量员使用的已知真子午方向的基准线。

通过地面上一点指向地球南北极的方向线称为该点的真子午线方向。其角度有两种表示方法：一种是自北端开始按顺时针方向由 0°~360°。地面上任一直线与真子午线所夹的水平角称为真方位角，如图 2-27(a) 所示；另一种是在子午线的南、北两端各有一个 0°，向左右各注 90°。北东为象限Ⅰ，南东为象限Ⅱ，南西为象限Ⅲ，北西为象限Ⅳ。在地面上任一直线与真子午线所夹的角称为象限角。角度的读法，如北东 40°，南西 64°，如图 2-27(b) 所示。

真子午线须用天文观测才能测出。一般工程常利用国家已测设的三角点成果推测出本工程各直线段的真子午线。

2. 真子午线方向

过地球表面某点的真子午线的切线方向即为真子午线方向。它是直线定向的标准方向

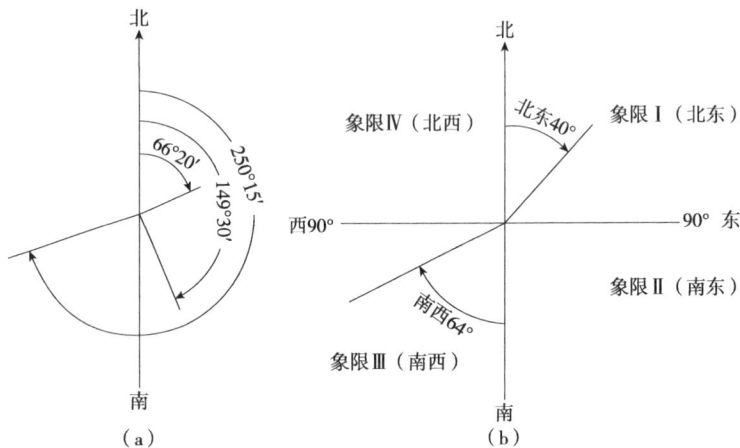

图 2-27　象限角

之一。地球上各点的真子午线方向是不平行的(赤道上的点除外)，它是通过天文测量而确定的。真子午线方向相互不平行。它们在其延长线上与地轴延长线相交。相邻两真子午线方向间的角称为子午线收敛角，以 γ 表示，子午线收敛角 γ 的大小与两点间的距离有关。

3. 真子午线的测定

可通过观测已知天体的坐标位置来测定真子午线。当采用这种方法时，必须和大地测量部门合作计划磁测，大地测量部门会提供坐标数据和运算方法。当采用太阳的位置来测定真子午线时，如果太阳不太高，这个方法在全天都可以得出良好的结果。且以很方便地在观测时间里通过测量太阳的位置，求得一个观测点的真子午线。太阳的方位角可由天极、天顶和太阳所确定的球面三角形计算出来。太阳接近地平面时，时间误差和其他误差对结果的影响最小。

任务 2-8　认识地形图坡度比例尺

○ 工作任务

认真观察图 2-28，理解坡度计算原理，并运用式(2-8)完成不同比例尺或不同等高距情况下的坡度大小对比。

$$i = \tan\alpha = h/(d \times M) \tag{2-8}$$

式中　i——地面坡度；

　　　α——地面倾角；

　　　h——等高距；

　　　d——相邻等高线间平距；

　　　M——比例尺分母。

知识准备

坡度比例尺是一种在地形图上量测地面坡度和倾角的图解工具，一般绘在南图廓外直线比例尺的左边。坡度比例尺用于量取两点之间的坡度值使用，有两种量取方法：一种是等高线密集时量取相邻 6 条等高线；另一种是等高线疏松时量取相邻两条等高线。如图 2-29 所示，坡度尺的底线下注有两行数字，上行表示地面倾角 α，下行是对应的地面坡度 i。使用坡度比例尺时，用分规卡出图上相邻等高线的平距后，以分规的一针尖对准坡度尺底线，另一针尖对准曲线，即可读出地面坡度 i 和地面倾角 α。

认识地形图坡度比例尺

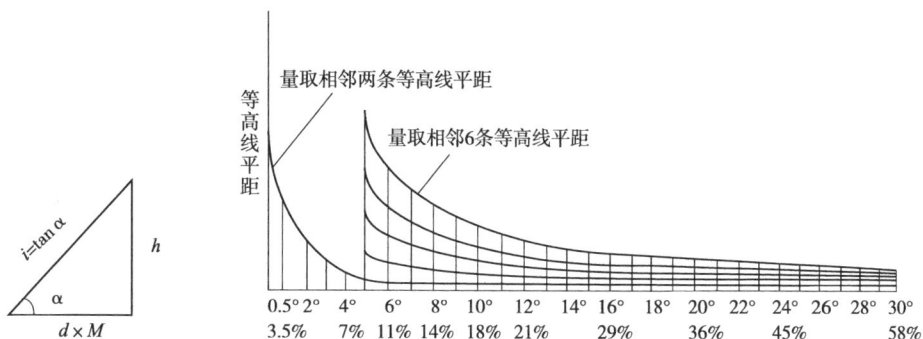

图 2-28 坡度计算

图 2-29 地形图坡度比例尺

1. 根据等高线疏密判断

如果比例尺和等高距相同，等高线越密集，坡度越大；等高线越稀疏，坡度越小。

2. 根据等高距大小判断

如果比例尺和等高线疏密程度相同，等高距越大，坡度越大；等高距越小，坡度越小。

3. 根据比例尺大小判断

如果等高距和等高线疏密程度相同，比例尺越大，坡度越大；比例尺越小，坡度越小。

任务实施

1. 如果 4 幅地形图的等高距均为 50m，比例尺分别为：①1∶10 000；②1∶2000；③1∶1000；④1∶500，则计算其坡度由大到小的排序

• 根据坡度计算公式，计算可知 4 种比例尺的坡度关系为④>③>②>①。

2. 如果 4 幅地形图的比例尺均为 1∶10 000，等高距分别为：①20m；②30m；③40m；④50m，则计算其坡度由小到大的排序

• 根据坡度计算公式，计算可知 4 种等高距的坡度关系为①<②<③<④。

考核评价

由学生自评，完成表 2-14。

表 2-14　成绩考核评价表

学习目标	评价内容	评价结果		
		A	B	C
知识目标	1. 了解地形图坡度比例尺的概念和构成			
	2. 掌握地形图坡度比例尺的特征和功能			
能力目标	1. 会描述地形图坡度比例尺的特征			
	2. 会识别地形图坡度比例尺			
素质目标	培养学生对祖国深厚的感情			
综合评价				

○ 巩固训练

1. 简述坡度和坡度比例尺的含义。

2. 地形图平距指的是实地距离还是图上距离?

3. 说明坡度的计算方法。

4. 简述坡度比例尺的使用方法。

5. 1∶10 000 比例尺地形图上两点的等高距为100m，等高线平距为2cm，试计算两点的坡度是多少?

6. 坡度的表示方法有哪几种?

○ 知识拓展

坡　度

坡度(slope)是地表单元陡缓的程度，通常把坡面的垂直高度 h 和水平方向的距离 l 的比值称为坡度(或称为坡比)，用字母 i 表示，即坡角的正切值。

坡度的表示方法有百分比法、度数法、密位法和分数法 4 种，其中以百分比法和度数法较为常用。

1. 百分比法

表示坡度最为常用的方法，即两点的高程差与其路程的百分比，其计算公式如下:

$$i = h/l \times 100\% \tag{2-9}$$

式中　i——坡度;

　　　h——高程差;

　　　l——路程。

例如，坡度3%是指路程每100m，垂直方向上升(下降)3m;1%是指路程每100m，垂直方向上升(下降)1m，依此类推。

2. 度数法

用度数来表示坡度，可利用三角函数计算而得，设坡角为 α，其公式如下:

$$i = \tan \alpha = h/l \qquad (2\text{-}10)$$

式中　i——坡度；

　　　α——坡角；

　　　h——高程差；

　　　l——路程。

所以 $\alpha = \arctan(i) = \arctan(h/l)$。

不同角度的正切及正弦坡度

角度	正切	正弦
0°	0%	0%
5°	9%	9%
10°	18%	17%
30°	58%	50%
45°	100%	71%
60°	173%	87%
90°	∞	100%

任务 2-9　认识地图投影方式

○ 工作任务

认真观察图 2-30 和图 2-31 地图投影，理解地图投影的方式，并能根据投影特点指出该投影所属类型。

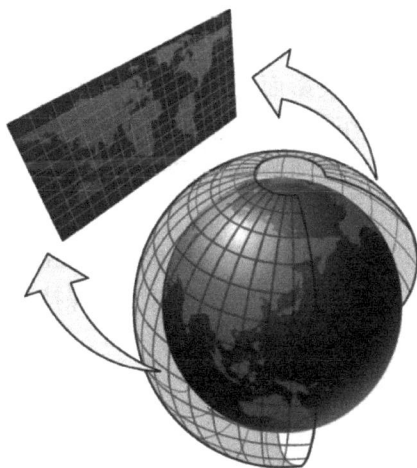

图 2-30　地图投影

正轴

横轴

斜轴

方位投影   圆柱投影   圆锥投影

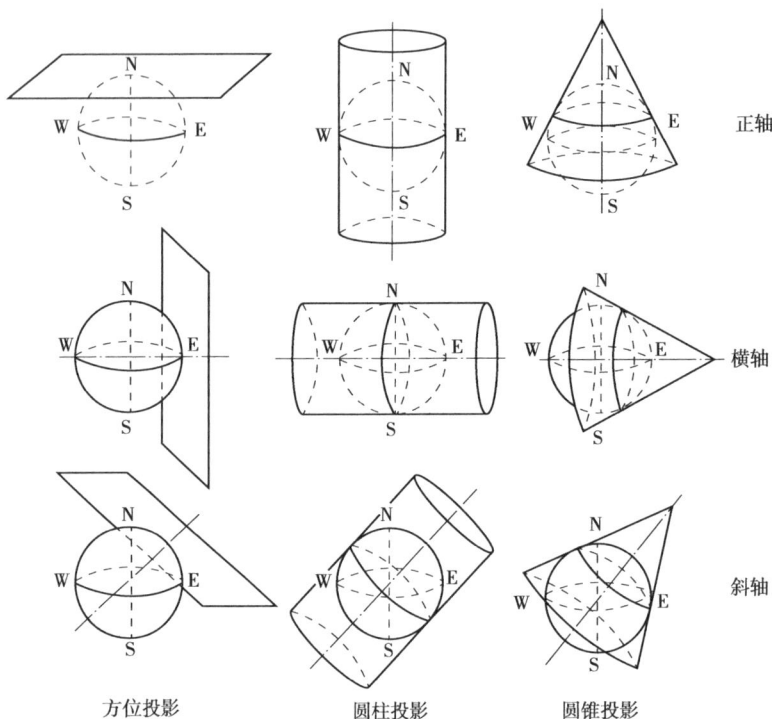

图 2-31 不同投影方式

○ 知识准备

地图投影是指建立地球表面(或其他星球表面或天球面)上的点与投影平面(即地图平面)上的点之间一一对应关系的方法。

认识地图
投影方式

1. 按照变形方式划分

(1)等角投影

等角投影又称正形投影，是指投影面上任意两方向的夹角与地面上对应的角度相等。在微小的范围内，可以保持图上的图形与实地相似，但不能保持其对应的面积成恒定的比例，而且不同地点的局部比例尺，是随着经纬度的变化而变化的。

(2)等积投影

等积投影，又称等面投影，是将地图上任何图形面积经主比例尺放大以后与实地相应图形面积保持大小不变的一种投影方法。与等角投影相反，保持等积就不能同时保持等角。

(3)任意投影

任意投影是既不等角也不等积的投影。

2. 按照相对位置划分

根据投影面与地球表面的相对位置分类(投影轴与地轴的关系)，投影可分为以下 3 类，如图 2-32 所示。

（1）正轴投影（重合）

投影面的中心线与地轴一致。

（2）斜轴投影（斜交）

投影面的中心线与地轴斜交。

（3）横轴投影（垂直）

投影面的中心线与地轴垂直。

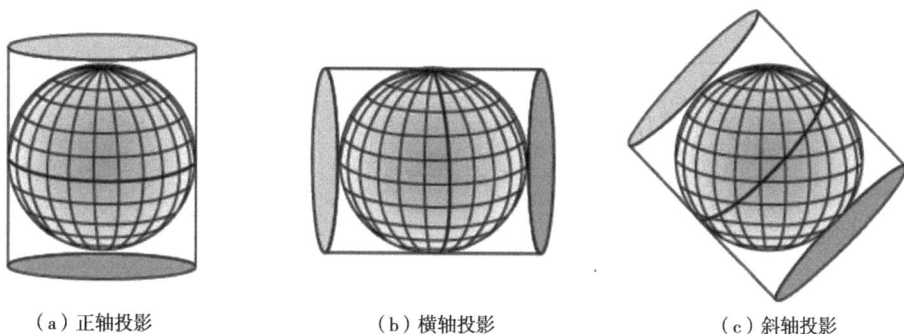

（a）正轴投影　　　　　　　　　（b）横轴投影　　　　　　　　　（c）斜轴投影

图 2-32　按相对位置分类

3. 根据正轴投影时经纬网的形状划分

（1）几何投影

几何投影是利用透视关系，将地球体表面上的经纬网投影到平面上或者可以展开成平面的圆柱面、圆锥面等几何面上的投影方式，主要包括以下几种。

①平面投影。平面投影又称方位投影，是将地球表面上的经纬线投影到与球面相切或相割的平面上的投影方法。平面投影大都是透视投影，即以某一点为视点，将球面上的图像直接投影到投影面上。

②圆锥投影。圆锥投影是用一个圆锥面相切或相割于地面的纬度圈，圆锥轴与地轴重合，然后以球心为视点，将地面上的经纬线投影到圆锥面上，再沿圆锥母线切开展成平面的方法。

③圆柱投影。圆柱投影是用一个圆柱筒套在地球上，圆柱轴通过球心，并与地球表面相切或相割将地面上的经线、纬线均匀地投影到圆柱筒上，然后沿着圆柱母线切开展平的投影。

④多圆锥投影。多圆锥投影是假设有许多圆锥与地球面上的纬线相切，将球面上的经纬线投影于这些圆锥面上，然后沿同一母线方向将圆锥剪开展成平面的投影。

（2）非几何投影（条件投影）

非几何投影指不借助几何面，而是根据某些条件用数学解析法确定球面与平面之间点与点的函数关系。

①伪方位投影。伪方位投影是以纬线投影为同心圆，除中央经线投影成直线外，其余经线均投影成对称于中央经线的曲线，且交于纬线的共同圆心的投影。

②伪圆柱投影。伪圆柱投影是在圆柱投影的基础上进行的，其中的纬线仍为同心圆弧，中央经线仍为直线，其余经线投影为对称于中央经线的曲线。

③伪圆锥投影。伪圆锥投影以纬线为同心圆弧，中央经线为直线，其余经线均为对称于中央经线的曲线。

常用的投影方法有墨卡托投影（正轴等角圆柱投影）、高斯-克吕格投影、斜轴投影等面积方位投影、双标准纬线等角圆锥投影、等差分纬线多圆锥投影、正轴方位投影等。地形图通常使用高斯-克吕格投影，如图 2-33 所示。

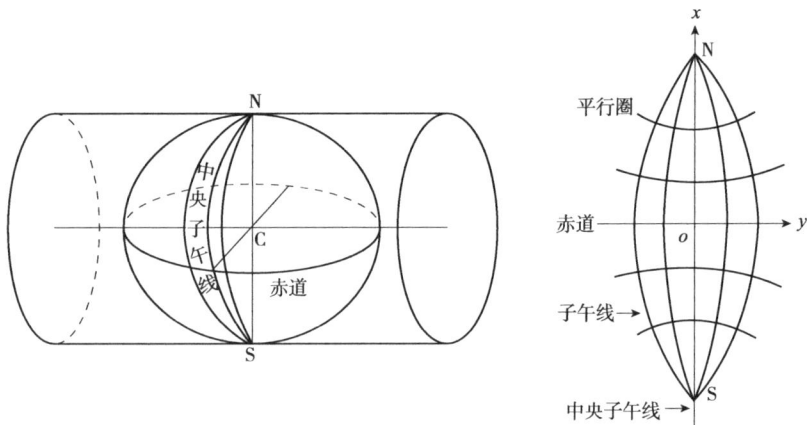

图 2-33　高斯-克吕格投影

另外，地形图测绘完成后，一般在外图廓左下方注明本图的投影方式。

○ 任务实施

1. 正射投影的投影平面切于地球面上一点，视点在无限远处，投影光线是互相平行的直线，并与投影平面相垂直，指出其所属投影类型

●平面投影，又称方位投影，是将地球表面上的经、纬线投影到与球面相切或相割的平面上的投影方法。根据平面投影或方位投影的含义，可判断出正射投影属于方位投影。

2. 有的投影没有角度变形，中央经线无变形，长度和面积上的变形也很小，就常被用作地形图的投影，中国 1∶1 万至 1∶50 万系列的比例尺地形图，均采用这种投影，指出其所属投影类型

●高斯-克吕格投影的中央子午线是直线，长度不变形；其他子午线是凹向中央子午线的弧线，并以中央子午线为对称轴；赤道线是直线，但有长度变形；其他纬线为凸向赤道的弧线，并以赤道为对称轴。根据投影特点，判断其为高斯-克吕格投影。

●中国各种大、中比例尺地形图均采用了不同的高斯-克吕格投影带，其中大于 1∶1 万的地形图采用 3° 带；1∶2.5 万至 1∶50 万的地形图采用 6° 带。

○ 考核评价

由学生自评，完成表 2-15。

表 2-15　成绩考核评价表

任务 2-9　认识地形图投影方式				
学习目标	评价内容	评价结果		
		A	B	C
知识目标	1. 了解地形图投影方式的概念和类型			
	2. 掌握地形图投影的特征			
能力目标	1. 能准确描述地形图投影原理			
	2. 会识别地形图投影方式			
素质目标	培养学生吃苦耐劳的良好品格			
综合评价				

○ 巩固训练

1. 地图投影的本质是什么？
2. 简述地图投影的含义。
3. 列举地图投影的类型。
4. 等角投影的特点是什么？
5. 地图投影变形的含义是什么？

○ 知识拓展

中国地图投影

地球就如同一个橘子，我们把橘子皮剥下摊平时，得到的并不是一个完整的平面。古代就有很多地理学家和地图学家研究如何将曲面地球上的内容转绘到平面上。将曲面地球上的内容通过数学方法转绘到平面上的绘图规则，就是地图投影。

由于地球表面是一个不可展平的曲面，所以运用任何数学方法进行这种转换都会产生误差和变形，按照不同的需求缩小误差，就产生了各种投影方法。各种投影方法都有各自的优势，也存在各自的局限。制图人员会根据地图的用途、制图区域的位置等来选择不同的投影。例如，有的投影在地图上没有角度变形，虽然长度和面积变形明显，但它能保持方向和相互位置关系的正确，我们就采用它作为航海图和航空图的投影；有的投影没有角度变形，中央经线无变形，长度和面积上的变形也很小，就常被用作地形图的投影，中国 1∶1 万至 1∶50 万系列的比例尺地形图，均采用这种投影。

同时，制图人员也会根据各国的地理位置和周边相邻地理关系来确定中央经线。世界惯例是本国地图把本国置于世界地图的中间。如我们通常见到的欧美各国和日本、澳大利亚等国的地图，都是将本国放在世界地图中央位置。中国现行的世界地图以东经 150° 经线为中央经线，使中国与周边世界的地理联系一目了然，是一种较合理的选择。

任务 2-10 认识地形图坐标系统

○ 工作任务

认真观察图 2-34 空间直角坐标系，理解点在空间直角坐标系上的表示方法，掌握空间直角坐标与笛卡尔直角坐标的转换方法，并能绘制出大地坐标系模拟图。

○ 知识准备

认识地形图坐标系统

坐标系统是描述物质存在的空间位置(坐标)的参照系，通过定义特定基准及其参数形式来实现。坐标是描述物体空间位置的一组数值。按照坐标的维度一般分为一维坐标系(公路里程碑)、二维坐标系(笛卡尔平面直角坐标、高斯平面直角坐标)和三维坐标系(大地坐标系、空间直角坐标系)。为了描述或确定位置，必须建立坐标系统，坐标只有存在于某个坐标系统才有实际的意义和具体的位置。

为了确定空间中任意一点的位置，需要在空间中引进坐标系，最常用的坐标系是空间直角坐标系。空间直角坐标系以 z 轴向上，x 轴在 y 轴顺时针旋转 90°方向上。而全球坐标系统是经度、纬度和高程的三维坐标系(不涉及投影)，确定它的位置至少需要 4 颗卫星，几乎所有卫星定位仪接收器都会提供三维坐标作为标准。它的参考平面由 0°经线和赤道确定。因此，地球从格林尼治向东、西各划分为 180 个经度。从赤道起，向南、北也各划分 90°。高程从地心开始计算，但不同的定义依然有差别。单位是六十进制(度、分、秒，字母表示方向)或十进制(正/负十进制)的，也可称为真实世界的坐标系，是用于确定地物在地球上位置的坐标系。

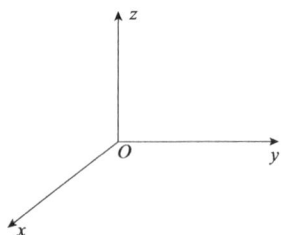

图 2-34 空间直角坐标系

平面位置，如经度和纬度，至少需要 3 颗全球定位系统卫星数据来定位其二维坐标。如果因为树木、山峰或建筑物挡住了卫星，可能只能得到二维坐标。

笛卡尔坐标系是直角坐标系和斜角坐标系的统称。相交于原点的两条数轴，构成了平面仿射坐标系。如两条数轴上的度量单位相等，则称此仿射坐标系为笛卡尔坐标系。两条数轴互相垂直的笛卡尔坐标系，称为笛卡尔直角坐标系，否则称为笛卡尔斜角坐标系。

笛卡尔坐标表示了点在空间中的位置，但却和直角坐标有区别，两种坐标可以相互转换。例如，某个点的笛卡尔坐标是 291，258，602，那它的 x 轴坐标就是 2+9+1=12，y 轴坐标是 2+5+8=15，z 轴坐标是 6+0+2=8，因此这个点的直角坐标是(12，15，8)，坐标值不可能为负数(因为 3 个自然数相加无法成为负数)。

○ 任务实施

1. 某个点的笛卡尔直角坐标是 593,658,963，计算这个点的直角坐标

• 根据笛卡尔直角坐标和直角坐标的相互转换方法，x 轴坐标就是 5+9+3=17，y 轴

坐标是 6+5+8＝19，z 轴坐标是 9+6+3＝18，因此这个点的直角坐标是(17，19，18)。

2. 根据三维坐标系统的含义，尝试画出大地坐标系模拟图

● 大地坐标系，是将地球模拟成一个规则的椭球，以大地经度(B)、大地纬度(L)、大地高(H)来表示地球表面物体的位置。大地经度是通过该点的大地子午面与起始大地子午面(通过格林尼治天文台的子午面)之间的夹角，规定以起始子午面起算，向东 0°~180° 称为东经，向西 0°~180° 称为西经。大地纬度是通过该点的法线与赤道面的夹角，规定由赤道面起算，由赤道面向北 0°~90° 称为北纬，向南 0°~90° 称为南纬。

● 大地坐标系模拟图如图 2-35 所示。

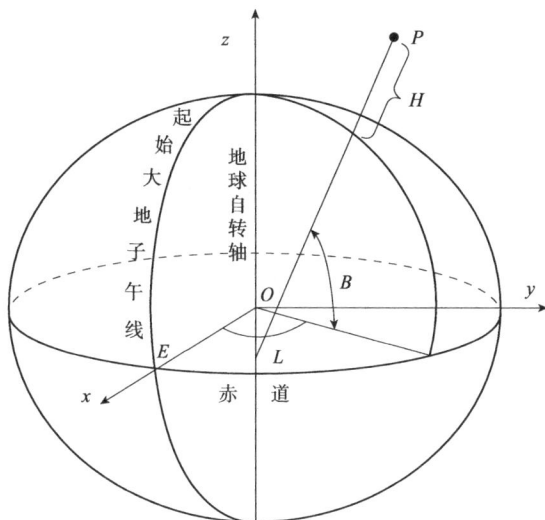

图 2-35　大地坐标系

○ 考核评价

由学生自评，完成表 2-16。

表 2-16　成绩考核评价表

任务 2-10　认识地形图坐标系统				
学习目标	评价内容	评价结果		
		A	B	C
知识目标	1. 了解地形图坐标系统的概念和类型			
	2. 掌握地形图坐标系统的功能			
能力目标	1. 能准确描述地形图坐标系统的类型			
	2. 会识别地形图坐标系统			
素质目标	培养学生正确的情感价值取向			
综合评价				

○ 巩固训练

1. 简述坐标系统的含义。
2. 说明坐标系统的分类。
3. 列举三维坐标系统的应用。
4. 大地坐标系的 3 个坐标分量分别是什么？
5. 1980 西安坐标系属于哪一个坐标系统？
6. 大地坐标系按原点位置不同可分为哪几种？
7. 尝试画出左右手坐标系。

○ 知识拓展

笛卡尔坐标系

笛卡尔坐标系(Cartesian coordinates，法语 les coordonnées cartésiennes)就是直角坐标系和斜坐标系的统称，如图 2-36 所示。

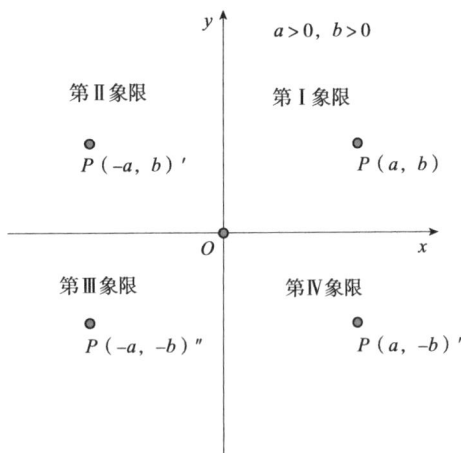

图 2-36　笛卡尔坐标系

相交于原点的两条数轴，构成了平面仿射坐标系。如两条数轴上的度量单位相等，则称此仿射坐标系为笛卡尔坐标系。两条数轴互相垂直的笛卡尔坐标系，称为笛卡尔直角坐标系，否则称为笛卡尔斜角坐标系。

二维的直角坐标系是由两条相互垂直、0 点重合的数轴构成的。在平面内，任何一点的坐标是根据数轴上对应的点的坐标设定的。在平面内，任何一点与坐标的对应关系，类似于数轴上点与坐标的对应关系。采用直角坐标时，几何形状可以用代数公式明确地表达出来。几何形状的每一个点的直角坐标必须遵守该代数公式。

二维的直角坐标系通常由两个互相垂直的坐标轴设定，分别称为 x 轴和 y 轴；两个坐标轴的相交点，称为原点，通常标记为 O，既有"零"的意思，又是英语"Origin"的首字母。

每一个轴都指向一个特定的方向。这两个不同线的坐标轴，决定了一个平面，称为 xy 平面，又称为笛卡尔平面。通常两个坐标轴只要互相垂直，其指向何方对于分析问题是没有影响的，但习惯性地，x 轴被水平摆放，称为横轴，指向右方；y 轴被竖直摆放而称为纵轴，指向上方。两个坐标轴这样的位置关系，称为二维的右手坐标系，或右手系。如果把这个右手系画在一张透明纸片上，则在平面内无论怎样旋转它，所得到的都是右手系；但如果把纸片翻转，其背面看到的坐标系则称为左手系。这就与照镜子时左右对换的性质类似。

为了得到坐标轴的任何一点离原点的距离。我们可以刻画数值于坐标轴。即从原点开始，往坐标轴所指的方向，每隔一个单位长度，就刻画数值于坐标轴。该数值既是刻画的次数，也是离原点的正值整数距离；同样地，背着坐标轴所指的方向，我们也可以刻画出离原点的负值整数距离。称 x 轴刻画的数值为 x 坐标，又称横坐标，称 y 轴刻画的数值为 y 坐标，又称纵坐标。这样刻画出的两个坐标都是整数，对应于坐标轴特定的点。但按照比例，我们也可以推广至实数坐标和其所对应的坐标轴的每一个点。这两个坐标就是直角坐标系的直角坐标，标记为 (x, y)。

任何一个点 P 在平面的位置，可以用直角坐标来独特表达。只要从点 P 画一条垂直于 x 轴的直线。从这条直线与 x 轴的相交点，可以找到点 P 的 x 坐标。同样地，可以找到点 P 的 y 坐标。这样，我们可以得到点 P 的直角坐标。

直角坐标系也可以推广至三维空间（3 dimension）与高维空间（higher dimension）。

直角坐标系的两个坐标轴将平面分成了 4 个部分，称为象限，分别用罗马数字编号为Ⅰ，Ⅱ，Ⅲ，Ⅳ。象限的编号是按照逆时针方向，从象限Ⅰ编到象限Ⅳ。依照惯例，象限Ⅰ的两个坐标都是正值；象限Ⅱ的 x 坐标是负值，y 坐标是正值；象限Ⅲ的两个坐标都是负值的；象限Ⅳ的 x 坐标是正值，y 坐标是负值。

任务 2-11　认识地形图高程系统

○ 工作任务

认真观察图 2-37 高程系统，认识不同高程系统的计算方法。

○ 知识准备

1. 高程系统的定义

高程系统是指相对于不同性质的起算面，如大地水准面、似大地水准面、椭球面等所定义的高程体系。

认识地形图
高程系统

2. 不同系统的类型

高程系统采用不同的基准面表示地面点的高低，或者对水准测量数据采取不同的处理方法而产生不同的系统，分为正高、正常高、大地高程、力高等系统。高程基准面有两种：一是大地水准面，它是正高和力高的基准面；二是椭球面，它是大地高程的基准面。

此外，为了克服正高不能精确计算的困难还采用正常高，以似大地水准面为基准面，它非常接近大地水准面。

（1）正高系统

正高系统以大地水准面为高程基准面，地面上任一点的正高是指该点沿垂线方向至大地水准面的距离。如图 2-38 所示，设地面点 B 的正高为 H_B，则：

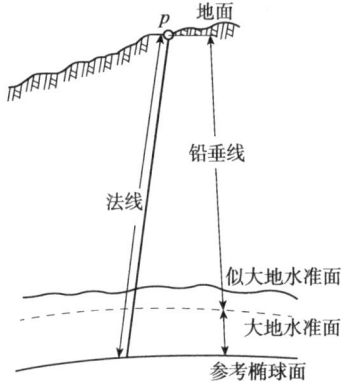

图 2-37　高程系统　　　　　　图 2-38　正高系统

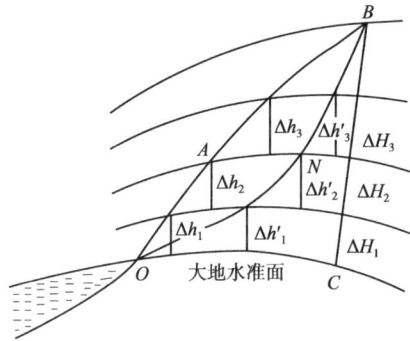

$$H_B = \sum_{CB} \Delta H = \int_{CB} \mathrm{d}H \tag{2-11}$$

式中　H_B——地面点 B 的正高；

$\displaystyle\int_{CB}$——从 C 到 B 的积分区间；

$\mathrm{d}H$——最小高差；

ΔH——两点间的高差。

正高是不以水准路线而异的，因此正高是一种唯一确定的数值，可以用来表示地面点高程，但决定正高数值的，即任一点垂线方向上相应于 $\mathrm{d}H$ 处的重力会随着深入地下深度的不同而不同，这与地球内部质量有关，而地球内部质量分布及密度是很难求得的，所以 g_m^B（B 点重力）不能精确测定，正高也就不能精确求得。

（2）正常高系统

1945 年苏联科学家 M. C. 莫洛坚斯基提出了正常高的概念，即将正高系统中不能精确测定的 g_m^B 改用平均正常重力值 γ_m^B 来代替，用公式表达为：

$$H_C^B = \frac{1}{\gamma_m^B} \int g \mathrm{d}h \tag{2-12}$$

式中　H_C^B——地面点 B 的正常高；

γ_m^B——正常重力值；

$\displaystyle\int g \mathrm{d}h$——$B$ 点与大地水准面的重力位差。

由地面点沿正常重力线向下截取各点的正常高，所得到的点构成的曲面，称为似大地水准面，它是正常高的基准面。似大地水准面很接近于大地水准面，在海洋上两者是重合的，在平原地区两者相差不过几厘米，在高山地区两者最多相差 2m。

似大地水准面不是等位面，没有明确的物理意义。它是由各地面点按公式计算的正常高来定义的，这是正常高系统的缺陷，其优点是可以精确计算，不必引入人为的假定。因此，《中华人民共和国大地测量法式》规定采用正常高系统作为我国高程的统一系统。

（3）大地高程系统

地面点在三维大地坐标系中的几何位置，是以大地经度、大地纬度和大地高程表示的。大地高程以椭球面为基准面，是由地面点沿其法线到椭球面的距离。大地高程可直接由卫星大地测量方法测定，也可以由几何和物理大地测量相结合来测定。采用前一种方法时，直接由卫星定位技术测定地面点在地心坐标系中的大地高程；采用后一种方法时，大地高程分为两段来测定，其中由地面点至大地水准面或似大地水准面的一段由水准测量结果加上重力改正求得，由大地水准面或似大地水准面至椭球面的一段由物理大地测量方法求得。

计算大地高程 H，当以大地水准面为过渡面时，则

$$H = H_g + N$$

式中　H_g——大地水准面高程；

　　　N——大地水准面至椭球面的差距，即大地水准面起伏。

如以似大地水准面为过渡面，则

$$H = H_r + \xi$$

式中　H_r——似大地水准面高程；

　　　ξ——似大地水准面至椭球面的距离，即高程异常。

正高是由地面点沿垂线至大地水准面的距离，而正常高是地面点沿正常重力线至似大地水准面的距离，因此由上述两种方法计算得出的大地高程存在差异，约为微米级。

（4）力高系统

同一水准面上的各点在正高或正常高系统中的高程值不同，对于大规模的水利工程来说，使用很不方便。为了使同一水准面上各点有相同的高程值，可以采用力高系统。地面点的力高定义为通过该点的水准面上纬度 T_0 处的正高，即一个水准面上各点的力高都等于该面上纬度 T_0 处的正高。力高一般不作为国家的高程系统，只用于解决局部地区有关水利建设的问题。

此外，地面点的高低也可以用地球位数表示。它是大地水准面的位与通过地面点水准面的位之差。地球位数也是以大地水准面为基准面，但它不以米制表示高程，而是以位差表示。同一水准面上所有点的地球位数相同。地球位数之差，可由每一水准测量线段观测的高差乘以该线段适当的平均重力观测值而得。若重力值以千伽为单位，观测高差以米为单位，则以地球位数表示的两地面点间的位差比以米表示的高差约小 2%。用地球位数表示的水准测量结果，换算为正高、正常高或力高系统时都比较方便，这是地球位数的优点。因此，有些国家同时采用地球位数、正高和力高系统计算一、二等水准网，如欧洲统一水准测量系统采用了位于阿姆斯特丹的一个水准点的地球位数作为高程起算基准。

以上 4 种高程系统和地球位数都需要知道水准点上的重力值，因此，进行精密水准测量路线时要以适当方式实施重力测量，以供处理水准测量数据之用。

3. 中国高程系统

中国历史上形成了多个高程系统，不同部门不同时期都有所区别。

（1）1956 年黄海高程系

1956 年黄海高程系以青岛验潮站 1950—1956 年验潮资料计算的平均海面为高程系统零点，原点设在青岛市观象山。该原点以 1956 年黄海高程系计算的黄海高程为 72.289m。

（2）1985 年国家高程基准

由于计算黄海高程系基面所依据的青岛验潮站资料系列时间较短，中国测绘主管部门决定重新计算黄海平均海面，以青岛验潮站 1952—1979 年的潮汐观测资料为计算依据，并采用精密水准测量对位于青岛的中华人民共和国水准原点进行监测，得出 1985 年国家高程基准高程和 1956 年黄海高程系高程的关系：1985 年国家高程基准高程 = 1956 年黄海高程系高程−0.029m。

（3）广州市高程系高程

1912 年，广东陆军测量局根据高程起算点，在大东门北横街（现越秀区中山三路、中山四路一带）广东陆军测量学校内，测设一花岗岩标石作为广州市的水准原点。该标石顶部 30cm 见方，面上刻有"此石面高于中等潮面五密达"（注：密达为英文 meter 中文音译）字样，即：广州的海拔以这一原点为坐标起点进行测量，然后加上 5m，便得到海拔。该点高程作为广州市高程系起算一直沿用至今，也是广州市开展各类测绘活动的源头。

广州市高程系高程 = 1985 年国家高程基准高程+4.26m

广州市高程系高程 = 1956 年黄海高程系高程+4.41m

（4）大连零点

日军入侵中国东北时期在大连港码头仓库区内设立了验潮站，并以多年验潮资料求得的平均海面为零起算，称为大连零点。该高程系的基点设在辽宁省大连市的大连港原一号码头东转角处，高程为 3.765m。其原点设在吉林省长春市的人民广场内，现已被毁坏。该系统于 1959 年以前在中国东北地区广泛使用。1959 年中国东北地区精密水准网在山海关与中国东南部水准网连接平差后，改用 1956 年黄海高程系。大连基点高程在 1956 年黄海高程系的高程为 3.790m。

（5）废黄河零点

江淮水利测量局以 1912 年 11 月 11 日下午 5：00 废黄河口的潮水位作为起算高程，称为废黄河口零点。后来该局又用多年潮位观测的平均潮水位确定新零点，其大多数高程测量均以新零点起算。而今废黄河口零点高程系的原点已湮没无存，原点处新旧零点的高差和换用时间尚无资料查考。

（6）坎门零点

民国时期，军令部陆地测量局根据浙江玉环市坎门验潮站多年验潮资料，以该站高潮位的平均值为零起算，称为坎门零点。在坎门验潮站设有基点 252 号，其高程为 6.959m。该高程系曾接测到杭州、苏南、皖北等地，在军事测绘方面应用较广。

○ 任务实施

1. 根据 1985 国家高程基准，计算广州市高程系

• 根据不同高程系高程可列出以下计算公式：

广州市高程系高程＝1985 年国家高程基准高程＋4.26m。

1985 年国家高程基准高程＝1956 年黄海高程系高程－0.029m。

1956 年黄海高程系的高程为 72.289m。

- 根据以上公式和数据，计算得到广州市高程系高程＝72.289m－0.029m＋4.26m＝76.52m。

2. 根据 1956 年黄海高程系，计算广州市高程系

- 根据不同高程系高程可列出以下计算公式：

广州市高程系高程＝1956 年黄海高程系高程＋4.41m。

1956 年黄海高程系的高程为 72.289m。

- 根据以上公式和数据，计算得到广州市高程系高程＝72.289m＋4.41m＝76.699m。

○ 考核评价

由学生自评，完成表 2-17。

表 2-17 成绩考核评价表

任务 2-11 认识地形图高程系统				
学习目标	评价内容	评价结果		
		A	B	C
知识目标	1. 了解地形图高程系统的概念和类型			
	2. 掌握地形图不同高程系统的特征			
能力目标	1. 能准确描述地形图高程系统的特征			
	2. 会识别地形图高程系统			
素质目标	培养尊师重道、品德先行的品质			
综合评价				

○ 巩固训练

1. 什么是基准面？

2. 什么是等位面？

3. 什么是大地测量？

4. 简述高程系统的含义。

5. 说明高程系统的类型。

6. 列举我国历史上形成的高程系统。

○ 知识拓展

高程基准面

高程基准面又称水准零点，是地面点高程的起算面。不同地点上，通过验潮站长期观测所得的平均高平面存在差异，如中国青岛、黄河口、吴淞口、坎门等验潮站所测得的各平均海水面均不相同，为统一全国的高程系统，选用一个平均海平面为高程基准面。中国规定采用青岛验潮站求得的 1956 年黄海平均海水面为全国统一高程基准面，由其他不同高程基准面推算的高程均归化到统一高程基准面上。凡由该基准面起算的高程，统称为 1956 年黄海高程系。

大地水准面是假想海洋处于完全静止的平衡状态时的海水面延伸到大陆地面以下所形成的闭合曲面。事实上，海洋受着潮汐、风力的影响，永远不会处于完全静止的平衡状态，总是存在着不断的升降运动，但是可以在海洋近岸的一点处竖立水位标尺，成年累月地观测海水面的水位升降，并根据长期观测的结果求出该点海洋水面的平均位置，即为假定大地水准面。长期观测海水面水位升降的工作称为验潮，进行这项工作的场所称为验潮站。

各地的验潮结果表明，不同地点平均海水面之间还存在着差异，因此，对于一个国家来说，只能根据一个验潮站所求得的平均海水面作为全国高程的统一起算面——高程基准面。

中华人民共和国成立后，1956 年，中国根据基本验潮站应具备的条件进行筛选，认为青岛验潮站位置适中，地处中国海岸线的中部，而且青岛验潮站所在港口是有代表性的规律性半日潮港，又避开了江河入海口，具备外海海面开阔、无密集岛屿和浅滩、海底平坦、水深在 10m 以上等有利条件。因此，在 1957 年确定青岛验潮站为中国基本验潮站，验潮井建在地质结构稳定的花岗石基岩上，以该站 1950—1956 年，7 年间的潮汐资料推求的平均海水面作为中国的高程基准面。并将以此高程基准面作为中国统一起算面的高程系统命名为 1956 年黄海高程系。

1956 年黄海高程系的高程基准面的确立，对统一全国高程有其重要的历史意义，对国防和经济建设、科学研究等都起到了重要作用。但从潮汐变化周期来看，确立 1956 年黄海高程系的平均海水面所采用的验潮资料时间较短，还不到潮汐变化的一个周期(一个周期一般为 18.61 年)，同时又发现验潮资料中含有粗差，因此有必要重新确定新的国家高程基准。

新的国家高程基准面是根据青岛验潮站 1952—1979 年，19 年间的验潮资料计算确定，以该高程基准面作为全国高程的统一起算面的高程系统称为 1985 年国家高程基准。

任务 2-12　认识地形图成图方法

○ 工作任务

认真观察图 2-39 所示实地测量内容，认识地形图成图的主要方法。

○ 知识准备

地形图成图方法主要有实地测量成图法、遥感制图法和编绘成图法 3 种。

1. 实地测量成图法(实测成图法)

实地测量成图法以各种测量仪器测量地物平面位置和高程，按比例尺缩绘于图纸上，又可分为野外地形测图成图和航空摄影测量成图两种方法。

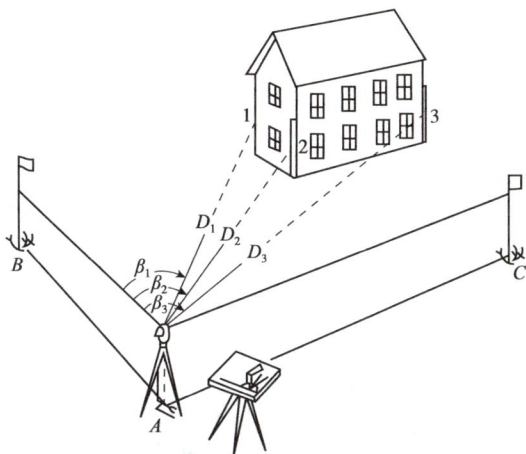

图 2-39 实地测量

A. 安置经纬仪的控制点；*B.* 后视控制点；*C.* 塔尺特征点；

D_1. 点 1 的水平距离；D_2. 点 2 的水平距离；D_3. 点 3 的水平距离；

β_1. 点 1 的水平角；β_2. 点 2 的水平角；β_3. 点 3 的水平角

（1）野外地形测图成图法

野外地形测图成图法是利用测量仪器对地球表面局部区域地物、地貌的空间位置和几何形状进行测定，按照一定比例尺缩小，绘制成地形图的方法。

以往传统的测图方法是利用测角、测高仪器测定目标的角度、距离、高差，再由测图员利用分度规、比例尺等工具确定目标点在图纸上的点位，按图示符号标准绘出图形。目前，常见的野外地形图测绘作业是通过全站仪采集碎步点数据来实现的。而随着测绘技术的发展，全球定位技术的成熟及其实时差分（RTK）定位技术的广泛应用，全球定位动态 RTK 定位技术野外地形图测绘方法得到了广泛使用。

此外，还有将全站仪与全球定位动态 RTK 搭配使用的野外地形图测绘作业方法，能有效节省人力、物力，提高测图效率，在现今的野外地形图测绘中也得到了极大的推广和使用。随着科学技术的不断发展，野外地形图测绘技术将会越来越完善，野外地形图测绘将会越来越简便。

（2）航空摄影测量成图法

航空摄影测量成图法简称航测成图法，是以飞机搭载专用相机俯拍地物得到像片，并处理成图的方法，即在飞机上用航摄仪器对地面连续摄取像片，结合地面控制点测量、调绘、立体测绘等步骤，绘制出地形图的作业，作业流程如图 2-40 所示。利用航空影像来测制地图的传统方法是对航空像片进行几何校正、镶嵌，地物的属性和控制要经外业调绘和测量，在立体图仪上完成地貌测绘，从而获得地图。

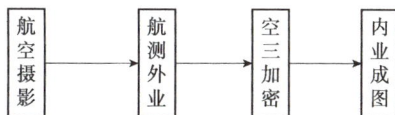

图 2-40 航空摄影测量作业流程

20 世纪 50 年代，随着解析测图仪的诞生进一步优化了该方法，成为一种由数据库管理系统控制的数字测图系统，后又发展为全数字摄影测量系统。

2. 遥感制图法

遥感制图法是以飞行器搭载专用传感器，获取地物发射或反射的电磁波，并处理成图的方法，如图 2-41 为遥感方法获取的影像图。

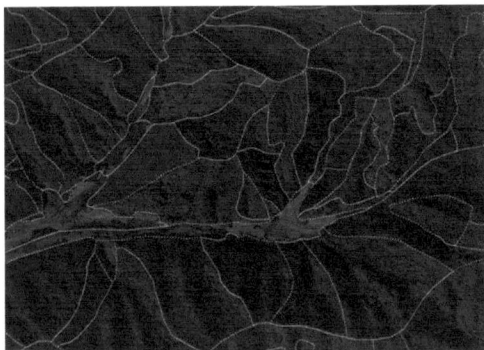

图 2-41　遥感影像

3. 编绘成图法

编绘成图法是利用各种非制图资料[如实测地形图、统计资料图、航(卫)片、政府公告、地理考查资料、草图等]编制成用户需要的地形图，主要作业流程如图 2-42 所示。编绘地形图技术也已完成了由传统手工制图到全数字化地形图制图的转变。

图 2-42　编绘成图的主要作业流程

无论使用哪种方法，均应在地形图外图廓左下方注明成图方法。

此外，还应在地形图外图廓右下方标注测绘单位、成图日期等，供日后用图参考。

○ 任务实施

1. 认真观察下方图 2-43，判断其属于地形图的哪种成图方法

图 2-43　测图现场示意

● 根据工作人员使用测量仪器的方式和测图地点，可判断其使用的是实地测量的仪器设备，且测图地点在户外实地。因此，图 2-43 中使用的成图方法应为野外地形测图成图法。

2. 认真观察图 2-44，判断其属于哪种地形图成图方法所使用的仪器设备

图 2-44　仪器设备

● 根据图 2-44 中仪器的外观判断其为搭载了航摄仪器的无人机设备。该仪器应为航空摄影测量成图法所使用的主要仪器设备。

○ 考核评价

由学生自评，完成表 2-18。

表 2-18　成绩考核评价表

任务 2-12　认识地形图成图方法				
学习目标	评价内容	评价结果		
		A	B	C
知识目标	1. 了解地形图成图方法的类型			
	2. 掌握地形图成图的技术			
能力目标	1. 能准确描述地形图成图方法和流程			
	2. 会识别地形图成图方法和技术			
素质目标	培养学生精益求精的大国工匠精神			
综合评价				

○ 巩固训练

1. 简述地形图成图的主要方法。
2. 说明地形图不同成图方法所使用的仪器设备。
3. 说明地形图不同成图方法的特点。
4. RTK 的主要作用和应用方法是什么？
5. 遥感制图的流程包括哪些步骤？

○ 知识拓展

无人机

无人驾驶飞机简称无人机（unmanned aerial vehicle，简称 UAV），是利用无线电遥控设备和自备的程序控制装置操纵的不载人飞行器。无人机实际上是无人驾驶飞行器的统称。

按飞行平台构型分类，无人机可分为固定翼无人机、旋翼无人机、无人飞艇、伞翼无人机、扑翼无人机等。

按用途分类，无人机可分为军用无人机和民用无人机。军用无人机可分为侦察无人机、诱饵无人机、电子对抗无人机、通信中继无人机、无人战斗机以及靶机等；民用无人机可分为航拍无人机、农业植保无人机、物流运输无人机、应救救援无人机、环境监测无人机以及娱乐休闲无人机等。

按尺度分类（民航法规），无人机可分为微型无人机、轻型无人机、小型无人机以及大型无人机。微型无人机是指空机质量小于等于 7kg 的无人机。轻型无人机是指质量大于 7kg，但小于等于 116kg 的无人机，且全马力平飞中，校正空速小于 100km/h（55n mile/h），升限小于 3000m。小型无人机是指空机质量小于或等于 5700kg 的无人机，微型和轻型无人机除外。大型无人机是指空机质量大于 5700kg 的无人机。

按活动半径分类，无人机可分为超近程无人机、近程无人机、短程无人机、中程无人机和远程无人机。超近程无人机活动半径在 15km 以内，近程无人机活动半径在 15～50km 之间，短程无人机活动半径在 50～200km，中程无人机活动半径在 200～800km，远程无人机活动半径大于 800km。

按任务高度分类，无人机可以分为超低空无人机、低空无人机、中空无人机、高空无人机和超高空无人机。超低空无人机任务高度一般在 0～100m，低空无人机任务高度一般在 100～1000m，中空无人机任务高度一般在 1000～7000m，高空无人机任务高度一般在 7000～18 000m，超高空无人机任务高度一般大于 18 000m。

2018 年 9 月，世界海关组织协调制度委员会（HSC）第 62 次会议决定，将无人机归类为"会飞的照相机"。

2013 年 11 月，中国民用航空局（CAAC）下发了《民用无人驾驶航空器系统驾驶员管理暂行规定》（以下简称《规定》），由中国航空器拥有者及驾驶员协会（AOPA）负责民用无人机的相关管理。根据《规定》，中国无人机操作按照机型大小、飞行空域可分为 11 种情况，其中仅有 116kg 以上的无人机和 4600m³ 以上的飞艇在融合空域飞行由民航局管理，其余情况，包括日渐流行的微型航拍飞行器在内的其他飞行，均由行业协会管理，或由操作手自行负责。

项目3 地形图地面点位的表示

项目3

○ 学习目标

知识目标:

1. 了解水准面、大地水准面、高程、高差、坐标系、坐标方位角的相关概念。
2. 掌握水准面、不同高程和坐标系的特征。
3. 掌握坐标方位角的应用方法。

技能目标:

1. 能够准确描述水准面、不同高程和坐标系的特征及应用方法。
2. 会计算高差和平面直角坐标系坐标。

素质目标:

1. 培养学生相信科学、尊重科学、热爱科学的精神。
2. 培养学生一丝不苟、求真务实、勇于探索的学习态度。

○ 项目导入

中华人民共和国大地原点

——神州"天元",永远的大地原点

大地原点,又称大地基准点,是国家地理坐标——经纬度的起算点和基准点。大地原点是人为界定的一个点。20 世纪 70 年代,中国决定建立自己独立的大地坐标系统。通过实地考察、综合分析,最后将中国的大地原点,确定在陕西省泾阳县永乐镇北流村,具体位置为北纬 34°32′27.00″,东经 108°55′25.00″(图 3-1)。基于大地原点应用高斯平面直角坐标的方法建立了全国统一坐标系,即 1980 国家大地坐标系,简称 80 系,也称为 1980 西安坐标系。

大地原点在中国经济建设、国防建设和社会发展等方面发挥着重要作用。

1. 建立背景

地球是一个近似椭圆形的球体,但它的表面(包括大地水准面)很不规则,有高有低,凹凸不平,不便进行测量计算。为了精确表示各地在地球上的位置,人们给地球表面假设了一个坐标系,用经纬线来表示。按照国际惯例,将经过英国格林尼治天文台的经线确定

图3-1 中华人民共和国大地原点

为零度经线，纬度则以赤道为零点，分别向南北半球推算。此外，测量成果还需借助一个与地球形状大小相似、表面光滑的参考椭球面向外推算。原点的建立，是为了解决参考椭球的定位、定向问题，即在领土范围内，使地球大地水准面与参考椭球体面基本吻合，并在这一点将二者关系固定下来，从而使全国的测量有一个统一的、标准的、切合实际的计算投影面。

新中国成立伊始，并没有自己的大地原点，也就没有统一的大地测量基准——大地坐标系，无法确定领土、领海的准确经纬度，很多地方采用的是局部假定坐标系，各地之间的地图难以拼接，使得中国的经济发展与国防建设等受到极大影响，因此迫切需要建立统一的大地坐标系。

为了建立统一的国家坐标系，中国首先需要确定一个点作为起算点，这个点就是中华人民共和国大地原点，又称为大地基准点。通常在国家大地网中选一个比较适中的点作为原点，高精度测定它的天文经纬度和到另一点的天文方位角，并根据参考椭球定位的方法，求得该点的大地经纬度、大地高和到另一点的大地方位角。这些数据统称为大地基准数据。

新中国成立初期，中国测绘坐标系统引用的是苏联的大地原点，从列宁格勒的普尔科夫天文台起算，参考椭球是克拉索夫斯基椭球，将苏联1942年建立的坐标系统，逐级传递、引测到中国，建立起国家统一的1954年北京坐标系。但这与中国的建设和发展极不相称，首先1954年北京坐标系作为把远在万里之外的苏联的大地原点延伸过来后建立的坐标系，在测绘过程中易造成很大的误差，同时该坐标系与中国的地形地貌不贴近，极大地影响到经济国防等建设。

因此，中国在20世纪70年代，决定建立自己的大地原点与大地坐标体系，其中国家大地原点的确定是整个大地基准设置的重要环节。

2. 设施构成

中华人民共和国大地原点所在地为一建筑群，占地59 000万 m^2，约58.2亩*。其中

---

* 1亩≈666.67m²。

主体建筑占地面积500m²。整个设施由主体建筑、中心标志、仪器台、投影台4部分组成。主体为七层塔楼式圆顶建筑，高25.8m，顶层为观察室，内设仪器台；建筑的顶部是玻璃钢制成的整体半圆形屋顶，可用电控翻开以便观测天体；中心标志埋设于主体建筑的地下室中央，如图3-2所示。中心标志是原点的核心部分，用玛瑙做成，半球顶部刻有十字线。它被镶嵌在稳定埋入地下的花岗岩标石外露部分的中央，永久稳固保留，十字中心即为测量起算中心(图3-2)。仪器台建在中心标志上方，为空心圆柱形，高21.8m，顶部供安置测量仪器用。

图3-2　中华人民共和国大地原点标石

建成后不久，中华人民共和国大地原点还增设并施测了国家基本重力点和天文基本点。

3. 作用意义

大地原点是中国国民经济建设和国防建设各项测量的起算点，即1980国家大地坐标系的测量起算点。1978年，中国建成了自己的国家大地坐标系统，参考椭球采用国际大地测量和地球物理学联合会1975年第16届大会推荐的地球椭球，参考椭球体长半径为6 378 140m，扁率为1/298.257。

大地原点的建立，确定了中国基础测绘的统一坐标系，是一切定位、定向等基础地理信息数据的基础，满足了经济建设和国防建设的基本需要。例如，测量是研究地球表面的自然科学，而从中延伸出的测绘工作是经济建设中的一项基础性、前期和超前期的工作，其为城市规划、市政工程土地开发、农业、防灾、科研等方面提供各种比例尺现状地形图等测绘资料，以满足建设规划需要，直接为建设工程项目设计、施工服务，而这些都必须有统一的测绘坐标系即大地原点作为支撑。

大地原点确定后，从原点再延伸出去可推算国家的其他测量点坐标，是国家和城市建立坐标系的依据，依据中国大地原点，建立起的国家独立坐标系，能广泛应用于国防建设与经济建设。

中华人民共和国大地原点确立了中国独立的大地坐标系的起算点和基准点，是中国测绘事业独立自主的象征，在经济建设、国防建设、社会发展和科学技术研究等方面发挥着举足轻重的作用。

任务 3-1　认识水准面

○ 工作任务

认真观察图 3-3，识别水准面，并指出所有水准面与铅垂线的夹角度数。

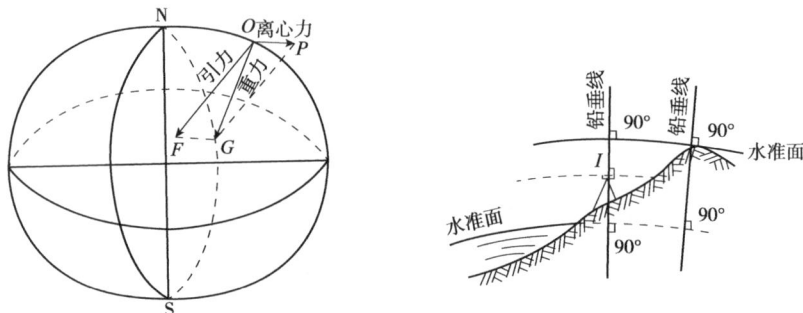

图 3-3　水准面

○ 知识准备

水准面是指静止的水面。即水在静止时，表面上的每一个质点都受到重力的作用，在重力位相同的情况下，这些水分子便不流动而呈静止状态，形成一个重力等位面，这个面称为水准面。

水准面是受地球表面重力场影响而形成的，是一个处处与重力方向垂直的连续曲面，因此，水准面也是一个重力场的等位面。因为同一水准面上各点的重力位相等，故又将水准面称为重力等势面。

水准面有无数多个，但都与铅垂线垂直，它具有几何意义和物理意义。实际测量工作中一般将水准面和铅垂线作为所依据的基准面和基准线。

水准面是重力场的等位面，因此其形态必然受重力场分布的控制。重力场分布受地球内部物质密度场分布及地球自转的影响，同时还受到地球外部因素的影响，主要是月球和太阳，受其影响，水准面会发生周期性变化，如潮汐就是其周期性的显著表现。

○ 任务实施

1. 认真观察图 3-3，根据水准面的含义，指出地球上有多少个水准面

• 水准面是指静止的水面，地球上有无数多个水准面。

2. 认真观察图 3-3，根据水准面的含义，指出水准面与铅垂线的夹角度数

• 根据水准面的含义，结合图 3-3，可以得出所有水准面和铅垂线的夹角度数为 90°。

○ 考核评价

由学生自评，完成表 3-1。

表 3-1 成绩考核评价表

任务 3-1 认识水准面				
学习目标	评价内容	评价结果		
		A	B	C
知识目标	1. 了解水准面的概念和特征			
	2. 掌握水准面的作用			
能力目标	1. 能准确描述水准面的特征			
	2. 会识别水准面			
素质目标	提高学生正确认识问题、分析问题和解决问题的能力			
综合评价				

○ 巩固训练

1. 简述水准面的含义。
2. 说明水准面的特征。
3. 铅垂线的含义和特征分别是什么？
4. 什么是重力场？

○ 知识拓展

潮　汐

潮汐是在月球和太阳引力作用下形成的海水周期性涨落现象(图 3-4)。习惯上把海面垂直方向涨落称为潮汐，而海水在水平方向的流动称为潮流。人类的祖先为了表示生潮的时刻，把发生在早晨的高潮称为潮，发生在晚上的高潮称为汐，总称潮汐。这是潮汐的名称的由来。一般每日涨落两次，也有涨落一次的。外海潮波沿江河上潮，又使江河下游发生潮汐。夏历是以月相变化为依据，而潮汐现象是月亮起主导作用，因此其有一大作用是可以反映潮汐，是古时指导海事活动指南。潮汐的发生，简单来说是因为月球对地球海水有吸引力，而地球表面各点离月球的远近不同，正对月球的地方受引力大，海水向外膨胀；背对月球的地方海水受引力小，离心力变大，海水在离心力作用下，向背对月球的地方膨胀，也会出现涨潮。

潮汐的形成的具体原因有以下几点。

图 3-4　潮汐

　　一是月球的作用。把地球和月球视为质点，一般认为月球绕地球做圆周运动，实际上是月球和地球都绕二者的共同质心做圆周运动，只是地球的圆周轨道小得多（如双星的质量相近，则星球的圆周轨道近似相等）。以地心为非惯性参照物，地球质点受到月球质点的万有引力正是地球质点绕共同质心做圆周运动的向心力，而此向心力对应的惯性力与此向心力大小相等方向相反。所以地球质点受月球质点的万有引力与这个惯性力相互抵消。

　　既然地球被视为质点，就可以把地球上物体的运动轨迹和动力学规律视为与地球质点完全一样。这样物体受到的月球的万有引力和与之对应的惯性力相互抵消。

　　二是地球本身的作用。实际上地球的体积很大，在离月球最近的地面上的物体，绕地、月共同质心做圆周运动的轨道半径明显小于地球质点的轨道半径，物体所受月球的万有引力就会大于所受对应的惯性力，这两个力不能再抵消，其合力与物体受地球的万有引力方向相反，使物体的重力明显减小。如果所说的物体是指海水，那么就会有涨潮发生。用同样的方法研究离月球最远的地面上的物体，月球对此处物体的万有引力小于与之对应的惯性力，它们的合力又与地球对此处物体的万有引力方向相反，也使得物体的重力明显减小。所以离月球最远的那部分海水同样也会有涨潮发生。这就使本应是球形的海平面微微呈现出纺锤体形状。

　　三是太阳的作用，要研究太阳对潮汐的作用，在研究方法上与月亮相同。

任务 3-2　认识大地水准面

○ 工作任务

　　认真观察图 3-5 所示大地水准面，分析大地水准面的形成过程和内涵特征，判断水在该面上时的运动状态。

○ 知识准备

大地水准面是指与平均海水面重合并延伸到大陆内部的水准面，如图 3-6 所示。大地水准面只有一个，是正高的基准面。在测量工作中，均以大地水准面为依据。

认识大地
水准面

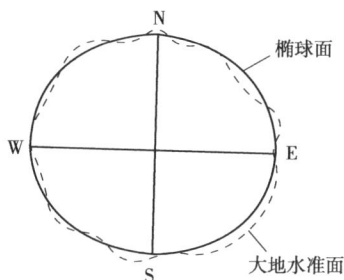

因地球表面起伏不平且地球内部质量分布不均，故大地水准面是一个略有起伏的不规则曲面。该曲面包围的形体近似于一个旋转椭球，称为大地体，常用来表示地球的物理形状。

图 3-5　大地水准面

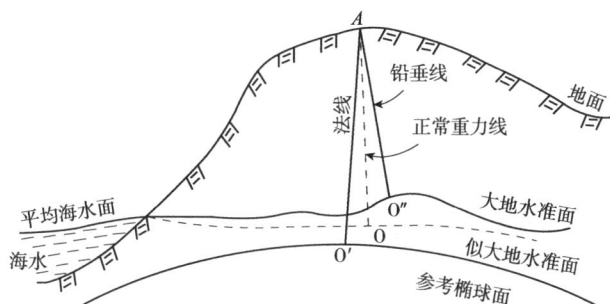

图 3-6　大地水准面的形成

大地水准面不仅是描述地球形状的一个重要物理参考面，还是海拔高程的起算面。地面点的位置通常由该点投影到地球椭球面的位置(坐标)和点到大地水准面的铅垂距离(高程)来确定。

大地水准面是大地测量基准之一，确定大地水准面是国家基础测绘中的一项重要工程。它将几何大地测量与物理大地测量科学地结合起来，使人们在确定空间几何位置的同时，还能获得海拔和地球引力场关系等重要信息。大地水准面的形状反映了地球内部物质结构、密度、分布等信息，对海洋学、地震学、地球物理学、地质勘探、石油勘探等相关地球科学领域研究和应用具有重要意义。

大地水准面、海拔、高程等参数和概念在客观世界中无处不在，在国民经济建设中起着非常重要的作用。

○ 任务实施

1. 认真观察图 3-6，并根据大地水准面的含义，说明大地水准面的形成过程和大地水准面的个数

● 在众多水准面中，有一个与静止的平均海水面相重合，假设其穿过大陆、岛屿形成一个闭合曲面，即大地水准面。根据图 3-6 和大地水准面的含义可判断，大地水准面只有一个。

2. 根据大地水准面的含义，判断水在这个面上是否会流动

● 通过分析大地水准面的含义，大地水准面是重力等位面，即物体沿该面运动时，重力不做功。所以，水在大地水准面上是不流动的。

○ 考核评价

由学生自评，完成表 3-2。

表 3-2　成绩考核评价表

任务 3-2　认识大地水准面				
学习目标	评价内容	评价结果		
		A	B	C
知识目标	1. 了解大地水准面的概念和特征			
	2. 掌握大地水准面的基本特性和应用			
能力目标	1. 能描述大地水准面的特征			
	2. 会识别大地水准面			
素质目标	培养学生精益求精的大国工匠精神，激发学生科技报国的家国情怀和使命担当			
综合评价				

○ 巩固训练

1. 简述大地水准面的含义和形成过程。
2. 说明大地水准面的特征。
3. 列举大地水准面的应用。
4. 什么是大地水准面差距？

○ 知识拓展

大地体

由大地水准面所包围的地球形体，称为大地体，测量学里用大地体表示地球形体(图 3-7)。

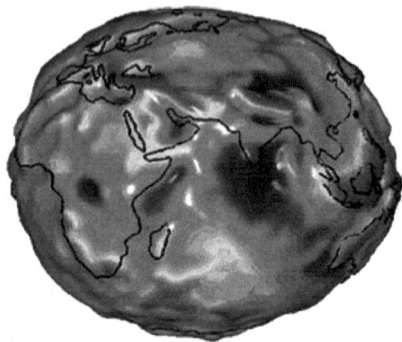

图 3-7　大地体

大地水准面所包围的形体是地球的物理模型，接近于一个椭圆绕其短轴旋转而成的旋转椭球体。因此，在几何大地测量中，采用旋转椭球体去逼近大地体，作为地球的几何形体。

任务 3-3　认识绝对高程和假定高程

○ 工作任务

认真观察图 3-8，指出图上 A、B 两点的绝对高程和假定高程，并计算其大小。

○ 知识准备

绝对高程是指地面点沿铅垂线方向至大地水准面的距离，简称高程或海拔。

认识绝对
高程和假定
高程

中国的高程起算面是与黄海平均海水面相吻合的大地水准面，该面上各点高程为 0。中华人民共和国成立初期，曾利用青岛验潮站 1950—1956 年的观测资料，求出黄海平均海水面作为大地水准面，建立了 1956 年黄海高程系，并在青岛建立国家水准原点，其高程为 72.289m。目前中国采用的 1985 年国家高程基准，是根据青岛验潮站 1952—1979 年的观测资料计算建立的。并在青岛市观象山建立了国家水准原点，作为中国高程测量的依据，其高程为 72.260m。从该水准原点出发，以不同的精度用水准测量的方法测定了许多水准点，供高程测量使用。

当测区内没有已知水准点或引用已知高程有困难时，可以任意假定一个水准面作为高程起算面，地面点到这个假定水准面的铅垂距离称为该点的假定高程或相对高程。

○ 任务实施

1. 认真观察图 3-8，指出 A、B 两点的绝对高程

• 根据绝对高程的定义，绝对高程以大地水准面为基准面，故图 3-8 中 A 点的绝对高程为 H_A。

• B 点的绝对高程同样以大地水准面为基准面，其值为 H_B。

2. 指出图 3-8 中 A、B 两点的假定高程

• 根据假定高程的含义，假定高程以假定水准面为基准面，故图 3-8 中 A 点的假定高程为 H'_A。

• B 点的假定高程同样以假定水准面为基准面，其值为 H'_B。

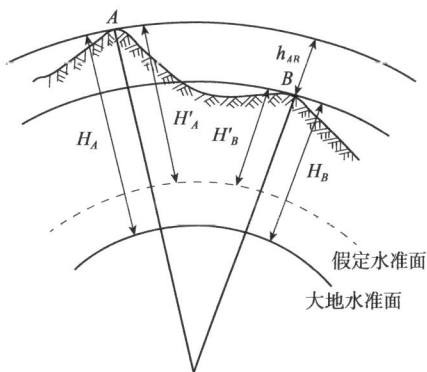

图 3-8　绝对高程和假定高程
A、B. 地面点；H_A. A 点的绝对高程；
H_B. B 点的绝对高程；H'_A. A 点的假定高程；
H'_B. B 点的假定高程；h_{AB}. A、B 两点的高差

3. 已知 *A*、*B* 两点在 1956 年黄海高程系下的高程值分别为 **568.229m** 和 **998.661m**，试计算 *A*、*B* 两点在 **1985** 年国家高程基准下的高程值

• 根据公式 1985 国家高程基准高程 = 1956 黄海高程系高程 − 0.029m，计算得知 *A* 点在 1985 国家高程基准高程 = 1956 黄海高程系高程 − 0.029m = 568.229m − 0.029m = 568.200m。

• 根据公式 1985 国家高程基准高程 = 1956 黄海高程系高程 − 0.029m，计算得知 *B* 点在 1985 国家高程基准高程 = 1956 黄海高程系高程 − 0.029m = 998.661m − 0.029m = 998.632m。

◎ 考核评价

由学生自评，完成表 3-3。

表 3-3　成绩考核评价表

任务 3-3　认识绝对高程和假定高程				
学习目标	评价内容	评价结果		
		A	B	C
知识目标	1. 了解绝对高程和假定高程的概念和特征			
	2. 掌握绝对高程和假定高程的功能			
能力目标	1. 能准确描述绝对高程和假定高程的应用。			
	2. 能够进行绝对高程和假定高程的计算			
素质目标	培养学生探索未知、追求真理、勇攀科学高峰的责任感和使命感			
综合评价				

◎ 巩固训练

1. 简述绝对高程和假定高程的含义。
2. 说明绝对高程和假定高程的计算方法。
3. 目前，中国采用的高程基准是什么？
4. 中国最新的国家高程基准的启用时间是什么时候？
5. 绝对高程对人体的影响有哪些？

◎ 知识拓展

中国名山高程

2005 年，中国对珠穆朗玛峰高程的重新测定，是历史上工程最浩大的高程测量。该测

量花费大量资金，耗时近半年，于 2005 年 9 月公布测量结果：珠穆朗玛峰高程为 8844.43m。2005 年 10 月 9 日，国家测绘局正式宣布，珠穆朗玛峰新高度为 8844.43m。之前沿用多年的 8848.13m 今后不再使用。

2007 年 4 月，中国国家测绘局和建设部联合公布了中国 19 座名山修正后的高程数据。这是继 2005 年公布珠穆朗玛峰高程后，中国再一次公布山峰类重要地理信息数据。此次公布的 19 座名山高程数据见表 3-4。

表 3-4　中国名山高程　　　　　　　　　　　　　　　　　　　　　　m

山名	高程	山名	高程	山名	高程
泰山	1532.7	华山	2154.9	衡山	1300.2
恒山	2016.1	嵩山	1491.7	五台山	3061.1
云台山	624.4	普陀山	286.3	雁荡山	1108.0
黄山	1864.8	九华山	1344.4	庐山	1473.4
井冈山	1597.6	三清山	1819.9	龙虎山	247.4
崂山	1132.7	武当山	1612.1	峨眉山	3079.3

注：数据发布于 2007 年 4 月。

2020 年 12 月 8 日，国家主席习近平同尼泊尔总统班达里互致信函，共同宣布珠穆朗玛峰最新高程 8848.86m。

任务 3-4　认识高差

○ 工作任务

认真观察图 3-8，在理解高差含义的基础上，应用不同的方法计算高差。

○ 知识准备

认识高差

高差是指地面两点间的高程或相对高程之差，即终点高程减起点高程。终点比起点高，两点的高差为正，反之为负。

如图 3-8 所示，从 A 点到 B 点的高差为 $h_{AB} = H_B - H_A$ 或 $h_{AB} = H'_B - H'_A$

可见，两点间的高差与高程起算面无关。

此外，从 B 点到 A 点的高差为 $h_{BA} = H_A - H_B$ 或 $h_{BA} = H'_A - H'_B$

因此，从 B 点至 A 点的高差与 A 点至 B 点的高差理论上互为相反数。

目前，在中国的测绘实践中按使用的仪器和测量方法来划分，测量高差的主要方法有几何水准测量、三角高程测量、液体静力水准测量（流体静力水准测量）、全球定位系统高程测量、气压高程测量、对边测量、悬高测量等。

○ 任务实施

1. 认真观察图 3-8，根据 1985 国家高程基准，A 点高程为 215.628m，B 点高程为 216.826m，计算 A 点到 B 点的高差和 B 点到 A 点的高差

- 根据公式 $h_{AB}=H_B-H_A$，A 点到 B 点的高差 $h_{AB}=H_B-H_A=216.826\text{m}-215.628\text{m}=1.198\text{m}$。
- 根据公式 $h_{BA}=H_A-H_B$，B 点到 A 点的高差 $h_{BA}=H_A-H_B=215.628\text{m}-216.826\text{m}=-1.198\text{m}$。

2. 假设 A 点绝对高程为 195.028m，B 点绝对高程为 205.361m，A 点的假定高程为 162.298m，计算 B 点的假定高程

- 根据公式 $H'_B=H'_A+h_{AB}$，得到 $H'_B=H'_A+H_B-H_A=162.298\text{m}+205.361\text{m}-195.028\text{m}=172.631\text{m}$。
- 根据公式 $H'_B-H_B=H'_A-H_A$，得到 $H'_B=H'_A-H_A+H_B=162.298\text{m}-195.028\text{m}+205.361\text{m}=172.631\text{m}$。

○ 考核评价

由学生自评，完成表 3-5。

表 3-5　成绩考核评价表

任务 3-4　认识高差				
学习目标	评价内容	评价结果		
		A	B	C
知识目标	1. 了解高差的概念			
	2. 掌握高差的计算方法			
能力目标	1. 能准确描述高差的计算原理			
	2. 能够进行高差的计算			
素质目标	具备以科学态度追求事物真相的精神			
综合评价				

○ 巩固训练

1. 高差的计算结果是否与起算面有关？
2. 简述高差的含义。
3. 说明高差的计算方法。
4. 已知 A、B 两点的高程分别为 228.655m 和 199.035m，计算 A、B 之间的高差。
5. 已知 A、B 两点之间的高差为 56.882m，A 点的高程为 109.115m，计算 B 点的高程。

知识拓展

GPS 高差测量

　　全球定位系统（GPS）高差测量（GPS height difference measurement），是利用 GPS 测量技术直接测定地面点的大地高，或间接确定地面点的正常高进而求解出点位之间高差的方法。测量方法通常是，首先用 GPS 测量技术直接测得测区内所有 GPS 点的大地高，再在测区内选择数量和位置均能满足高程拟合需要的若干 GPS 点，用水准测量方法测取其正常高，并计算所有 GPS 点的大地高与正常高之差（高程异常），以此为基础利用平面或曲面拟合的方法进行高程拟合，求解出测区内其他 GPS 点的正常高，进而计算出需要点位间的高差。此法精度已达到厘米级。应用前景广泛。

　　GPS 高差测量时，无论动态测量还是静态测量都要注意周围测量环境。为了减小 GPS 高差测量误差，必须使区域高程网与高精度国家网联系起来，并且用 3 个或 3 个以上高精度高程点为基准。进行 GPS 高程测量时，应使用双频 GPS 接收机，且型号最好相同以便消减电离层影响而产生的卫星信号时延和使 GPS 天线相位中心偏差最小。固定的天线高和脚架高可消减天线高误差。应尽可能多地增加多余观测以消除或减弱相位整周模糊度解算的差错率，增加相位整周模糊度解算的可靠性，同时，还可以降低多路径效应的影响。根据大量国内外 GPS 水准实践情况，在局部 GPS 网中，拟合法计算，GPS 水准高程内符合精度一般为 $2 \times D$mm（式中，D 是以 GPS 为中心的方圆直径，单位为 km）。对于测区面积不大的平坦地区，特别是测区内高程异常变化有规律的地区，公共点分布均匀的情况下，多项式曲面拟合法能够达到比较理想的精度，只要用三等几何水准联测已知点，点位分布合理，点数足够，GPS 水准可以代替四等几何水准；在山区，只要施加地形改正，也可达到四等水准的精度。

任务 3-5　认识测量中常用的坐标系

工作任务

　　认真观察图 3-9，理解地面点投影方式，并以此为基础认识测量中常用的坐标系的含义，学会判读不同坐标系示意图。

知识准备

　　测量中常用的坐标系有 4 种，分别是大地坐标系（地理坐标系）、空间直角坐标系、平面直角坐标系和地方独立坐标系。

认识测量中常用的坐标系

1. 大地坐标系

　　大地坐标系是大地测量中以参考椭球面为基准面建立起来的坐标系，如图 3-10 所示。

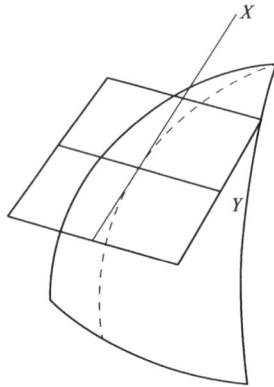

图 3-9　地面点投影

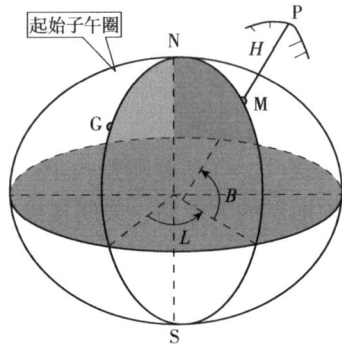

图 3-10　大地坐标系

大地坐标系的确立包括选择一个椭球，对椭球进行定位和确定大地起算数据。地面点的位置用大地经度、大地纬度和大地高度表示。

一个形状、大小和定位、定向都已确定的地球椭球称为参考椭球。参考椭球一旦确定，标志着大地坐标系已经建立。

大地坐标系是一种伪地理坐标系。

大地坐标系是大地测量的基本坐标系，也是大地测量计算、地球形状大小研究和地图编制等的基础。其大地经度 L、大地纬度 B 和大地高 H 是此坐标系的 3 个坐标分量。它包括地心大地坐标系和参心大地坐标系。

在大地坐标系中，某点的位置用经纬度和高程表示为 $P(B, L, H)$。

大地经度 L：过地面点 P 的子午面与起始子午面之间的夹角，取值范围为 $0° \sim \pm 180°$。由起始子午面起，向东为正，称为东经；向西为负，称为西经。

大地纬度 B：过地面点 P 的法线与赤道面之间的夹角，取值范围为 $0° \sim \pm 90°$。由赤道面起算，向北为正，称为北纬；向南为负，称为南纬。

大地高 H：P 点沿法线至椭球面的距离。

大地坐标系是椭球面坐标，它的基准面是参考椭球面，基准线是法线。包含参考椭球体短轴的平面称为大地子午面，大地子午面与参考椭球面的交线称为大地子午线或大地经线。世界各国把过英国格林尼治天文台的子午面称为起始大地子午面，它与参考椭球面的交线称为起始子午线。

2. 空间直角坐标系

空间直角坐标系的坐标原点位于参考椭球的中心，Z 轴指向参考椭球的北极，X 轴指向起始子午面与赤道的交点，Y 轴位于赤道面上且按右手系与 X 轴呈 90° 夹角。在空间直角坐标系中，某点的坐标可用该点在此坐标系各个坐标轴上的投影来表示，即 (x, y, z)，如图 3-11 所示。

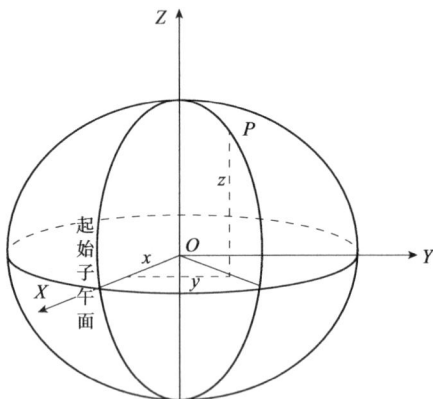

图 3-11　空间直角坐标系

3. 平面直角坐标系

在小区域从事测量工作，若采用大地坐标来表示地面点位置是不方便的，这时通常采用平面直角坐标系，包括高斯平面直角坐标系、独立平面直角坐标系、建筑施工坐标系等。

测量工作中使用的平面直角坐标系均以纵轴为 X 轴，横轴为 Y 轴，与数学上笛卡儿平面直角坐标系的轴正好相反。关于坐标象限的规定与数学上也有所不同，二者均以北东为第一象限，但数学上的 4 个象限为逆时针递增，测量上则为顺时针递增，如图 3-12所示。

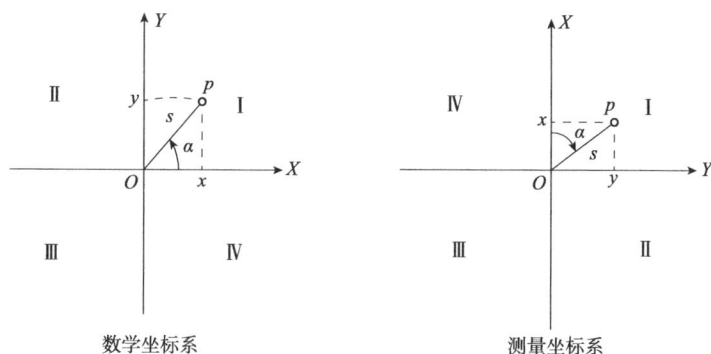

图 3-12 数学坐标系和测量坐标系

为了建立各种比例尺地形图及工程测量控制，一般应将椭球面上各点的大地坐标按照一定的规律投影到平面上，并以相应的平面直角坐标表示。

4. 地方独立坐标系

基于限制变形、方便、实用和科学的目的，在许多城市和工程测量中，常常会建立适合本地区的地方独立坐标系。

建立地方独立坐标系，实际上就是通过一些参数来确定地方参考椭球与投影面。

○ 任务实施

1. 认真观察图 3-10，指出中国各地大地经度 L 和大地纬度 B 的正负

• 大地经度是过地面点 P 的子午面与起始子午面之间的夹角，取值范围为 $0° \sim \pm180°$，由起始子午面起，向东为正，称为东经；向西为负，称为西经。中国位于赤道以北的东半球，所以各地的大地经度 L 和大地纬度 B 都是正值。

2. 认真观察图 3-12，判断点 $A(-50, 80)$ 和点 $B(60, -20)$ 分别在第几象限

• A 点在第Ⅱ象限，B 点在第Ⅳ象限。

○ 考核评价

由学生自评，完成表 3-6。

表3-6　成绩考核评价表

任务3-5　认识测量中常用的坐标系				
学习目标	评价内容	评价结果		
		A	B	C
知识目标	1. 了解常用的坐标系的概念和类型			
	2. 掌握常用的坐标系的特征和应用			
能力目标	1. 能准确描述常用的坐标系的原理和应用			
	2. 会识别常用的坐标系			
素质目标	培养学生正确认识客观事物的能力			
综合评价				

○ 巩固训练

1. 大地坐标系的坐标分量有几个？
2. 列举测量中常用的坐标系类型。
3. 简述测量中常用的坐标系的应用。
4. 坐标系的作用是什么？
5. 什么是参考椭球面？

○ 知识拓展

坐标系的来源

　　有一天，笛卡尔(1596—1650年，法国哲学家、数学家、物理学家)生病卧床，但他头脑一直没有休息，在反复思考一个问题：几何图形是直观的，而代数方程则比较抽象，能不能用几何图形来表示方程呢？这里的关键是如何把组成几何的图形的点和满足方程的每一组数产生联系。他拼命琢磨，通过什么样的办法、才能把点和数联系起来。突然，他看见屋顶角上的一只蜘蛛，拉着丝垂了下来，一会儿，蜘蛛又顺着丝爬上去，在上边左右拉丝。

　　蜘蛛的"表演"，使笛卡尔思路豁然开朗。他想，可以把蜘蛛看作一个点，它在屋子里可以上、下、左、右运动，能不能把蜘蛛的每个位置用一组数确定下来呢？他又想，屋子里相邻的两面墙与地面交出了3条线，如果把地面上的墙角作为起点，把交出来的3条线作为3根数轴，那么空间中任意一点的位置，不是都可以用这3根数轴上找到的有顺序的3个数来表示吗？反过来，任意给一组3个有顺序的数，如(3，2，1)，也可以用空间中的1个点P来表示它们(图3-13)。同样，用一组数(a，b)可以表示平面上的1个点，平面上的1个点也可以用一组两个有顺序的数来表示(图3-14)。于是，在蜘蛛的启示下，笛卡尔创建了直角坐标系。

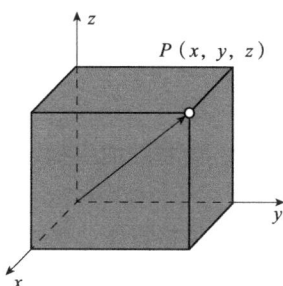

图 3-13　坐标系

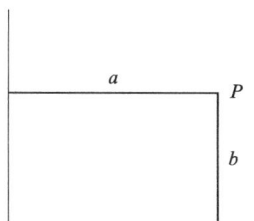

图 3-14　平面上点的表示

这个有趣的传说，就像瓦特看到蒸汽冲起开水壶盖改进了蒸汽机一样，说明笛卡尔在创建直角坐标系的过程中，很可能是受到周围一些事物的启发，触发了灵感。

直角坐标系的创建，在代数和几何上架起了一座桥梁。它使几何概念得以用代数的方法来描述，几何图形可以通过代数形式来表达，这样便可将先进的代数方法应用于几何学的研究。

笛卡尔在创建直角坐标系的基础上，创造了用代数方法来研究几何图形的数学分支——解析几何。他的设想是，只要把几何图形看成是动点的运动轨迹，就可以把几何图形看成是由具有某种共同特性的点组成的。例如，我们把圆看成一个动点对定点 O 作等距离运动的轨迹，也就可以把圆看作由无数到定点 O 的距离相等的点组成的。我们把点看作是组成图形的基本元素，把数看成是组成方程的基本元素，只要把点和数挂上钩，也就可以把几何和代数挂上钩。

任务 3-6　认识高斯平面直角坐标系

○ 工作任务

认真观察图 3-15 高斯-克吕格投影，理解高斯投影平面直角坐标系的构成原理，并能进行相关计算。

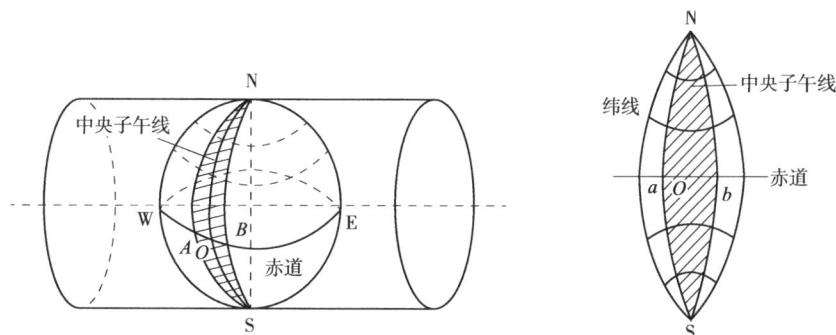

图 3-15　高斯-克吕格投影

〇 知识准备

1. 高斯-克吕格投影的含义

当测区范围比较大时，不能把球面看成平面。此时，为将球面点投影到平面上，必须采用适当的投影方法来实现。

设想一个平面卷成横圆柱套在地球外，通过高斯-克吕格投影，将中央子午线的投影作为纵坐标轴 X，规定 X 轴向北为正，将赤道的投影作横坐标轴 Y，规定 Y 轴向东为正，两轴的交点作为坐标原点，由此构成的平面直角坐标系称为高斯平面直角坐标系，如图3-16所示。

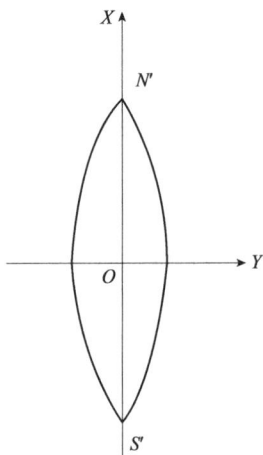

认识高斯
平面直角
坐标系

图3-16 高斯平面直角坐标系

高斯-克吕格投影属于等角投影，即投影前后的角度相等，但长度和面积有变形。该投影方式下，中央子午线和赤道的投影都是直线，并且正交，其他子午线和纬线都是曲线。中央子午线的长度不变，离开中央子午线越远的线变形越大，且两侧对称。

2. 投影分带

为了减少投影变形，高斯-克吕格投影分为3°带和6°带投影。投影带是将地球按经线划分成带。从首子午线(经度为0°)起，每隔经度6°划为一带，称为6°带，每隔3°划为一带的称为3°带。每一个投影带都有一个独立的高斯平面直角坐标系，区分各带坐标系则是利用相应投影带的带号。如图3-17所示，自西向东将整个地球划分为60个带，带号从首子午线开始，用阿拉伯数字表示，位于各带中央的子午线称为该带的中央子午线(或称主子午线)，这样的全球分带方法称为统一投影带。如图3-17所示，第一个6°带的中央子午线经度为3°，则任意一个6°带中央子午线的经度 λ_0，可按下式计算：

$$\lambda_0 = 6°N - 3° \tag{3-1}$$

式中　λ_0——任意一个6°带中央子午线的经度；

　　　N——6°带投影带号。

在测量工作中，6°带高斯投影只能满足1:2.5万及更小比例尺测图的精度要求，对于需要1:1万或更大比例尺的测量来说，必须采用3°或1.5°分带投影。3°带是从东经1°30′起，每隔3°经差划带，将整个地球分成120个带，则每一个3°带中央子午线的经度 λ_0'，可按下式计算：

$$\lambda_0' = 3°n \tag{3-2}$$

式中　λ_0'——任意一个3°带中央子午线的经度；

　　　n——3°带投影带号。

对于已知任意地点的经度 λ，可按下列公式计算其所在6°带及3°带的带号，带号计算出来后，可再分别计算其中央子午线的经度，计算公式如下：

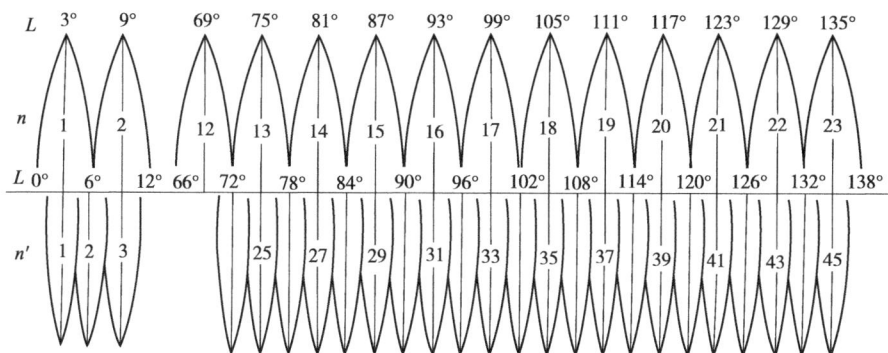

图 3-17　投影分带

$$N=\text{int}(\lambda/6°+1) \tag{3-3}$$

$$n=\text{int}(\lambda/3°+0.5) \tag{3-4}$$

式中　λ——任意地点的经度。

在每一个投影带内，Y 坐标值都有正有负，这对于计算和使用都不方便，为了使 Y 坐标都为正值，故将纵坐标轴向西平移 500km，并在 Y 坐标前加上投影带的带号，以便根据点的横坐标值确定该点位于哪个 6°带内，如图 3-18 所示。例如，设 A 点位于第 20 带内，则其横坐标值（y）为 20 527 682m。应用这种变化后的坐标值称为通用坐标值（Y）。

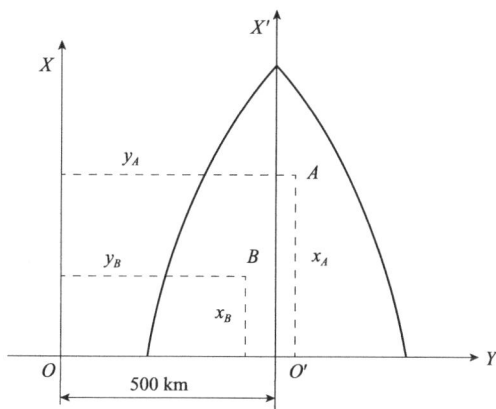

图 3-18　通用坐标值计算

通用坐标值（Y）的计算表达式如下：

$$Y=N\cdot 10^6+(y+500\ 000) \tag{3-5}$$

式中　Y——通用坐标值；

N——投影带号。

○ 任务实施

1. 某地经度为东经 129°25′32″，计算该地在高斯投影 6°带和 3°带下的带号及其所在中央子午线的经度

● 该 6°带下经度为 N，根据 6°带带号和中央子午线经度计算公式，计算得到 $N=\text{int}(129°25′32″/6°+1)=\text{int}(22.57)=22$，$\lambda_0=6°N-3°=6°×22-3°=129°$。

● 该 3°带下经度为 n，根据 3°带带号和中央子午线经度计算公式，计算得到 $n=\text{int}(129°25′32″/3°+0.5)=\text{int}(43.64)=43$，$\lambda_0'=3°n=3°×43=129°$。

2. 设 A 点位于第 18 带内，y 坐标自然值 $y_A=19\ 820$m，计算 A 点的通用坐标值 Y_A

● 根据通用坐标值计算公式：$Y=N\cdot 10^6+(y+500\ 000)$，计算得到 $Y_A=18×10^6+(19\ 820+500\ 000)=18\ 519\ 820(\text{m})$。

○ 考核评价

由学生自评,完成表3-7。

表3-7　成绩考核评价表

任务3-6　认识高斯平面直角坐标系				
学习目标	评价内容	评价结果		
		A	B	C
知识目标	1. 了解高斯平面直角坐标系的概念和特征			
	2. 掌握高斯平面直角坐标系的投影原理			
能力目标	1. 能准确描述高斯平面直角坐标系的特征			
	2. 会识别高斯平面直角坐标系			
素质目标	具备强烈的责任心			
综合评价				

○ 巩固训练

1. 简述高斯平面直角坐标系的内涵。

2. 简述高斯投影分带及其计算方法。

3. 简述高斯平面直角坐标系自然坐标和通用坐标的计算方法。

4. 某地经度为东经 $123°20'18''$,计算该地在高斯投影 $6°$ 带和 $3°$ 带下的带号及其所在中央子午线的经度。

5. 设 A 点位于第23带内,y 坐标自然值 $y_A = 21\,116$m,计算 A 点的通用坐标值 Y_A。

○ 知识拓展

高斯-克吕格投影

高斯-克吕格投影是由德国数学家、物理学家、天文学家高斯于19世纪20年代拟定,后经德国大地测量学家克吕格于1912年对投影公式加以补充,故称为高斯-克吕格投影,又名等角横切椭圆柱投影,是地球椭球面和平面间正形投影的一种。

高斯投影是假想有一个椭圆柱面横套在地球椭球体外面,并与某一条子午线(此子午线称为中央子午线或轴子午线)相切,椭圆柱的中心轴通过椭球体中心,然后用一定投影方法,将中央子午线两侧各一定经差范围内的地区投影到椭圆柱面上,最后将此柱面展开即成为投影面。

在投影面上,中央子午线和赤道的投影都是直线,并且以中央子午线和赤道的交点 O 作为坐标原点,以中央子午线的投影为纵坐标轴(X),以赤道的投影为横坐标轴(Y),这样便形成了高斯平面直角坐标系。

高斯平面投影的特点有：①中央子午线无变形；②无角度变形，图形保持相似；③离中央子午线越远，变形越大。

任务 3-7　认识中国常用的大地坐标系

○ 工作任务

认真观察图 3-19，认识中国大地坐标系的发展历程、基础构成、特点，说明中国常用大地坐标系的特征。

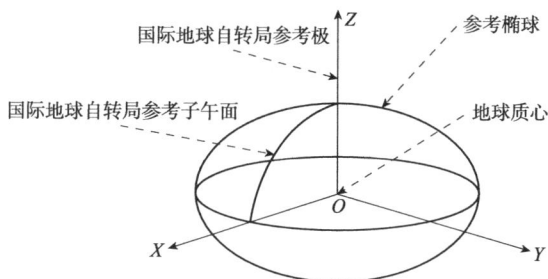

图 3-19　大地坐标系

○ 知识准备

1. 1954 年北京坐标系

中华人民共和国成立后，中国大地测量进入了全面发展时期，在全国范围内开展了正规的、全面的大地测量和测图工作，迫切需要建立一个参心坐标系。受当时的历史条件限制，中国暂时采用了克拉索夫斯基椭球参数，与苏联 1942 年坐标系进行联测，通过计算建立了我国的大地坐标系。因为在 1954 年完成测定工作，所以定名为 1954 年北京坐标系（简称 1954 北京坐标系），当时中国地形图上的平面坐标位置都是以这个数据为基准推算的。

1954 北京坐标系可以认为是苏联 1942 坐标系的延伸。它的原点不在北京，而在苏联的普尔科沃。1954 北京坐标系为参心大地坐标系，大地上的一点可用经度 L54、纬度 M54 和大地高 H54 定位，它是以克拉索夫斯基椭球为基础，经局部平差后产生的坐标系，其长半轴为 6 378 245m，短半轴为 6 356 863，扁率为 1/298.3。

但在实际应用中，1954 北京坐标系存在以下缺陷：

①椭球参数有较大误差。

②参考椭球面与中国大地水准面存在着自西向东明显的系统性倾斜，在东部地区大地水准面差距最大可达+68m。

③几何大地测量和物理大地测量应用的参考面不统一。

④定向不明确。

2. 1980 年国家大地坐标系

为了适应中国大地测量的发展需要，1978 年 4 月在西安召开了全国天文大地网平差会议，确定重新定位，建立中国新的坐标系，即后来的 1980 年国家大地坐标系（简称 1980 国家大地坐标系）。专家认为 1954 北京坐标系对应的椭球参数不够精确，其椭球面与中国的大地水准面相差大，因而建立新的大地坐标系是必要的。1980 国家大地坐标系采用地球椭球基本参数为 1975 年国际大地测量与地球物理联合会第十六届大会推荐的数据，即 IAG75 地球椭球体。该坐标系的大地原点设在中国中部的陕西省泾阳县永乐镇，位于西安市西北方向约 60km，故又称为 1980 年西安坐标系，也称为西安大地原点。基准面采用青岛大港验潮站 1952—1979 年确定的黄海平均海水面（即 1985 国家高程基准）。

1980 国家大地坐标系属参心坐标系，长半轴 $a = 6\ 378\ 140$m，短半轴 $b = 6\ 356\ 755.2882$m，扁率 $\alpha = 1/298.257$，第一偏心率平方 $e^2 = 6.694\ 384\ 999\ 59 \times 10^{-3}$，第二偏心率平方 $e'^2 = 6.739\ 501\ 819\ 47 \times 10^{-3}$。

1980 国家大地坐标系具有以下明显特点：

①椭球参数与克拉索夫斯基椭球相比精度高。

②椭球有 4 个参数，是一套完整的数值，既确定了几何形状，又表明了地球的基本物理特征，从而将大地测量学与大地重力学的基本参数统一起来。

③椭球参数与国际天文学会（IAU）于 1984 年启用的新天文常数系统中的地球椭球参数相一致。

④与 1954 北京坐标系相比，轴系与参考基本面明确。

⑤通过椭球定位，参考椭球与中国似大地水准较符合，高程异常的等值线零线有两条，穿过中国东部和西部，一般地区高程异常在 $-20 \sim +20$m。

该坐标系是综合利用中国积累的天文、重力、三角测量资料建成的中国自己的大地坐标系。

3. 2000 国家大地坐标系

2000 国家大地坐标系（China Geodetic Coordinate System 2000，简称 CGCS 2000）是中国当前最新的国家大地坐标系。2000 国家大地坐标系也是全球地心坐标系在中国的具体体现，其原点为包括海洋和大气的整个地球的质量中心。2000 国家大地坐标系的 Z 轴由原点指向历元 2000.0 的地球参考极的方向，该历元的指向由国际时间局给定的历元为 1984.0 的初始指向推算，定向的时间演化保证相对于地壳不产生残余的全球旋转，X 轴由原点指向格林尼治参考子午线与地球赤道面（历元 2000.0）的交点，Y 轴与 Z 轴、X 轴构成右手正交坐标系。

采用地心坐标系，有利于利用现代空间技术对坐标系进行维护和快速更新，测定高精度大地控制点三维坐标，并提高测图工作效率。

2000 国家大地坐标系采用的地球椭球参数如下：长半轴 $a = 6\ 378\ 137$m，扁率 $f = 1/298.257\ 222\ 101$，地心引力常数 $GM = 3.986\ 004\ 418 \times 10^{14}\ \text{m}^3/\text{s}^2$，自转角速度 $\alpha = 7.292\ 115 \times 10^{-5}\ \text{rad/s}$。

任务实施

1. 指出 1980 国家大地坐标系采用的地球椭球参数

- 地球椭球长半轴 $a = 6\ 378\ 140\text{m}$，短半轴 $b = 6\ 356\ 755.2882\text{m}$，扁率 $\alpha = 1/298.257$。

2. 指出 2000 国家大地坐标系的原点及坐标轴指向

- 2000 国家大地坐标系的原点为包括海洋和大气的整个地球的质量中心。
- X 轴由原点指向格林尼治参考子午线与地球赤道面(历元 2000.0)的交点。
- Y 轴与 Z 轴、X 轴构成右手正交坐标系。

考核评价

由学生自评，完成表 3-8。

表 3-8 成绩考核评价表

任务 3-7	认识中国常用的大地坐标系			
学习目标	评价内容	评价结果		
		A	B	C
知识目标	1. 了解中国常用的大地坐标系的产生和特点			
	2. 掌握中国常用的大地坐标系的应用			
能力目标	1. 能准确描述中国常用的大地坐标系的特征			
	2. 会应用中国常用的大地坐标系			
素质目标	培养学生科技报国的家国情怀			
综合评价				

巩固训练

1. 简述中国建立 3 个大地坐标系的背景。
2. 简述中国常用的 3 个大地坐标系的特征。
3. 简述中国常用的 3 个大地坐标系的应用。
4. 中国采用的最新国家大地坐标系是哪个?
5. 什么是地心坐标系?

知识拓展

参考椭球

在大地测量学中，参考椭球体是一个数学上定义的地球表面，它近似于大地水准面，如图 3-20 所示。由于其相对简单，参考椭球是大地控制网计算和显示点坐标(如纬度、经度和海拔)的首选的地球表面的几何模型。通常所说，地球的形状和大小，实际上就是用参考椭球体的长半轴、短半轴和扁率来表示的。

参考椭球的主要作用就是作为定义经度、纬度和高程的基础。最常用的参考椭球，是美国国防部制图局（DMA）在1984年构建的WGS-84（World Geodetic System 1984）椭球参数（表3-9）。

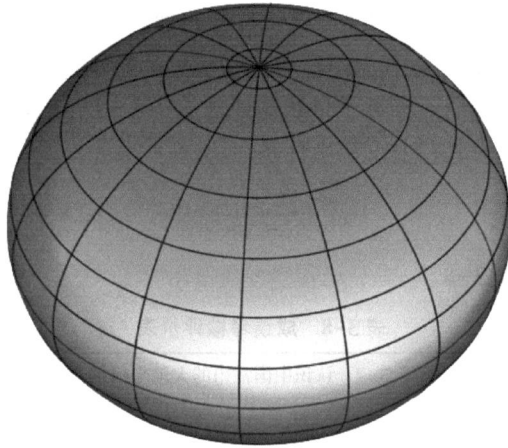

图 3-20　参考椭球

表 3-9　不同参考椭球参数

椭球名称	长半轴（m）	短半轴（m）	扁率的倒数，$1/f$	使用的国家和地区
克拉克（Clarke）1866	6 378 206.4	6 356 583.8	294.978 698 2	北美地区
克拉克（Clarke）1880	6 378 245	6 356 510	293.46	北美地区
白塞尔（Bessel）1841	6 377 397.155	6 356 078.965	299.1 528 434	日本及中国台湾地区
International 1924	6 378 388	6 356 911.9	296.999 362 1	欧洲、北美及中东地区
克拉索夫斯基（Krasovsky）1940	6 378 245	6 356 863	298.299 738 1	俄罗斯、中国
1975年国际会议推荐的参考椭球	6 378 140	6 356 755	298.257	中国
GRS 1980	6 378 137	6 356 752.3141	298.257 222 101	
WGS-84	6 378 137	6 356 752.3142	298.257 223 563	全球
Sphere（6371km）	6 371 000	6 371 000	∞	

中国在1954年前曾采用International 1924参考椭球，之后较长一段时间内采用基于克拉索夫斯基（Krasovsky）1940的1954年北京坐标系。1980年开始使用1975年国际大地测量与地球物理联合会第16届大会推荐的参考椭球。

任务 3-8　认识坐标方位角

○ 工作任务

认真观察图 3-21 中的方位角，认识标准方向并学会计算直线的方位角。

○ 知识准备

1. 标准方向

测量工作中常用的标准方向有真子午线方向(图 3-22)、磁子午线方向和平面直角坐标纵轴方向 3 种，具体内容已在任务 2-7 中介绍。

认识坐标
方位角

（1）真子午线方向(真北方向)

经过地面一点指向地球南北极的方向称为该点的真子午线方向，如图 3-22 所示。真子午线方向可用天文测量方法或陀螺经纬仪测定。真子午线北端所指的方向为真北方向。

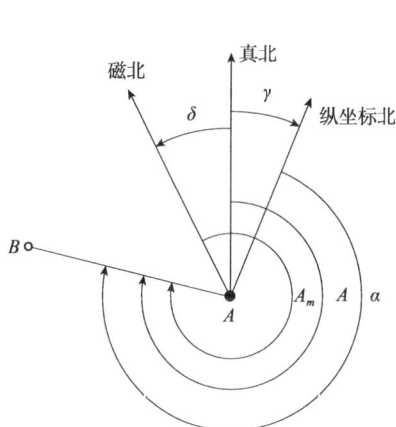

图 3-21　方位角

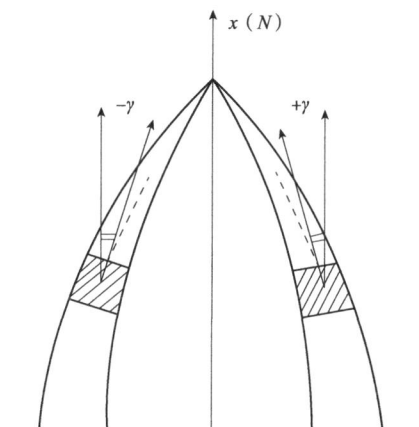

图 3-22　真子午线方向

（2）磁子午线方向(磁北方向)

经过地面一点指向地球磁南北极的方向称为该点的磁子午线方向。磁子午线方向可用罗盘仪测定。磁针北端所指的方向为磁北方向。

（3）平面直角坐标纵轴方向(坐标北方向)

采用高斯平面直角坐标系时，取平行于投影带中央子午线的方向作为平面直角坐标纵轴方向；采用独立平面直角坐标系时，则取平行于其坐标纵轴方向作为基准方向。坐标系中坐标纵线北端所指的方向为坐标北方向。

2. 直线方向的表示方法

直线的方向一般用方位角表示。直线的方位角是指从标准方向北端起，顺时针测量到直线间的夹角，其角值范围为 0°～360°。由于标准方向的不同，直线的方位角有真方位角、磁方位角和坐标方位角 3 种。

（1）真方位角

真方位角是以真子午线的北端为标准方向计算的方位角，用符号 X 表示。

（2）磁方位角

磁方位角是以磁子午线的北端为标准方向计算的方位角，用符号 N 表示。

（3）坐标方位角

坐标方位角是以平面直角坐标纵轴的北端为标准方向计算的方位角，用符号 a 表示，如图 3-23 所示。

另外，一条直线均有两个方向，如果从 A 向 B 进行测量，把 AB 方向称为正方向，直线 AB 的坐标方位角 α_{AB} 就是正坐标方位角；同时 BA 方向为反方向，BA 方向的方位角 α_{BA} 称为反坐标方位角。正、反坐标方位角相差 $180°$，如图 3-24 所示。即 $\alpha_{AB} = \alpha_{BA} \pm 180°$，当 $\alpha_{BA} > 180°$ 时取"-"，当 $\alpha_{BA} < 180°$ 时取"+"。

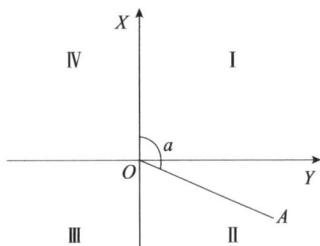

图 3-23　坐标方位角

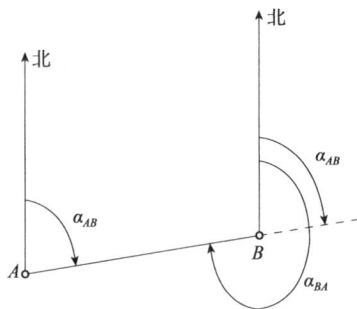

图 3-24　正反方位角

○ 任务实施

1. 计算坐标方位角为 118°35′28″的直线的反坐标方位角

- 根据公式 $\alpha_{AB} = \alpha_{BA} \pm 180°$，且正方位角 118°35′28″ < 180°，可知反方位角取"+"。

- 计算得到 $\alpha_{BA} = \alpha_{AB} + 180° = 298°35′28″$。

2. 地面上有 3 个点 A、B、C，已知 AB 边的坐标方位角 $\alpha_{AB} = 52°38′$，AB 边与 BC 边的左夹角 $\angle ABC = 69°12′$，计算 CB 边的坐标方位角

- 方法一：根据 A、B、C 3 个点的关系，确定 AB 边和 BC 边的夹角关系，可得 CB 边的坐标方位角 $\alpha_{AB} = 52°38′ + 69°12′ = 121°50′$。

- 方法二：根据 A、B、C 3 个点的关系，画出经过 A 点的标准方向线，构建三角形中第 3 个角的角度为 $180° - 52°38′ - 69°12′ = 58°10′$，$CB$ 边的坐标方位角与第 3 个角互补，则 CB 边的坐标方位角 $\alpha_{AB} = 180° - 58°10′ = 121°50′$。

○ 考核评价

由学生自评，完成表 3-10。

表 3-10　成绩考核评价表

任务 3-8　认识坐标方位角			
学习目标	评价内容	评价结果		
		A	B	C
知识目标	1. 了解坐标方位角的概念和类型			
	2. 掌握坐标方位角的计算方法			
能力目标	1. 能准确描述坐标方位角的类型			
	2. 能够进行坐标方位角的计算			
素质目标	树立科学自信的人生态度			
综合评价				

○ 巩固训练

1. 坐标方位角的取值范围是多少？
2. 列举标准方向的类型。
3. 说明坐标方位角的定义和类型。
4. 直线的方位角是按照什么方式计量的？
5. 坐标方位角为 192°55′18″ 的直线的反坐标方位角是多少？

○ 知识拓展

地磁极

地磁极（geomagnetic pole）又称地球磁极，如图 3-25 所示。地球是一个大磁体，从地磁测量中表明在地理南北极附近各有一个磁极（实际上是两个小区域），在这两个区域内，地磁场强度、矢量方向与地表垂直，即磁倾角等于 90°，或地磁场水平分量强度等于 0，这样定义的磁极又称倾角极。

地磁极中位于地理北极附近（约 76°N，101°W）的磁极是北地磁极（极性是 S），位于地理南极附近（约 60°S，140°W）的磁极是南地磁极（极性是 N）。它们的位置既不对称也不固定，而是在缓慢地变动。另外，根据地球是均匀磁化球的概念而定义的地磁极是指均匀磁化地球的磁轴与地面的交点，即位于地理北极附近（79°N，70°W）的交点是地磁北极，位于地理南极附近（70°S，110°E）的交点是地磁南极。它们

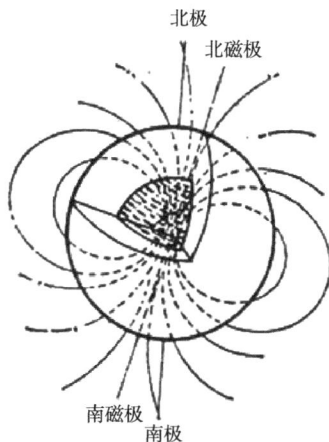

图 3-25　地磁极

的位置南北对称，同时随磁轴的变化在缓慢地变动。在某些地磁现象的观测中，常用到地磁经纬度的概念，其坐标就是以上述的地磁极做极点的。

任务 3-9　平面直角坐标系坐标计算

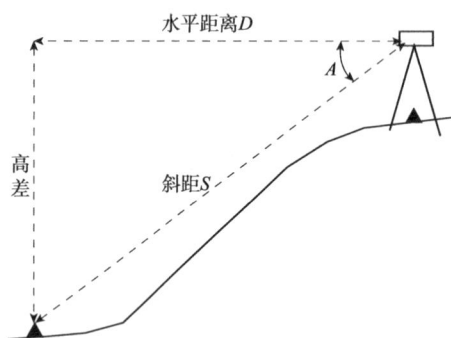

◇ 工作任务

理解斜距与平距的含义、位置关系，并进行相对位置判断。

◇ 知识准备

平面直角
坐标系
坐标计算

1. 斜距

仪器站距被测目标的直线距离称为斜距。一般用 S 表示，如图 3-26 所示。

2. 平距

平距是仪器与观测点之间的水平距离。用 D 表示，在地形图上通过比例尺计算出来的实地距离都是平距，如图 3-26 所示。

3. 坐标计算公式

①坐标正算。根据已知点的坐标和已知点到待定点的坐标方位角、边长计算待定点的坐标，这种计算称为坐标正算。

如图 3-27 所示，A 点坐标、直线 AB 的方位角和 AB 的边长已知（AB 方位角为 α_{AB}，AB 间平距为 D），则 B 点坐标的计算公式如下：

$$x_B = x_A + D \cdot \cos \alpha_{AB} \tag{3-6}$$

$$y_B = y_A + D \cdot \sin \alpha_{AB} \tag{3-7}$$

②坐标反算。根据两个已知点的坐标计算这两个点连线的坐标方位角和边长，称为坐标反算。

图 3-26　斜距和平距

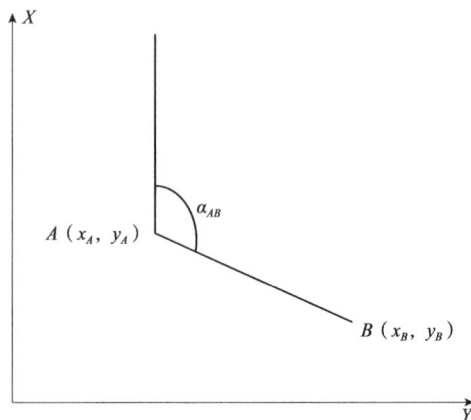

图 3-27　坐标计算

已知 A 点和 B 点的坐标[A 点为 $(x_A，y_A)$，B 点为 $(x_B，y_B)$]，AB 边的坐标方位角 α_{AB} 和边长 S_{AB} 的计算公式如下：

$$\tan \alpha_{AB} = \frac{y_B - y_A}{x_B - x_A} = \frac{\Delta y_{AB}}{\Delta x_{AB}} \tag{3-8}$$

$$\alpha_{AB} = \arctan \frac{y_B - y_A}{x_B - x_A} = \arctan \frac{\Delta y_{AB}}{\Delta x_{AB}} \tag{3-9}$$

$$S_{AB} = \frac{\Delta x_{AB}}{\cos \alpha_{AB}} = \frac{\Delta y_{AB}}{\sin \alpha_{AB}} \tag{3-10}$$

$$S_{AB} = \sqrt{(\Delta x_{AB})^2 + (\Delta y_{AB})^2} \tag{3-11}$$

〇 任务实施

1. 已知 $A(512，605)$，$B(558，392)$，判断 A、B 两点的相对位置

• 根据 A、B 两点的坐标判断 $x_A < x_B$，$y_A > y_B$。

• A 点在 B 点的右下方，AB 方位角在 $270° \sim 360°$，如图 3-28 所示。

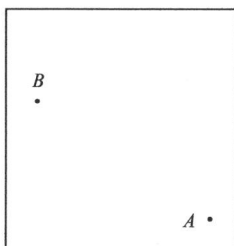

图 3-28　相对位置

2. 已知图上 B、A 两点的方位角 $\alpha_{BA} = 183°$，判断 A、B 两点的坐标关系

• 计算 A、B 两点的方位角 $\alpha_{AB} = \alpha_{BA} - 180° = 183° - 180° = 3°$。

• $\alpha_{AB} < 90°$，属于第 I 象限，故 $x_A < x_B$，$y_A < y_B$。

〇 考核评价

由学生自评，完成表 3-11。

表 3-11　成绩考核评价表

任务 3-9　平面直角坐标系坐标计算				
学习目标	评价内容	评价结果		
		A	B	C
知识目标	1. 了解平面直角坐标系坐标的概念			
	2. 掌握地平面直角坐标系坐标计算方法			
能力目标	1. 能准确描述平面直角坐标系坐标计算思路			
	2. 能够进行平面直角坐标系坐标计算			
素质目标	具备良好的语言表达能力和正能量的思维方式			
	综合评价			

○ **巩固训练**

1. 简述斜距的含义。
2. 简述平距的含义
3. 说明斜距和平距的关系。
4. 简述坐标的计算方法。
5. 已知 $A(805, 205)$，$B(326, 529)$，判断 A、B 两点的相对位置。
6. 已知图上 B、A 两点的方位角 $\alpha_{BA} = 95°$，判断 A、B 两点的坐标关系。

○ **知识拓展**

全站仪

全站仪，即全站型电子测距仪，是一种集光、机、电为一体的高技术测量仪器，是集水平角、垂直角、距离(斜距、平距)、高差测量功能于一体的测绘仪器系统。与光学经纬仪比较，电子经纬仪将光学度盘转换为光电扫描度盘，将人工光学测微读数代之以自动记录和显示读数，使测角操作简单化，且可避免读数误差的产生。因其一次安置仪器就可完成该测站上全部测量工作，所以称为全站仪。广泛用于地上大型建筑和地下隧道施工等精密工程测量或变形监测领域。

全站仪与光学经纬仪区别在于度盘读数及显示系统，光学经纬仪的水平度盘和竖直度盘及其读数装置是分别采用(编码盘)或两个相同的光栅度盘和读数传感器进行角度测量的。根据测角精度可分为 0.5″、1″、2″、3″、5″、7″等几个等级。

全站仪按测距仪测距分类，还可以分为 3 类。

(1)短距离测距全站仪

测程小于 3km，一般精度为±(5mm+5ppm)，主要用于普通测量和城市测量。

(2)中测程全站仪

测程为 3~15km，一般精度为±(5mm+2ppm)，±(2mm+2ppm)通常用于一般等级的控制测量。

(3)长测程全站仪

测程大于 15km，一般精度为±(5mm+1ppm)，通常用于国家三角网及特级导线的测量。

全站仪几乎可以用在所有的测量领域。电子全站仪由电源部分、测角系统、测距系统、数据处理部分、通信接口及显示屏、键盘等组成。

同电子经纬仪、光学经纬仪相比，全站仪增加了许多特殊部件，因此使得全站仪具有比其他测角、测距仪器更多的功能，使用也更方便。这些特殊部件使全站仪在结构方面独树一帜。

项目4 识读地物地貌

学习目标

知识目标：

1. 熟悉地形图图式、地图符号、地图注记、地貌、等高线及等高距的概念。
2. 掌握地图符号基本特征、功能以及地图符号的分类方法。
3. 熟知地图注记的功能、构成要素、种类及地图注记配置原则。
4. 掌握地貌的基本形态、特殊地貌的形态类别及地貌的符号表示。
5. 重点掌握等高线的特征及等高线的类型。
6. 掌握地貌的基本形态和地貌的判读方法。

技能目标：

1. 能进行地形图图式的识别。
2. 能进行地图注记的配置。
3. 能识别等高线的种类和读取高程值。
4. 会进行常见地貌的判读。

素质目标：

1. 培养学生大国工匠精神和职业规范意识。
2. 培养学生的家国情怀和使命担当，做到学思践悟、知行合一。

项目导入

实施科技兴国，强化人才支撑

——地形图识别的意义

某年，刘某承包了一片荒山，山脚下有一条沟，是某城发电厂排灰的地方。刘某的荒山与电厂排灰场是以 500m 等高线为界，等高线以北归电厂使用，以南为刘某的荒山。当时电厂以水泥桩做标志划定分界线，而刘某认为电厂划分的分界线有误，多占了他的承包范围，于是将电厂告到法院，要求电厂赔偿。法院请专业的勘测队测出各水泥桩的标高，并标出 500m 等高线位置。经测量，分界桩的标高与 500m 之差均在误差范围内，也就是在 500m 等高线范围，见此情形，刘某无话可说只好撤诉，并且白白承担了一笔测量费用。

若刘某能够识读地形图，并能够标出等高线 500m 的位置，将电厂的分界桩与地形图上等高线为 500m 处做对照，就不会出现以上的情形。地形图是国家领土和主权的象征，它通过展示国家地理知识，培育爱国主义情怀、提升国家安全意识，强调保护地理信息的重要性，激发新一代人的历史使命感和责任感。其绘制过程是科学发展观的具象体现，同时，地形图展示的自然环境有效促进了生态文明观念的树立，而其严格的精确性要求又有助于培养实事求是的工作态度。因此，我们必须通过推进教育现代化，建设全民终身学习的学习型社会、学习型大国，培养具备一定的职业素养，具有相关测绘技能的青年一代。

任务 4-1　认识地形图图式

○ 工作任务

认真观察图 4-1 的地形图图式，理解不同图式所代表的含义及其与比例尺的关系，完成判读。

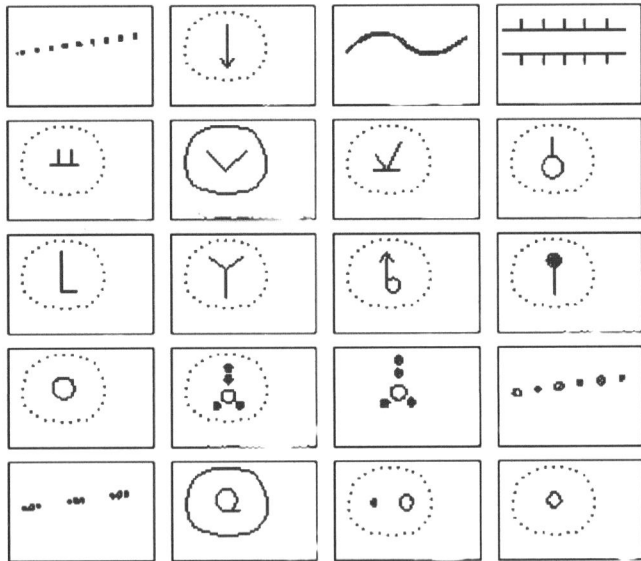

图 4-1　地形图图式

○ 知识准备

1. 地形图图式

地形图是生产建设中不可缺少的图面资料，土地规划、资源开发、森林资源调查、林区规划设计及农田基本建设等工作都是基于地形图而完成的，因此，正确使用地形图是每个林业工作者必备的知识。首先要明确，地形图就是将地面上的地物和地貌按水平投影的方法，按照一定的比例尺缩绘到图纸上，但是实际应用中不可能将所有的地物均按照比例尺缩绘，所以必须用一种简易形式来代表它，即使用各种点位、符号、文字等表示实地的地物和地貌。这些线条、符号等被统一用于代表地形图上的地形

认识地形图
图式

要素，是地图内容的主要表现形式，总称为地形图图式，对地图判读起补充说明作用。也就是将错综复杂的客观世界物体，经过分类、分级，然后抽象表达，以特定的符号显示在地图上，直观地表达物体，反映物体的本质和规律。地形图图式与相应国家基本比例尺地图图式基本保持一致，只是对符号色彩进行了简化，普通地物、地貌符号的使用应遵循国家基本比例尺地图图式规定。

2. 地形图图式使用现状

现行使用的地形图图式是由原国家测绘地理信息局统一制定，如 2018 年 5 月 1 日实施的《国家基本比例尺地图图式第 1 部分：1∶500　1∶1000　1∶2000 地形图图式》(GB/T 20257.1—2017)(以下简称《图式》)，该标准适用于国民经济建设各部门，包括测绘、施工、规划设计以及地理地图的编绘，规定了地形图中各种地物、地貌要素的符号、注记等级、规格和颜色以及使用符号的原则、方法和要求。若图式旁用数字标注尺寸值，均以毫米为单位。若符号旁只注一个尺寸值的，表示圆或外接圆的直径、等边三角形或正方形的边长，如三角点符号，如图 4-2 所示；两个尺寸值并列的，第 1 个数字表示符号主要部分的高度，第 2 个数字表示符号主要部分的宽度，如图 4-3 所示；线状符号一端的数字，单线是指其粗度，两平行线是指含线划粗的宽度(街道是指其空白部分的宽度，如一级公路等)。

编号	符号名称	符号 1∶5000　1∶10 000
4.1	测量控制点	
4.1.1	三角点 a.土堆上的 张湾岭——点名 156.71——高程 156.7——高程 156——高程 5——比高	2.4 △ 张湾岭 156.71 0.5 △ 张湾岭 156.71

图 4-2　三角点符号示例　　　　图 4-3　符号数字示例

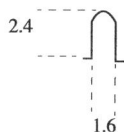

3. 图式的分类

图式具有形状、尺寸、色彩、方向、亮度和密度 6 个基本要素，其中形状、方向、亮度和密度可归为图形。因此，地图主要依据符号的形状、尺寸、色彩来反映物体的数量和质量。

(1)按地图要素分类

可分为测量控制点；居民点；工矿建筑物、公共设施和独立地物；道路及附属设施；管线垣栅；水系及附属设施；境界；地貌和土质；植被等符号。目前这九大类符号构成了大比例尺地形图的全部内容，地形图图式就是按此方法进行分类和编排的。

(2)按符号与实地要素比例关系分类

可分为依比例尺符号、半依比例尺符号、不依比例尺符号(图 4-4)。

依比例尺符号一般为面状符号，这类符号是用轮廓线表示其范围，轮廓形状与实地平面图形相似，缩小的程度与成图比例尺一致，轮廓内用一定符号(填绘符号或说明符号)或

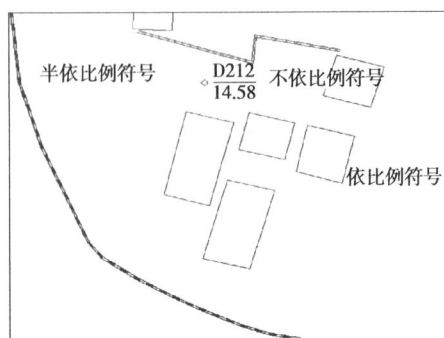

图 4-4 符号类型

色彩表示这一范围内地物的性质, 如房屋、灌木、草地、较宽的道路、稻田、湖泊等。

半依比例尺符号, 如线状符号, 一般为带状延伸地物。这类符号延伸的长度可按比例尺缩绘, 而宽度或粗度无法按比例表示, 如铁路、电力线、单线河、通信线、小路、管道、垣栅等, 它只能表示地物长度和方向, 不能反映它的宽度或者粗度。

不依比例尺符号, 如独立符号。这种符号轮廓较小, 无法按照比例尺缩绘在图上, 但又必须在图上标注出来, 于是采用规定的符号在该地物的中心位置上表示。由于这类符号与相应地物形状比较类似, 所以又称为形象符号, 如三角点、水准点、烟囱、塔、井、导线点、独立树、路灯等。

对于地物的表示, 究竟是采用比例符号、不比例符号还是半比例符号, 不是绝对的, 而是随地物本身大小的差异和地形图比例尺的变化而变化的, 同一种地物在一幅图上就有可能同时用比例符号、不依比例符号和半比例符号来表示。例如, 同一条河流, 上游河床较窄, 只能用半比例符号 (单线河) 表示, 而下游河床较宽可采用比例符号 (双线河) 表示, 同时, 随着地形图比例尺的缩小, 对同一地物的表示, 也会出现比例符号向半比例符号或不依比例符号的转化, 如道路、居民地、桥梁等。

○ 任务实施

认真观察图 4-1 的图式, 依次读取下列图式所代表地理要素

• 依据《国家基本比例尺地图图式》(GB/T 20257.3—2017) 依次读取, 结果如图 4-5 所示。

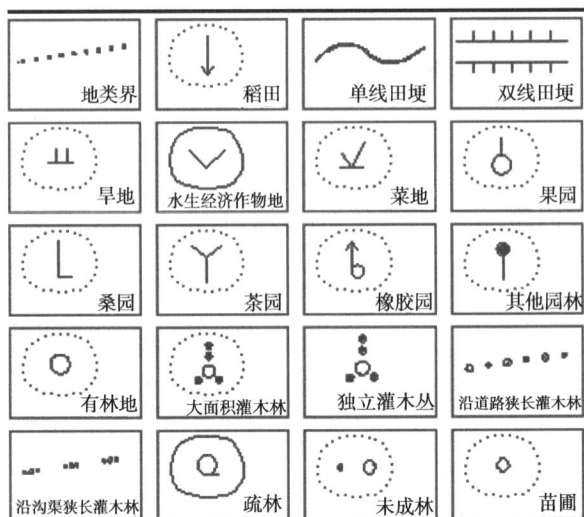

图 4-5 地形图图式的含义

• 依据比例尺读取相应的地理要素，比例尺不同，图式会有所不同，如沙滩和水中滩在不同比例尺下使用的符号不同，如图 4-6 所示。

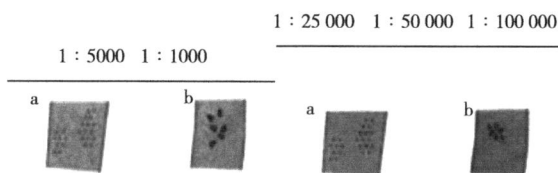

图 4-6 沙滩与水中滩
a. 沙滩；b. 水中滩

◯ 考核评价

由学生自评，完成表 4-1。

表 4-1 成绩考核评价表

任务 4-1 认识地形图图式				
学习目标	评价内容	评价结果		
		A	B	C
知识目标	1. 了解地图图式的概念和现状			
	2. 掌握地图图式的功能和分类方法			
能力目标	1. 能对地形图图式进行分类			
	2. 能进行地形图图式的识别			
素质目标	培养学生工匠精神和职业规范意识			
综合评价				

◯ 巩固训练

1. 描述地形图图式的分类。

2. 试说明如何识别地形图图式。

3. 说出下列线状符号所代表的地物名称。

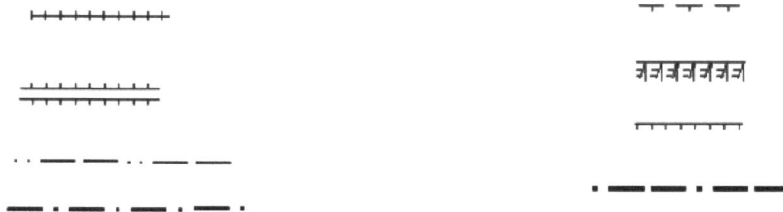

4. 连线图式与相应的地物名称。

符号	名称	符号	名称
△	窑		风磨坊、风车
	电视发射塔		气象站
▽	管道井		钟楼、城楼、古关塞
	瞭望塔		水井
	中小学		移动通信塔
	岸标		亭
	信号杆		加油站
	信号灯		停车场
	水准点		路标
	通车水闸		人行桥
	不通车水闸		车行桥
	山洞		盐井
	大学		液、气贮存设备
	三角点		露天设备
	土堆上的三角点		医院
	小三角点		医疗点
	水塔烟囱		
	水塔		
	烟囱		

○ 知识拓展

一套涉密地形图的泄密之旅

对很多网友而言，下载及浏览"谷歌地球"几乎是一种全新的体验。自 2005 年，谷歌公司正式向全球推出以后，该软件就受到广泛欢迎。通过它，网民的视角几乎可以到达地球上的任何一个角落，很多人通过它不仅第一次真实地了解了地球的立体影像，甚至还能看到自家的阳台或者屋顶的晾衣竿。然而，这一行为的背后，却隐藏着巨大的安全威胁。

由于"谷歌地球"对用户的标注功能不加限制，用户可以把大量军事信息，如机场、舰艇–部队驻地的地标等信息在"谷歌地球"上进行标注，日积月累，大量信息被丰富到上面，一些国外情报机构，完全可以借此整理出具有重要军事价值的情报。除了"谷歌地球"，在其他一些网站上，也存在这样的情况，用户可以通过客户端软件免费浏览各地的高清晰卫星图片，并在上面标注出军事地点的地理坐标和相关信息。

随意在互联网地图上标注敏感信息的做法可能帮助别有用心的情报机构完成模糊情报的判断和确认工作，明显触犯了中国政府有关公开地图表示的规定。专家表示，现在国外很多军事卫星和商业卫星的拍摄精度很高，常常会拍摄出一些军事等敏感信的清晰图像，但是由于卫星不能识别信息的真假，因此，如果地面重要保密单位采取迷惑措施设置多个目标卫星就无法辨别出真伪。在这样的方式下，一些特别重要的军事等保密设施就可以在高精度卫星图像下依旧达到保密的目的。可是，如果有人知道了这些保密单位的确切位置，并把它们的位置在互联网地图上标注出来，保密设施就泄露了。所以，每个普通公民在上网时都应具有国家安全意识，不要随意把一些敏感信息上传到互联网上。

有这么一起典型案例：谢宓是 A 市的风云人物，颇具经商头脑，什么工程都敢接，几年下来赚了不少钱。最近，他听说该市红旗林场要搞一个林地地理信息系统项目，就想到在省城做这方面项目的朋友王明，一套涉密地形图的泄密之旅由此展开。

1. 违规招标，涉密项目埋隐患

谢宓打电话给王明，说明了意图，王明的公司虽没有测绘资质，但是通过谢宓的运作，竞标成功，这样林场便与王明的公司签订了合同，林场从当地测绘部门申领了有关涉密地形图。测绘部门在提供有关涉密地形图时，明确要求林场必须采取有效保密管理措施，但林场取得涉密地形图后，随即交给了王明，没有提任何保密要求。

2. 明知故犯，复制传送皆泄密

王明拿到的是 20 张标有秘密字样的图纸后，想到随身带纸质地图很麻烦，于是就让谢宓在 A 市进行扫描。王明特别嘱咐他，这些地图涉及国家秘密，一定要看管好，扫描过程千万不能出纰漏。而谢宓把图纸往复印店里一放，便离开了，一天后才回到该店取图纸。并且把扫描件传到自己电子邮箱，后又把图直接发送给了王明，王明提醒要将扫描件全部删除，随后王明组织公司员工在连接互联网的计算机上处理这些涉密图纸，并在员工之间相互传递，致使涉密地形图泄密范围不断扩大。

3. 错上加错，涉密地图被倒卖

谢宓将图纸还给林场后，心存私念，觉得自己手里有一套电子地图的事无人知晓，不交、不丢、不删也没有问题，或许以后这套地图还能派上用场。果然，没过两天，谢宓的一个朋友张扬就找到了他。通过张扬，将图共以 5000 元的价格卖给了 B 国的公司，张扬拿到图后，通过互联网大肆传播，还通过电子邮件将地图发送出境，交给在 B 国的合作公司，造成涉密地形图在更大范围内泄露。

事件发生后，司法机关对谢宓、王明、张扬等人的泄密行为追究了刑事责任。也许只有当冰冷的手铐铐在手上时，他们才会真正意识到自己的行为给国家安全和利益造成的损害。同时，有关部门对林场和王明公司违规发包、非法测绘行为也进行了追惩和处罚。

4. 法理分析

本案是极为典型的一起违反涉密地理信息使用、管理制度，造成涉密地理信息被泄露的案件。林场、王明、谢宓、张扬等各方当事人在本案中都存在违法行为，笔者结合有关法律法规，对各方的行为分析如下：

（1）林场

一是违规发包。《中华人民共和国测绘法》（以下简称《测绘法》）规定，测绘项目实施承发包的，发包单位不得向不具有相应测绘资质等级的单位发包。林场在明知王明的公司没有测绘资质的前提下，仍然将项目发包给王明，属于违规发包，同时也为泄密案件的发生埋下了隐患。二是监管不力。《国家基础地理信息数据使用许可管理规定》第十六条规定，使用单位应当按照提供单位提供国家基础地理信息数据的密级，依照国家规定进行管理并采取相应的保密措施。《基础测绘成果提供使用管理暂行办法》第十六条规定，被许可使用人必须根据基础测绘成果的密级按国家有关保密法律法规的要求使用，并采取有效保密措施，严防泄密；被许可使用人若委托第三方开发，项目完成后，负有督促其销毁相应测绘成果的义务。林场在获取有关涉密地理信息数据后，未按有关规定采取保密管理措施，将涉密地形图直接交给第三方开发，并且在开发过程中未实施有效监管，在开发结束后没有督促其销毁所有测绘成果，直接造成了秘密的泄露。

（2）王明及其公司

一是违规承包。《测绘法》第二十七条规定，从事测绘活动的单位应当依法取得相应等级的测绘资质证书。王明的公司不具备测绘资质，违规承揽涉密测绘项目，已构成非法测绘。二是涉嫌泄露国家秘密。《中华人民共和国保密法》第二十六条规定，禁止非法复制、记录、存储国家秘密。禁止在互联网及其他公共信息网络或者未采取保密措施的有线和无线通信中传递国家秘密。王明在明知有关地形图属于国家秘密的情况下，未采取必要的保密管理措施，使用电子邮件传递涉密信息，并在连接互联网的计算机上存储、处理涉密信息，造成国家秘密的泄露。

（3）谢宓

一是非法复制，转让国家秘密载体。《中华人民共和国测绘成果管理条例》第二十八条规定，测绘成果保管单位有下列行为之一的，由测绘行政主管部门给予警告，责令改正；有违法所得的，没收违法所得；造成损失的，依法承担赔偿责任；对直接负责的主管人员和其他直接责任人员，依法给予处分：①未按照测绘成果资料的保管制度管理测绘成果资料，造成测绘成果资料损毁、散失的；②擅自转让汇交的测绘成果资料的；③未依法向测绘成果的使用人提供测绘成果资料的。《关于国家秘密载体保密管理的规定》规定，复制国家秘密载体，应当经制发机关、单位批准，并到保密行政管理部门审查批准的定点单位复制。谢宓非但没有报提供涉密测绘成果的部门审批，而且在非国家秘密载体定点复制单位复制涉密地形图，导致涉密地形图失控。此外，谢宓私自留存国家秘密载体，并违规转让给他人，造成国家秘密在较大范围内泄露。二是涉嫌泄露国家秘密。谢宓在知悉有关地形图属于国家秘密的情况下，利用电子邮件传递涉密地形图，应承担相应的法律责任。

（4）张扬

为境外收买国家秘密。《测绘法》规定，测绘成果属于国家秘密的，适用保密法律、行政法规的规定；需要对外提供的，按照国务院和中央军事委员会规定的审批程序执行。《中华人民共和国测绘成果管理条例》第十八条规定，对外提供属于国家秘密的测绘成果，应当按照国务院和中央军事委员会规定的审批程序，报国务院测绘行政主管部门或者省、自治区、直辖市人民政府测绘行政主管部门审批；测绘行政主管部门在审批前，应当征求军队有关部门的意见。张扬在明知境外公司获取涉密地理信息数据必须经过审批的情况下，违反规定从谢宓处收买国家秘密，并使用电子邮件将涉密的地理信息数据传递至境外，涉嫌构成境外窃取、刺探、收买非法提供国家秘密、情报罪。

注：按照《测绘管理工作国家秘密范围的规定》涉密比例尺地图包括：①秘密级：1∶50万、1∶25万、1∶1万国家基本比例尺地形图及其数字化成果；非军事禁区1∶5000国家基本比例尺地形图；或多张连续的、覆盖范围超过6km²的大于1∶5000的国家基本比例尺地形图及其数字化成果。②机密级：涉及军事禁区的大于或等于1∶1万的国家基本比例尺地形图及其数字化成果；1∶2.5万、1∶5万和1∶10万国家基本比例尺地形图及其数字化成果。

任务 4-2 识读地图符号

○ 工作任务

认真观察图 4-7 的图面信息，学习地图符号的基本特性、分类方法、方向、功能和颜色，并指出地图符号定位点。

三角点	△	亭子	♠	窑	⌂
油库	◐	水车，风车	✦	发电厂	✳
水塔	⊥	古塔	♠	纪念碑	▯
路标	⌐	突出树阔叶树	♣	突出针叶树	♠
石油井	▲油	泉	♫	小面积树林	◦◦
桥	)(	矿井	✕	水闸	人

图 4-7 地图符号

○ 知识准备

1. 地图符号

地图符号属于表象性符号，它借助视觉形象指代抽象的概念，明确直观、形象生动，很容易被人们所理解。客观世界的事物错综复杂，人们依据需要对它们进行归纳(分类、分级)和抽象，用较简单的符号形象地表现它们，不但解决了描绘真实世界的困难，而且能够反映出事物的本质和规律。所以，地图符号的形成本质上是一种科学抽象的过程，是对制图对象的首次综合。

（1）地图符号的概念

符号是用来表达观念、传输一定信息的工具，也可以说是一种标志，用来表示某种事物现象的符号。而地图是运用图形符号来记载和传达地理信息的特种文化工具，在人类的生活中起着重要作用。地图符号是具有空间特征的一种符号，是地图的图解语言，是传递地图信息的媒介。广义的地图符号是指表示地表各种事物现象的线划图形、色彩、数学语言及注记的总和。狭义的地图符号是指在图上表示制图对象空间分布、数量、质量等特征的标志、信息载体，包括线划符号、色彩图形和注记。

地图符号也称为图解语言。和文字语言一样，图解语言也有"写"和"读"的两个功能。"写"就是制图者把制图对象用一定的符号表示在地图上；"读"就是用图者经过对地图符

识读地图符号

号的识别，认识地图对象。和文字语言相比较，图解语言更加形象直观、一目了然，既能显示制图对象的空间结构，又能表达它在空间和时间中的变化。地图符号自身可以说是一种物质的对象，用来指代抽象的概念，同时这种指代是以约定关系为基础，这就是地图符号的本质特点。

地图上所有的符号均代表相应的事物和现象。从符号在图上的具体位置，能够确定事物和现象的空间分布；从符号的大小或色彩，可以得知事物和现象的数量差异；从符号的形状或色调，可获得所代表的事物和现象的类型或质量。因此，地图符号是地图独有的形象语言，有"读图的钥匙"之美称。

地面上的居民区、建筑物、道路网、水系、土质、植被、境界以及地貌等各类社会要素和自然要素，在地图上是用不同颜色的点、线和各种图形表示。地图符号不但要表示地面物体的具体位置、形状和大小，而且要反映各种要素的数量和质量特征及其相互关系。由此，在地图上才可以精确地判定方位、距离、面积等数据，来满足用图者的需要。

(2)地图符号基本功能

地图符号是一种图解语言，它与文字、算法语言相比较，地图符号更加形象直观、一目了然，不仅能显示制图信息的空间分布特征，而且能表示出它们的数量、质量特征及其发展变化。总结起来，地图符号主要有下面两个方面的功能。

①对地理事物实行不同程度的抽象、概括及其简化。运用地图符号表示实际地理事物，能够反映制图信息最本质的特征，表达区域的基本面貌，保持图面清晰且易读。例如，内容丰富、结构较复杂的城市，在小比例尺地图上，经过抽象、概括后，仅强调分布位置和行政等级，以圈形的几何中心表示位置信息，用圈的大小和形状的繁简来表示行政等级的高低。又如地表覆盖，随着比例尺的缩小，在地图上很难表示出地表覆盖物交叉分布的特点，但经过抽象和概括，在地图上可以用绿色和非绿色来区分森林和非森林，如此来反映制图区域最基本的面貌。

②赋予地图极大的表现力。地图符号不仅能表示具体的事物，如居民区、森林的分布，而且能表达抽象的事物，如宗教信仰、文化程度的地域差异；既能表示客观存在的事物，如山脉、河流，又能表示预期的事物，如设计中的道路和旅游景点的开发，同时还能表示历史遗迹，如黄河古道；地图符号不仅能表示事物的外形，如湖泊的岸线，而且能表示其内部性质，如含盐程度，还可以表示地表的、空中的和地下的特征，如气团的移动、地质构造、矿产分布等。

2. 地图符号的尺寸、位置、方向及配置

(1)符号的尺寸

《图式》中规定符号的规格在一般情况下，线粗为0.15mm(当采用绘图机绘图时，线划粗可放宽至0.2mm)，点大小为0.3mm，符号次要部分的线段长为0.6mm。以虚线表示的线段，凡未注明尺寸的其实部为2.0mm，虚部为1.0mm。

(2)符号的位置

地图符号在地形图中除了表示地物的外形，还要表示它的准确位置，地图符号的中心位置与实地目标的中心位置关系，随地物的不同而变化，归纳起来主要有以下几种情况。

①规则的几何图形符号。如圆形、正方形、三角形等，以图形几何中心点为实地地物中心位置，如图 4-8 所示。

图 4-8　规则几何图形

②底部为直角形的符号。如独立树、路标等，以符号的直角顶点为实地地物的中心位置，如图 4-9 所示。

图 4-9　底部为直角

③宽底符号。如烟囱、岗亭等，以符号底部中心为实地地物的中心位置，如图 4-10 所示。

图 4-10　宽底符号

④几种图形组合符号。如路灯、消火栓等，以符号下方图形的几何中心为实地地物中心位置，如图 4-11 所示。

图 4-11　组合图形符号

⑤下方无底线的符号，如山洞、窑洞等，以符号下方端点连线的中心为实地地物中心位置。

3. 符号的方向和配置

（1）独立性地图符号

除简要说明中规定按真方向表示外，其他的均垂直于南图廓线描绘。

（2）土质和植被符号

根据其排列的形式可分为 3 种情况。

①整列式。按一定行列配置，如苗圃、草地、经济林等。

②散列式。不按一定行列配置，如林地、灌木林、石块地等。

③相应式。按实地疏密或位置配置，如疏林、散树、独立树等。

表示符号时应注意显示其分布特征。整列式排列一般按图式表示的间隔配置符号。面积较大时，其符号间隔可放大 1~3 倍描绘；在能表示清楚的原则下，也可采用注记的方法表示，还可将图中最多的一种不表示符号，图外加附注说明。

4. 地图符号的分类

（1）按照制图对象的几何特征来分类

将地图的表示符号分为 3 种类型，即点状符号、线状符号、面状符号。

①点状符号。有些地物，如路灯、电线杆、纪念碑、各种不同级别的测量控制点，独立树和检修井等，都属于点状符号。

点状符号不是一成不变的，如有的地物其占据的平面面积在某一比例尺的地形图上只能作为点状符号，但在比例尺大一些的图上就是面状符号。例如，底部直径小于 2m 的塔，在 1∶2000 及更小比例尺的图上，就是点状符号。而在 1∶500 的图上就不再是点状地物了。因此，地图符号使用有一个原则：如果是重要地物，且其占据地面的面积在图上显示的长度小于 1mm，就不按照比例表示；如果大于 1mm，则必须用比例符号表示。地形图的图面信息负荷量如果太大，会影响图面的美观并导致无法阅读使用，因此，有些没有方位特征的地物，就可综合取舍，如行道树不需逐一按照实际位置测定表示。在用图的时候，应注意。

②线状符号。对于一些带状延伸地物，如供电线路、电缆、管道、河流和沟梁等，其长度可按照比例表示，但宽度无法按比例尺缩绘，所以称为线状符号。同点状地物一样，有些线状地物，根据其实际宽度，在比例尺小的地图上为线状地物，而在比例尺较大的地图上就必须依比例表示，如宽度为 2m 的沟渠或管道，在 1∶2000 图上可用线状地物表示，但是在 1∶500 的图上就是面状符号。

③面状符号。地物呈面状分布，其占据的面积按比例缩小后表示在地形图上的就是面状符号，在大比例地形图上，典型的面状地物有建筑物、草地、森林、湖泊等。原则上地物占据地面面积的长宽尺度大于图上 1mm 的地物，应尽可能表示出来。因此，在大比例地形图上会遇到大量面状地物。

（2）按照符号的视觉特征分类

从视觉上划分，地图符号分为形象符号和抽象符号。

①形象符号。是指对应于空间事物形态特征的符号，如森林、房屋及海岸线等地物。普通地图上的大多数符号均是形象符号，本质上形象符号的象征性和约束性较强。

②抽象符号。是指用几何形状和色彩表示的符号系列，在某种情况下，这类符号能表现出数量的变化，如在专题地图中亩产量的变化，然而抽象符号的约定性较差。

通常情况下，人们总是寻找用相应几何性质的符号来表示对象的点、线、面特征，但在现实中，较难实现，原因是对象符号的表示实际是取决于地图的比例尺和组织图面要素的技术方案。河流在大比例尺地图上可以表示为面，而在小比例尺地图上表示为线；城市在大比例尺地图上表示为面，而在小比例尺地图上则是用点表示。因为地图要素组织的需要，面状要素也可以用点或线状符号来表示，如用点状符号表示全区域的性质特征(分区统计图表、点值符号、定位图表)，用等值线来表现面状对象等。

○ 任务实施

1. 认真观察图 4-5，说明地图符号的类别

- 本幅地图符号为点状符号。

2. 指出本地图符号的定位点

- 本幅地图符号的定位点具体如图 4-12 所示。

三角点		亭子		窑	
油库		水车，风车		发电厂	
水塔		古塔		纪念碑	
路标		突出树阔叶树		突出针叶树	
石油井	油	泉		小面积树林	
桥		矿井		水闸	

注："●"为不同符号对应定位点。

图 4-12 不依比例尺符号定位点

3. 通过查阅资料说明地图符号的颜色规定

- 地图符号的颜色一般以黑、棕、蓝、绿为主。

居民地、独立地物、管线、境界、道路及植被的配置符号和注记均以黑色显示。

森林、果园等的普染以绿色为主。

水系符号、注记及其普染用蓝色表示。

地貌和等高线上的高程注记、公路的普染以棕色为主。

4. 通过查阅资料简要说明地图符号的方向规定

- 独立性地图符号，除规定按照真方向表示外，其他均垂直于南图廓来描绘。
- 土质和植被符号的配置如下：整列式——按照一定行列配置，如苗圃、草地、稻田及经济林等；散列式——不按照一定行列配置，如林地、灌木林、石块地等；相应式——

按实地疏密或位置配置，如疏林、散树、独立树等。

○ 考核评价

由学生自评，完成表4-2。

表4-2　成绩考核评价表

任务4-2　认识地图符号				
学习目标	评价内容	评价结果		
		A	B	C
知识目标	1. 熟悉地图符号的概念和类型			
	2. 掌握地图符号的定位点规定			
能力目标	1. 能够标注地图符号的定位点			
	2. 会设置地图符号的颜色			
素质目标	激发学生匠心报国的家国情怀和技能成才的使命担当			
综合评价				

○ 巩固训练

1. 什么是地图符号？地图符号的作用有哪些？
2. 描述地图符号的两个基本功能。
3. 地图符号的分类有哪些？
4. 按照制图对象的几何特征来分类，地图符号分为几类？各符号的特点是什么？
5. 说明地图符号的方向、位置、颜色和配置。
6. 指出下列符号的中心位置。

○ 知识拓展

地图符号的设计

1. 地图符号设计原则

地图符号的设计依据主要是为了提高地图的制图质量、地图表现力，应遵循多种原则，包括图案化、准确性、逻辑性、系统性、对比和协调性、色彩的象征性、视力与制印条件、印刷与经济效果、计算机制图的需要等。

（1）图案化

地图符号设计要以地物的实际形态作为主要依据，尽可能做到图案化，让地图清晰易读，易于绘制。所谓图案化，就是用抽象概括的方法，突出地物的最本质特征，舍去次要的细部，用比较规则的图案表示出来，同时用艺术手法加以美化，让图案是有形象、简洁、精确、醒目的特点，使读者一看到符号便能联想到所代表的事物。图案化符号多采用地物的侧视、正视或俯视图形。针对某些外形较小或不可见的要素，如井、泉等，则多半采用会意性(或记号性)符号。

(2)准确性

每一类符号应能准确地表示地面事物的位置，凡能依比例尺表示的，按照水平投影的周界用实线、虚线或点线表示；若不能以比例尺描绘的，也应该确保呈现出该地物实际位置的主点或主线，以便进行测算和计算，或在数字化采点时作为依据。

(3)逻辑性

设计地图符号，形式和内容要有内在的有机联系，如图形的大小、线划的粗细与虚实，应能反映要素占有空间位置的大小和主次。一般情况下，用虚线图形表示地下的、不稳定的、不准确的、无形的要素；而用实线图形表示地上的、稳定的、准确的、有形的要素。又可根据道路的重要性区分，铁路用黑白相间的线状符号表示，公路用双线符号表示，大路则用单线符号表示。这样设计符合逻辑，便于读图时识别。

(4)系统性

各种比例尺地图符号的分类、分级、构图和设色，在其性质相近的情况下，应尽可能保持必要的对应或相似，使之与已经定型的惯用符号系统保持一定的联系，形成系列。但是符号的尺寸和颜色，则需结合地图的用途、比例尺等因素另行拟订。此外，还可以通过符号的配合或组合而派生出新的符号系列。

(5)对比和协调性

地图符号应能明显区分要素的种类、性质及其不同等级，为此各类地图符号的图形、尺寸与颜色要有明显的对比或显著的差别。但互相联系配合的地图符号，在尺寸上应保持协调。

(6)色彩的象征性

大自然丰富的色彩给人们长期造成的印象，使色彩逐渐形成了习惯的象征含义。地图上的符号色彩设计应利用这些象征意义，尽可能地与自然景色相近似，使符号具有一定的象征性，如蓝色象征水体、绿色象征植被、棕色象征地貌和土质等。若进一步发展，还可利用色彩的性质来区分事物的质量特征，如红色象征革命，可用红五星表示政府所在地。

(7)视力与制印条件

地图符号尺寸的设计，必须考虑正常视力条件下的地图制作、地图阅读使用、印刷技术等一系列基本要求。一般地图上符号的尺寸都以中等尺寸为标准，对于精度要求较高的地图，符号尺寸还可以再小些。例如，最小点为0.2mm，最细线为0.1mm，最小圆直径为0.6mm等。

(8)印刷和经济效果

地图和地图符号的设计用色并非越多越好，用色过多不仅成本高、印刷周期长，而且还要影响地图的精度。因此，一个单一的地图符号最好只用一个颜色，或用不同色调配合成双色，对于紧密结合的要素也可通用一种颜色。还可利用印制工艺——网点、网线的变化而增加色调的变化。这样既可减少色数，又可达到图面色彩丰富、省工、省钱的目的。

(9)计算机制图的需要

在使用计算机制图时，除了考虑上述原则外，还要考虑到计算机地图制图的特殊要求，使符号的设计简单而具规则性，如能用直线表示的不用曲线；能用简单几何图形表达的，不用复杂图形；能用一种线划尺寸或圆圈直径表达的，不要分级表示；能用等粗线条绘画的，不用渐变线条绘画等。当然，随着计算机技术的发展，没有实现不了的东西，问题是设计出来的符号应当简洁与规则，简单规则的符号既有一种美观大方的感觉，又会产生高档精细的效果。

2. 地图符号的色彩设计

色彩学是一门独立的学科，也是一门艺术。地图设色必须掌握色彩的三要素和对比与协调等色彩的变化规律，才能运用自如。理想的色彩能帮助我们认识世界，认识各类事物的性质和特征。

(1)地图设色的特点及要求

地图上的色彩除衬托性质的底色外，绝大多数属于符号性质，每一种色彩代表一定属性的事物及其数量。但此色彩并非实际事物的本色，而是经过概括抽象的特定色彩，所以在进行设色之前有必要了解地图设色的特点和要求。

①地图设色的特点。

a. 地图设色与内容的表示方法有关。地图内容主要采用垂直(正射)投影法绘制物体的平面轮廓，每一轮廓(或范围)内的现象一般被视为是一致的、均匀满布的。因此，在此范围内所设的色相、亮度或纯度为一致，称为平色。

b. 地图的设色一般以事物的类别为主，如普通地图的居民点、道路、水系、地貌、土质类型、植被及其有关的名称和数量注记等类别，每类设一主导色，少数可以跨越类的范围。

c. 地图色彩有近似、象征和标记性质，各种色彩主要根据事物或现象的特征设置。接近色即为与实际有联系的颜色。象征色主要是根据人们的共同感觉抽象出来的，如气温的冷暖可以用象征性的色彩蓝、红表示。标记色是一切从效果出发而设计的色彩，如用红色表示公路、黑色表示铁路，纯属标记性色彩的运用，与实际物体色并无关系。象征色和标记色的实用性最大，可以充分利用色彩的这种性质显示事物的某些特性，作为事物在图上的标记。无论设色时采用何色，都应能互相配合，有较好的对比和协调效果。

②地图符号设色的要求。地图色彩的设计涉及的范围较广，设色者需要广泛吸取多方面的用色经验；了解和掌握有关专业对制图物体的分类方法和用色习惯；了解用图者的年龄、文化程度，对色彩的喜爱和欣赏能力以及现阶段地图制印的成色方法。此外，地图的设色者应对色彩有敏锐的感觉及高度的概括和表现能力，能针对不同的地图内容、不同的用图对象，选择适合的色彩；同时还需要有丰富的想象力，有调配色彩的兴趣和技能。

为使所设色彩达到目的，设色时必须注意以下几点：

①以较少的色彩表现出理想的效果，既经济又美观大方为设色的基本原则；②突出主题内容，既要各类别层次明显，又要有一定的内在逻辑系统性是设色的主要标准；③便于制版和印刷是设色的主要要求，因为目前印刷图还是地图的主流。

上述内容仅是最基本的要求，设色时还应视地图的不同用途和内容，设计或选择不同的色彩及其亮度和纯度。例如，根据挂图的特点，图上的色彩总体要求对比性应大一些，而桌上用图的色彩应具有协调性，但这种设色要求是相对的，不能因强调对比性而忽视其协调性，或者相反。

（2）点状符号的设色

点状符号可利用不同的色相表示质量的差别，合理利用接近色、象征色和标记色。例如，在工业企业分布图中，用红色表示火力发电厂，用蓝色表示水力发电厂；革命历史图中，用红色的火炬符号象征革命、进步；用红、蓝、黑点分别表示春小麦、冬小麦和棉花等。设色时多用原色、间色，多采用对比色和互补色组合，以达到清晰可见的效果。另外，由于点状色彩面积比较小，需加强其颜色的纯度，即设色面积应与纯度成反比。

利用不同的色相还可以反映数量级别的变化。例如，在人口分布图上，用不同色相的圈形符号表示不同城市的人口增长率：浅灰色代表 0~20%，浅蓝色表示 20%~50%，朱红色表示 50%~100%，玫瑰红代表 100% 以上；不同的半径大小表示总人口的数量级别。由于点状符号面积小，设色时只有按色彩对视觉冲击力的强弱，采用色相对比，才能获得图面清晰易读的效果。

（3）线状符号的设色

线状符号除各类线状事物，还包括各类界线及事物的运动线。线状符号的设色也可采用各种接近色、象征色和标记色。如地貌（山体、高原、沙漠和黄土等）等可应用接近色，主要参考土的颜色，用棕色表示；水系可用蓝色。如海洋图等可应用象征色，用红色表示暖流，蓝色表示寒流等。当图（地质图）上鲜明色彩较多时可应用标记色，用黑色表示河流，能使河流具有一定的深远感。

另外，对线划颜色深浅的选择一般要求是线粗用浅色，线细用深色，依此视对象的条件确定其颜色。如单一的线划，实线比虚线明显，实线设浅色，虚线设深色；宽线（如运动线）设浅色，窄线（如公路或铁路）设深色。

线划要素也有重要、次要之分。设色时，凡属主要或重要的，可用同类色中亮度、纯度较大的颜色，其他视其等级不同，设置不同亮度或纯度的颜色。

（4）面状符号的设色

面状符号的设色主要有底色、质别色和色级色之分。

底色：底色起衬托和背景作用，是具有普遍使用意义的装饰性色彩。它的主要作用是衬托和强调图面上的主题要素。其设色应该较为浅淡，以衬托图面主题内容。

质别色：在地图色彩中，凡是表示物体或现象本质差别及其分布区域范围所用的色彩，称为质别色。质别色主要用于表示地质、地貌、土壤、植被等内容的分布图、类型图和区划图。其设色主要是根据现象的种类或类型，设计相应数量的色彩，利用不同的色相作为地图的主题色彩，将现象显示在第一平面上，其他要素的色彩则居于第二或第三平面上。设色时应尽量设置接近或象征物体的色相；一个色相代表一种现象或一类现象；色相应便于对应类或分区；各色相以鲜明、对比为主，在对比中求其协调、悦目。以上为质别色的一般要求，而在实际设色中，面对种类繁多的现象，究竟设置类似色或对比色等，应根据要素和地图的实际特征来确定。

色级色：色级色是按颜色的色相、亮度、纯度的变化，构成有层次差别（级差）的各级色，如反映地势高低的地势图和人口密度差别的人口密度图等。色级的变化主要利用亮度纯度的变化来体现。亮度小或纯度大的表示的数量意义越大，反之亦然。色级的亮度和纯度变化量应与现象的级差大小成正比，应统一向一个方向递增或递减。另外，色级可由一种色构成，也可由两种色相混合构成。一种色构成的色级为单色相级，其级数变化有限，如色级级差小，对比度差；由两种色相混合构成的色级，级数变化较多，级差大小容易调整，便于选择。

任务 4-3　认识地图注记

○ 工作任务

认真观察图 4-13 图面信息，详细描述地图注记的排列形式及地图注记的功能，并说明地图注记的构成要素和配置原则，并指出地图注记的类别。

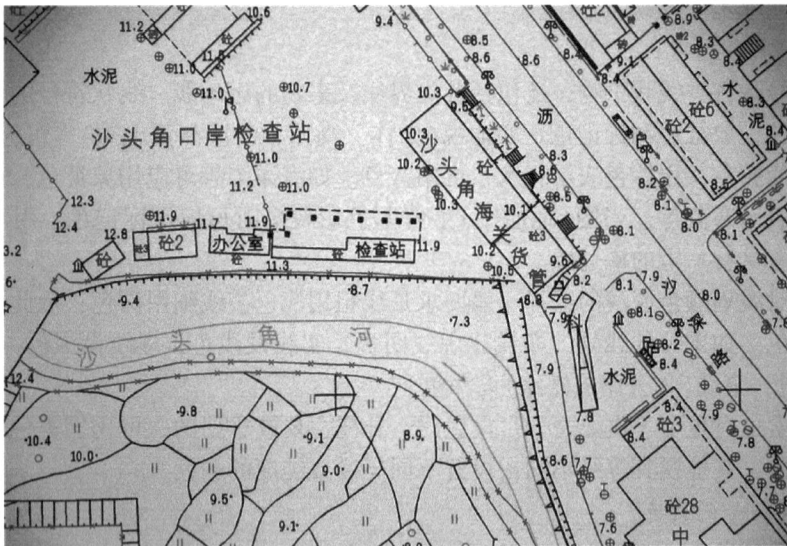

图 4-13　地图注记

○ 知识准备

1. 地图注记的概念

地图注记是地图上各种文字和数字的通称，是地图语言之一，对地物起到加以说明的作用。注记通常和符号相配合，用于说明地图上所表示地物的 名称、位置、范围、等级、主次等。为了达成快速、正确读解的目的，地图注记不仅要求字迹规整美观，还要求各种要素字体进行恰当配合，且其排列形式、规格和用途必须有统一规定，不仅地形图如此，每一种专业地图都有一套严格且明确的编图规定。在编图之前，就要设计好图例符号，注记字体、规格和排列形式等。

认识地图注记

2. 地图注记的功能

地图注记不仅能说明所表示事物具体的位置，还能表明事物的数量特征和质量特征，和地图符号共同完成地图的信息传递功能。因此，地图注记不但能标识各种地图对象，而且具有指示对象的属性和转译等功能。

（1）标识多种对象

地图注记注明了对象的名称，如北京市、珠穆朗玛峰、黄海等。地图注记与地图符号互相配合，共同建立地理名称与地物之间的对应关系，便于地图的阅读和使用。

（2）注明对象的属性

说明的注记在地图上有很多，例如，森林符号中注记"阔""松"，说明森林是以阔叶林或松树为主；塔形符号注以"伞"，指的是跳伞塔；管线符号注记"油"，即指输油管道等，以上是用文字注记指明对象的属性。除此之外，数字还可以说明对象的其他属性，如注明水的深度、桥梁的承载量、道路的宽度、陡坎的高度以及林木的胸径等。

（3）转译符号的含义

地图符号通过文字说明才能承担起传递信息的功能，这样才能让读图者明白地图符号的真实含义。

3. 注记的布置原则

①要主次分明，地图注记应注意分级差别，使被注记物体主次分明。
②注记名称不能互相混淆。
③注记不能压盖重要地物，以免地图信息受损。
④注记应符合规范或习惯。
⑤图面注记的密度与被注记地理事物的密度保持一致。

4. 注记的分类

（1）名称注记

名称注记是用不同规格、颜色的字体来注释具有专有名称的各种地形、地物的注记，如海洋、湖泊、山脉的名称，市、县、镇、村名、山名及水系(河流)名等。但是不同类型的注记有不同的要求。

（2）数字注记

数字注记是用不同规格、颜色的数字和分式表达地形与地物的数量概念，也就是表示地物的数量特征，如高程、水深、经纬度、碎部点高程注记等。除此之外，还有描述地物特征的数据注记，如管道直径、道路技术等级代码及编号、河流的水深和流速等。

（3）说明注记

说明注记是对符号的补充说明，如水生作物注记"菱"、果园中的注记"梨"等，建筑物的建筑材料注记"砖""混""砼"等，都是对符号的补充说明。

5. 地图注记的要素

（1）字体

中国地图上所用的汉字字体较多，主要包括宋体及其变形体(倾斜)、等线体及其变形体(耸肩)、仿宋体、隶体、魏碑体及美术体等。

不同的字体主要用于区分不同的地理事物。例如,多用宋体和等线体表示地理名称(如居民地的注记等),水系名称多用左斜体,山脉常用耸肩体,山峰名称用长中等线体表示。

(2)字大

字大是指注记字体的大小。字体的大小在一定意义上反映被注记对象的重要性及数量等级,对象之间的隶属关系在地图上表现为注记字体大小上的差异。等级高的是较重要的地物,其相应的名称级别较高,因而要用较大字体表示;反之,则小。字体大小的设计和地图符号的设计相类似,也会受到描绘、制印及视觉感受等条件的限制。

(3)字隔

字隔是指注记中字与字的间隔。其间距按所注地物的面积或长度来决定,最小的字隔为0.25mm,普通的字隔为1.0~8.0mm,最大的字隔不应超过字大的5倍,否则读图者很容易混淆,一般可将字隔分为3种。

①接近字隔。各字间隔不大于0.25mm,如居民地名称注记。

②普通字隔。各字间隔为1.0~8.0mm,如河流、道路注记。

③隔离字隔。各字间隔大于8.0mm,如面状区域名称注记。

(4)字位

字位表示注记所放置的位置。

①点状地物。以符号为中心,上下左右任意适当位置均可,以上、左、右为宜。

②线状地物。要紧靠地物,采用较大间隔注记,当线状地物较长时,可分段重复注记。

③面状地物。注记字位应与地物的最大轴线相符,首尾两字到轮廓线的距离应相等,也可分区重复注记。

(5)字色

字体的颜色起到了强化分类概念的作用,字色往往与所注记的要素颜色一致,如水系用蓝色注记、高程用棕色注记、地名通常用黑色注记。

(6)字列

根据注记性质和被注记地物的特征,其注记排列形式有以下几种。

①水平字列。文字的中心在垂直于南北图廓的水平线上,自左向右排列。通常用于对某一范围进行注记,如地名、单位名称等。

②垂直字列。文字的中心在平行于南北图廓的垂直线上,自上向下排列。通常也用于对某一范围进行注记,如地名、单位名称等。

③雁行字列。一般用来表示条带状地物,一般根据地物的走向来注记,字向应平行于地物的走向,根据易于阅读的原则按从上到下、从左到右的顺序来排列,如山脉名称的注记等。

④屈曲字列。经常用来注记弯曲的地物,如河流、道路名称注记等。各字应垂直或平行于地物。文字注记的字向一般朝北,如采用雁行字列和屈曲字列注记时,字向可以随地物方位变化。注意等高线计曲线注记数字的字头是朝上坡方向的。

6. 注记时应该注意的问题

注记与被注对象之间应保持适当间隔，不能相互压盖，一般注记在空白处，且不能与附近的注记或要素发生混淆；尽可能不要让注记遮盖重要地物及地物的弯曲部，避免压盖铁路、公路、河流及有方位意义的物体轮廓线，尤其是避免压盖居民地的出入口、河流交汇处、道路交叉口；面状地物的注记应按照其面积的大小而定，一般视其面积大小而保持适当的距离，注记在面状地物内部。

○ 任务实施

1. 认真观察图 4-13，说明地图注记的概念和功能

- 地图上的文字和数字统称为地图注记。
- 地图注记有标识对象、指示对象属性、表明对象间的关系及转译地图符号的功能。

2. 认真观察图 4-13，指出图中注记的排列方式

- 图 4-13 中主要有如下 3 种注记排列方式：

水平排列，如图 4-14 所示；

屈曲排列，如图 4-15 所示；

雁行排列，如图 4-16 所示。

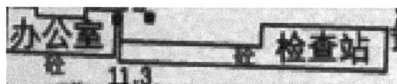

图 4-14 水平排列

图 4-15 屈曲排列

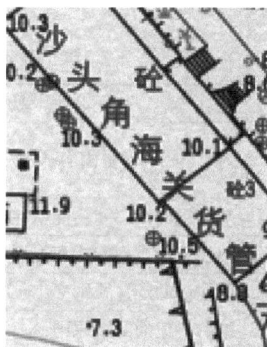

图 4-16 雁行排列

3. 认真观察图 4-13，说明构成地图注记要素的内容

- 构成地图注记要素的内容包括：字体(图 4-17、图 4-18)、字色、字大、字隔、字位。

图 4-17 左斜体

图 4-18 等线体

4. 认真观察图 4-13，详细说明地图注记的布置原则

- 注记位置应能明确说明所显示的对象，不产生异议。
- 注记的配置应能反映所显示对象的空间分布特征(集群式、散列式、沿特定方向)。

● 地图注记不应压盖地图要素的重要特征处。

5. 认真观察图 4-13，详细说明地图注记的类别

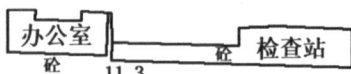

图 4-19　名称注记

● 图 4-13 中主要有如下 3 种注记类别：
名称注记，如图 4-19 所示；
数字注记，如图 4-20 中的数字所示；
说明注记，如图 4-21 所示的"砼"字。

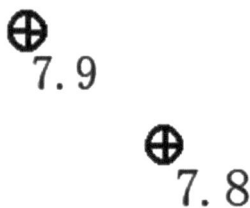

图 4-20　数字注记

图 4-21　说明注记

○ 考核评价

由学生自评，完成表 4-3。

表 4-3　成绩考核评价表

任务 4-3　认识地图注记				
学习目标	评价内容	评价结果		
		A	B	C
知识目标	1. 了解地图注记的概念和功能			
	2. 掌握地图注记的排列方式和类别			
	3. 掌握地图注记的配置原则			
能力目标	1. 会描述地图注记的配置原则			
	2. 能够识别地图注记的种类			
素质目标	1. 具有爱国主义情怀			
	2. 具有深厚的民族自豪感			
综合评价				

○ 巩固训练

1. 地图注记的作用是什么？

2. 地图注记分为哪几种？

3. 地图注记能表达地理事物的哪些特征？

4. 地图注记的基本要素有哪些？

5. 地图注记的排列形式有哪几种？

○ 知识拓展

地名与地图

地图注记中名称注记的主要种类是地名，地名首先借助于语言，用文字进行记录，而语言和文字都有一定的含义，所以地名具有音、形、义三要素。地名表示正确与否，直接影响地图的使用。1960 年，联合国成立了地名专家组，负责指导地名标准化工作。

地名混乱和错误标注常给政治、军事、外交、测绘、邮电、交通、统计等工作带来不便。1975 年开始，中国积极参加联合国地名标准化工作。1977 年，联合国第三届地名标准化会议通过了中国提出《采用汉语拼音作为中国地名罗马字母拼写法的国际标准》提案。同年，中国成立中国地名委员会，各省、市、县也都设置了相应的地名审核机构。

为了克服地名混乱现象，根据 1979 年第一次全国地名工作会议的要求，中国在全国范围内开展了以县为单位的地名普查工作，对地名的标准称谓、位置、地名来历、含义、历史沿革以及地名与社会、经济、文化和地理环境的关系进行了彻底的调查。调查中将历史遗留下来的有损于我国领土主权的地名、妨碍民族团结的地名、违背国家政策的地名，有地无名、有名无地、重名的地名，以及民族地区音译不准确的地名等，逐一进行改正，确定一个居民地只有单一的书写形式和汉语拼音名称，以实现地名标准化和规范化。各地在 20 世纪 80 年代陆续编辑了本地的地名志、地名录和地名图，为在地图上选用正确地名提供了可靠的依据。综上，在书写地名时应遵守地名志颁布的名称或地形图上的地名标注，这是一个严肃的制图过程。

在编辑汉文版的外国地图时，需要按一定规则用汉字译写外国地名。地名称谓的正确性关系到领土主权和民族尊严。首先是原名的确定，原则上应以各主权国官方最新地图的地名写法为准，并注意反映中国的外交立场。没有该国官方地图时，则采用国际通用的某种文字版地图为依据。

当外国地名出现一地多名或翻译上的分歧时，要按以下原则处理。

①本国官方名称以外另有国际通名的，可括注国际通用名的译名，如摩洛哥的 Darel-Beida，国际上另有通用名 Casablanca，可译为"达尔贝达(卡萨布兰卡)"。

②跨国度的山脉、河流等，分别按所在国的名称译写，但读音接近的，可用一个统一的汉字译名，如欧洲的"奥得河"。

③有争议的地域而双方有不同名称的，按中国外交政策处理，只译一个或两个全译，如阿根廷与英国有争议的"马尔维纳斯群岛(福克兰群岛)"。

④中国与邻国共有的地点，以中国称谓为准，必要时，可括注邻国名称的译名，如"珠穆朗玛峰"可括注尼泊尔的名称"萨加玛塔峰"。

⑤朝鲜、日本、越南和东南亚各国，凡过去或现在使用汉字书写的，一般应沿用，没有汉字书写过的才用该国拼音的汉译。

中国地名委员会已经颁布了各国相当数量的标准译名资料。查不到或尚未制订译音规则和译音表的，则应取得中国地名委员会的同意，由编图者制定译写方案，送审后执行。

任务 4-4 分析地貌

○ 工作任务

通过野外观察或借助运用视频和图像，掌握地貌的基本类型，完成图 4-22 的图面信息识读。

图 4-22 常见山体基本地形

○ 知识准备

地貌即地形，是地球表面各种形态的总称，是非常重要的自然地理要素，与林业生产建设有着密不可分的关系。地形不仅以形态特征直接影响林业生产，而且在一定程度上决定着热量和水分的再分配，影响着水系的发育与形态，制约植被和土壤的形成，同时对居民地和交通网的分布与发展也有较大的影响，尤其是在国防建设和军事行动上更具有重要的战略意义。

分析地貌

1. 地貌

地貌是地球表面各种形态的总称。在地形图上，地形的基本形态常用等高线来描述。

2. 地貌的基本形态

地貌按形态不同可分为山地、高原、平原、丘陵和盆地 5 种类型。坡度是影响地貌形态的重要因素，一般情况下，坡度 2° 以下，海拔一般在 200m 以下，地面较低，称为平原；坡度在 2°~6°，海拔不高于 500m，称为丘陵；坡度在 6°~15°，海拔高于 500m，称为山地；海拔一般大于 1000m，中间高，四周低，中间地形较为平缓，称为高原；四周地势较高，中间低平，称为盆地。

地表高低起伏，虽形态千变万化，但归纳起来它们都是由山头、山脊、山坡、鞍部及山谷等构成。山体的最高部位称为山头，山脊是由两个坡向相反坡度不一的斜坡相遇组合而成的条形脊状延伸的凸形地貌形态。山脊最高点的连线即是两个斜坡的交线，称为山脊线，起到分散雨水的作用，又称为分水线，山脊的两侧称为山坡。近于垂直的山坡称为峭崖或者绝壁，两山脊间向一定方向倾斜延伸的低凹部分则称为山谷，山谷中最低点的连线，称为山谷线，相邻两个山头之间呈马鞍形的低凹部分称为鞍部。四周高而中间低的区域称为洼地，大范围的洼地称为盆地。除了以上地貌形态外，某些地区还有一些自然形成的特殊的地貌形态，如陡崖、冲沟、溶洞等。

3. 地貌的表示方法

地貌是自然要素中最重要也是最基本的要素之一，它不但影响和制约着自然要素的地理分布，而且影响着人文社会经济要素的分布与发展。当前，地图上地貌的表示方法有等高线法、分层设色法、晕渲法、写景法等。

（1）等高线法

等高线就是地形图上高程相等的相邻各点所连成的闭合曲线。等高线法是用等高线来表示地面的高低起伏和形态特征的方法。它是地貌的最基本的表示方法，它能将地形高低起伏地表示在平面地图上。等高线的高度是以海平面的平均高度为基准起算的，同时是以严密的大地测量以及地形测量为基础绘制而成。时至今日，等高线法仍然是表示地貌高低起伏科学性最强、实用价值最高的主要表示方法。等高线法表示地貌优点很多，但也存在缺陷主要是立体感差。因此，在实际应用中经常和晕渲法、分层设色法等结合使用。

（2）分层设色法

用等高线来表示地貌，要在相邻等高线之间来设置不同深浅或者不同色调的颜色来显示地貌的形态（图4-23）。分层设色法的直观效果是通过各层色彩的对比来实现的，要尽量衬托出地形的立体感，色彩的选择要考虑地理景观的特性及人们的习惯。一般海洋用蓝色、平原用绿色、丘陵用黄色、山地用褐色、雪山和冰川用白色或蓝色表示等。该方法明显区分了高程带，增强了立体感，缺点是不能精确量测；若设色不当，则不能精确阅读。

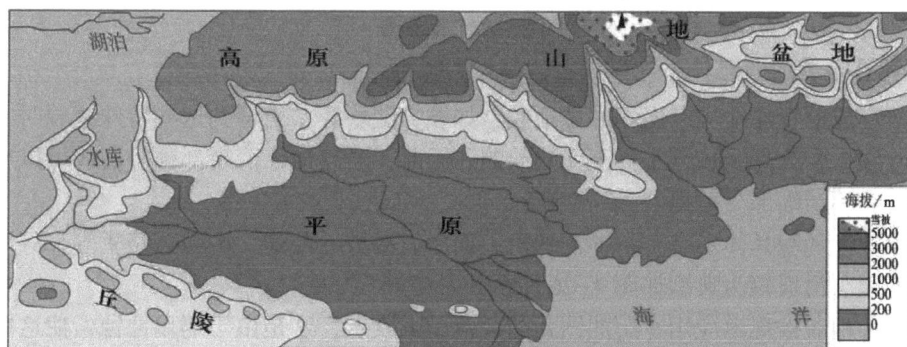

图4-23　分层设色法

（3）晕渲法

晕渲法是应用光照原理，假定光源对地面照射所产生的明暗程度，用墨色的浓淡或彩色的深浅显示坡面明暗变化，以显示地貌的分布、起伏和类型特征的一种表示方法（图4-24）。它的最大特点是立体感强，生动直观，有一定的艺术性和美感；主要缺陷是测量坡度不易，地面高程的分布表示不太明显。目前，晕渲法仍然是地图需要体现地貌立体效果时的主要表示方法。

图 4-24 晕渲法

（4）写景法

写景法是运用透视原理，以绘画写景形式概略地表示地貌起伏及其相对位置的方法（图4-25）。特点是图形逼真、一目了然、立体效果好、生动活泼、易会易懂，缺点是缺乏严格的数学基础。

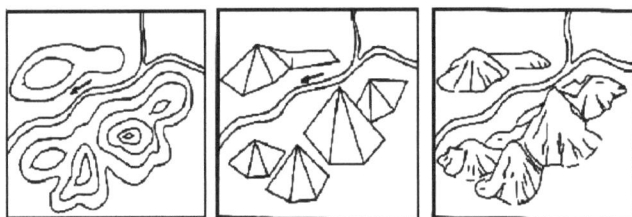

图 4-25 写景法

4. 特殊地貌的形态

自然形成的特殊地貌有崩塌冲蚀地貌，如坡、陡坎等，当遇到这些特殊地貌时，由于此处坡度较大，等高线较密集甚至无法绘制。因此，当其边缘清晰部分等高线可以交到边缘，若边缘不清晰部分可提前1mm中断。

崩塌冲蚀地貌具体形态有：冲沟梯田、崩崖、滑坡、陡崖、山隘、路堑等，其中又以陡崖、崩崖、滑坡较为典型如图4-26所示。

这几种地貌按规定应用专门的图式配合范围来表示，这是由于崩塌冲蚀，使这些地貌

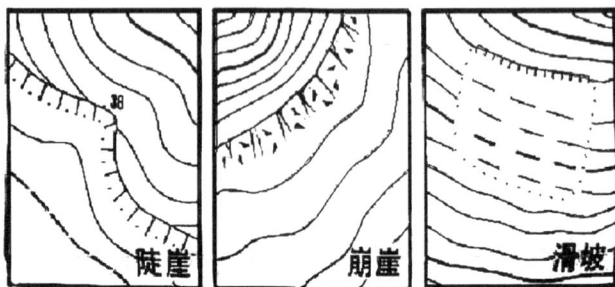

图 4-26 特殊地貌的表示

的形成一般都有比较大的高度差，从而使得等高线在以上几种特殊地貌处常常无法描绘，所以仅用符号表示。而这几种特殊地貌的上边缘轮廓一般都比较清晰，所以上边缘经常要实测绘出，若下边缘能测出标注，用点符号画出范围线或将符号延伸到下边缘；如果下边缘不能实测，则标注上边缘即可，如地裂缝。

①陡崖和悬崖。陡崖是坡度在70°以上的陡峭悬崖，有土质和石质之分，若用等高线来表示，将是多条等高线重合为一条线或等高线分布非常密集，故采用陡崖符号表示，如图4-27（a）（b）所示。悬崖与陡崖的区别是，悬崖是上部分突出、下部分凹进的陡崖，其上部分的等高线投影到水平面时，将与下部的等高线相交，凹进的等高线部分要用虚线表示，如图4-27（c）所示。

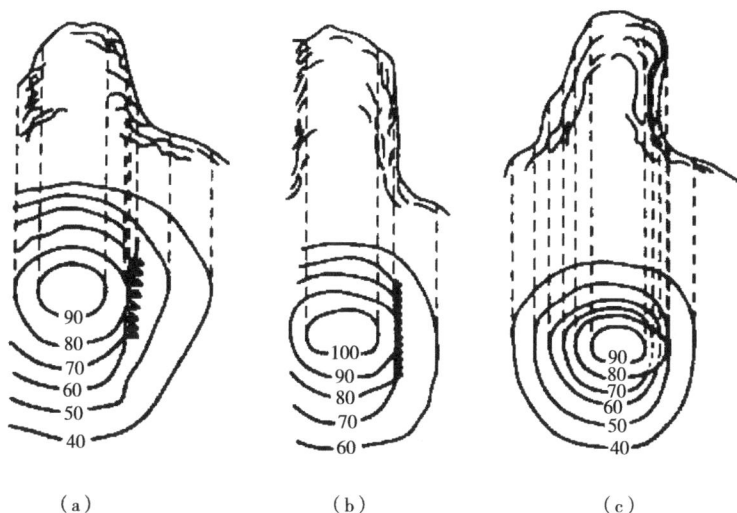

（a）　　　　　　　（b）　　　　　　　（c）

图 4-27　陡崖和悬崖

②其他地貌。除以上地貌外，还有洞、独立石、石堆、土堆、坑穴等特殊地貌。这些地貌根据其所占据的平面位置，可用规定的符号表示，有依比例符号和不依比例符号两种表示方法，其中独立石、土堆和坑穴要求标注出比高，如图4-28所示。

		1：500	1：1000	1：2000
土堆、贝壳堆、矿渣堆 a.依比例尺的 b.不依比例尺的 3.5——比高	a		3.5	
	b		1.0 2.0	
石堆 a.依比例尺的 b.不依比例尺的	a			
	b			
岩溶漏斗、黄土漏斗				
山洞、溶洞 a.依比例尺的 b.不依比例尺的	a			
	b	2.4	1.6	

图 4-28　特殊地貌

○ 任务实施

1. 野外观察或借助视频和图片，列出地貌的基本类型

- 地貌的基本类型：高原、丘陵地、山地、盆地、平原等，如图 4-29 所示。

图 4-29　地貌的基本类型

2. 认真观察图 4-22，识别常见山体地表的形态组成（图 4-30）

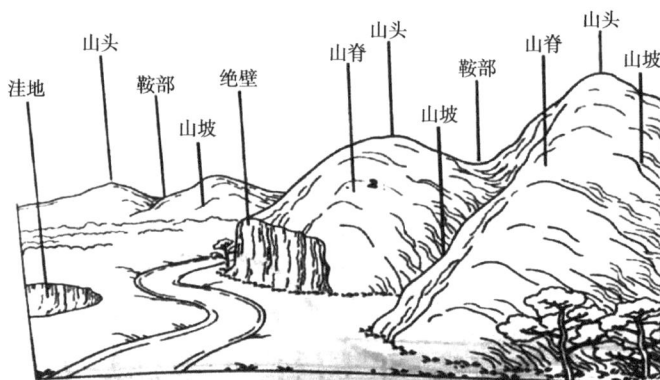

图 4-30　地表形态组成

○ 考核评价

由学生自评，完成表 4-4。

表 4-4　成绩考核评价表

任务 4-4　分析地貌				
学习目标	评价内容	评价结果		
		A	B	C
知识目标	1. 掌握地貌的概念和基本类型			
	2. 掌握地貌的表示方法			
能力目标	1. 会描述地貌表示方法的各自特征			
	2. 会识别基本的地貌形态			
素质目标	1. 培养学生的民族自豪感和自信心			
	2. 激发学生的家国情怀和使命担当			
综合评价				

○ 巩固训练

　　1. 什么是地貌？地貌的基本形态有哪些？

　　2. 常见的地貌的表示方法有哪几种？说出各自的优缺点。

　　3. 简述如何识别常见的地貌形态。

○ 知识拓展

厚植生态情怀　护航绿色发展

——地貌的基本形态和十大奇观

　　大自然是人类赖以生存发展的基本条件。尊重自然、顺应自然、保护自然，是全面建设社会主义现代化国家的内在要求。必须牢固树立和践行绿水青山就是金山银山的理念，站在人与自然和谐共生的高度谋划发展。

　　我们要推进美丽中国建设，坚持山水林田湖草沙一体化保护和系统治理，统筹产业结构调整、污染治理、生态保护、应对气候变化，协同推进降碳、减污、扩绿、增长，推进生态优先、节约集约、绿色低碳发展。

1. 中国地貌的基本形态

（1）山地

中国是个山地众多的国家，山地按其走向可分为下列几种类型。

①东西走向的山脉。主要有 3 列。最北的一列是天山—阴山，大致位于北纬40°～43°，几乎都在民族地区境内。天山山脉是位于亚洲中部的巨大山脉，全长 2500km，西段在苏联境内，东段横亘在中国新疆维吾尔自治区的中部，长约 1500km，南北宽 250～300km；天山向东延续，与河西走廊北侧的北山（合黎山、龙首山）相连，再向东延至内蒙古中部即为阴山山脉。

　　中间的一列是昆仑山—秦岭，大致位于北纬 32.5°～35°。昆仑山位于民族地区，西起帕米尔，东至四川盆地的西北缘，由西而东横贯青藏高原，长约 2500km；昆仑山东段的一条支脉积石山继续东延与秦岭山脉相接，经陕西南部，东至淮阳山，但秦岭的分布范围已不属民族地区。

　　最南的一列是南岭，位于北纬 24°～25.5°。南岭又称为五岭，包括越城岭、都庞岭、萌渚岭、骑田岭和大庾岭，东西绵延逾 1000km；在这五岭中，前 3 岭位于湖南南部和广西北部的民族地区，后 2 岭则不属于民族地区。

　　②东北—西南走向的山脉。主要分布在中国东部，由西向东大致分为 3 列。最西边的一列是大兴安岭、太行山、巫山、武陵山、雪峰山等；中间的一列北起长白山，经辽东千山、山东丘陵至东南的武夷山；最东边的一列是台湾山脉。大兴安岭位于内蒙古东部；武陵山则位于湘西土家族苗族自汉州；长白山位于东北的东部，大部分山地属于延边朝鲜自治州和长白朝鲜族自治县；千山和武夷山分别聚居着满族和畲族；台湾山脉则聚居着高山族。

③西北—东南走向的山脉。主要分布在中国的西部，如阿尔泰山、祁连山等。阿尔泰山脉横亘在中国、苏联、蒙古国边境，位于中国新疆境内的是整个山系的东南段南坡，海拔3000m左右；祁连山山脉绵亘于青藏高原东北边缘，山地东西长达1000km，南北宽200~500km，由几条平行山岭和谷地组成，山岭高度一般在海拔4000m以上。

昆仑山以南的高大山地，如喀喇昆仑山、冈底斯山、喜马拉雅山等，在西段表现为西北—东南走向，向东逐步转为东西走向。喜马拉雅山山脉西起帕米尔高原，东至雅鲁藏布江的急转弯处，全长约2500km，绵延在中国西藏自治区和巴基斯坦、印度、尼泊尔、锡金、不丹等国境内，宽200~350km，主脉平均海拔在6000m，是世界上最为雄伟高峻的山脉，海拔7000m以上的高峰就有40座，其中8000m以上的高峰有12座，耸立在中国和尼泊尔交界处的珠穆朗玛峰，高达8848.43m，为世界第一高峰。喀喇昆仑山的乔戈里峰位于中、巴边界上，海拔8611m，为世界第二高峰。

④南北走向的山脉位于中国中部的民族地区，自北而南有贺兰山、六盘山、横断山脉等。横断山脉位于四川盆地、藏南山地与云贵高原之间，由许多岭谷相间的高山深谷组成，包括邛崃山、大雪山、沙鲁里山、宁静山、怒山、高黎贡山等山脉以及大渡河、雅砻江、金沙江、澜沧江、怒江等谷地。横断山脉山脊平均海拔在3000~4000m，有的可达5000~6000m。

（2）高原

高原是海拔在500m以上比较完整的大片高地。在中国分布于民族地区的高原有青藏高原、内蒙古高原和云贵高原。青藏高原位于昆仑山、祁连山以南，喜马拉雅山脉以北，横断山以西，东西长约300km，南北宽约1500km，青藏高原包括西藏和青海的全部，甘肃、四川和新疆3省份的一部分，面积约230万km²，约占全国面积的1/4，是中国面积最大的高原。青藏高原被纵横交错的山脉分隔成许多大小不等的盆地和宽谷。青藏高原上湖泊星罗棋布，为发展工业和农牧业提供了良好的条件；同时高原上的高山终年积雪，冰川分布广泛，冰川及冰缘地貌广泛发育，冰雪融水往往成为亚洲许多大河的发源地。

内蒙古高原位于中国北部，西起马鬃山，南至祁连山和长城，东至大兴安岭，是中国著名的天然牧场。高原坦荡开阔，地面起伏和缓，广大地区海拔多在1000m，是中国保存比较完整、高原形态比较明显的高原。

云贵高原位于中国西南部，包括哀牢山以东，雪峰山以西，大娄山以南，广西北部山地以北的地区，高原的地势从西北向东南倾斜，平均海拔1000~2000m。云贵高原上石灰岩分布很广，喀斯特地貌发育广泛，石林、石芽、峰林等地貌随处可见，尤其在南盘江北部最为典型。高原上有许多山间盆地，当地人民称为坝子，是主要耕作地区。

（3）盆地

盆地是低于周围山地相对下凹的地表形态。在中国分布于民族地区的大型盆地都分布在西北内陆地区，著名的盆地有塔里木盆地、准噶尔盆地和柴达木盆地。

①塔里木盆地。位于天山、昆仑山和帕米尔高原之间，四周高山环抱，盆地地形坦荡，形态完整呈菱形，只有东端有宽约70km的缺口与甘肃河西走廊相连接，是一个巨大的内陆盆地。盆地东西长1500km，南北宽约600km，盆地底部面积达53万km²，是中国最大的内陆盆地。盆地由西向东微微倾斜，西部海拔1300m，而东部的罗布泊已降至

768m。由于盆地地处内陆深处，地形封闭，气候极端干旱，植被稀疏，干燥剥蚀和风蚀、风积作用特别强烈，形成了塔克拉玛干沙漠。沙漠东西长 1000km，南北最宽处约 500km，面积约 33 万 km²，是中国最大的沙漠。沙漠中沙丘形态多样，有的沙漠相对高度超过 200m，其中有 85% 的属流动沙丘。塔里木盆地蕴藏着丰富的石油，盆地边缘受天山、昆仑山冰雪融水滋润，分布着荒漠中的沃野绿洲。

②准噶尔盆地。位于天山、阿尔泰山之间，略呈三角形，面积 38 万 km²，是中国第 2 大盆地。盆地地势由东向西微微倾斜，东部海拔在 1000m 以上，西部艾比湖顶端仅 190m。盆地内分布着古尔班通古特沙漠，面积 4.88 万 km²，是中国第 2 大沙漠。盆地内草场辽阔，畜牧业发达，绿洲主要分布在靠天山的盆地南缘。

③柴达木盆地。地处青藏高原北部，夹于昆仑山、阿尔金山和祁连山间，略呈三角形。盆地东西长约 850km，南北最宽处达 250km，面积约 22 万 km²，位居全国第 3 位。柴达木盆地海拔 2600~3000m，是中国海拔最高的巨型内陆高盆地。盆地中分布着许多盐湖和盐沼，盐矿资源品种繁多，储量极为丰富；此外，有色金属、黑色金属、稀有金属资源和石油资源也都非常丰富。盆地还具备日照长、光能资源充足的特点，农业单产水平高，河湖沿岸牧草肥美，畜牧业也占重要地位。因此，柴达木盆地有"聚宝盆"之称。

(4) 丘陵

山地海拔不超过 500m，相对高度一般在 100m 以下，地势起伏，坡度和缓，称为丘陵。在中国分布于民族地区的丘陵主要有广西丘陵。

广西丘陵分布在云贵高原以东、南岭以南、萌诸岭以西的地区，和江南丘陵、东南沿海丘陵组成了中国东南地区分布最广泛、最集中的东南丘陵。广西丘陵的总体特点是四周高，中间低，呈盆地形势，一般称广西盆地。广西丘陵主要是石灰岩丘陵，石灰岩面积占该地区的 60%~70%，喀斯特地貌发育典型，峰林广布，地面崎岖，风景异常优美。广西丘陵雨量充沛，热量丰富，林、农、矿产资源利用潜力很大。

(5) 平原

平原是地势低平坦荡、面积辽阔广大的陆地。根据平原的高度，把海拔 0~200m 的称为低平原，如广西郁江—浔江河谷平原；海拔低于海平面的内陆低地，则称为洼地，如新疆吐鲁番盆地中央的平原；海拔 200~500m（或 600m）的平原称为高平原，如内蒙古嫩江西岸平原。民族地区在第二级阶梯和第一级阶梯上的平原，虽然海拔在 1000~3000m，但习惯上仍称为平原，而不叫高原，其中宁夏平原、河套平原是由黄河冲积而成的，是著名的"塞上粮仓"。

集中分布在中国第三级阶梯上的平原，是中国重要的农耕区和人口密集、经济发达的地区。分布在民族地区第三级阶梯上的平原主要集中在内蒙古东部和广西境内，虽然这里的平原有的面积较小、起伏较大，但它仍然是民族地区的重要农耕区。

2. 世界地貌十大奇观

(1) 波纹岩

美国亚利桑那州和犹他州交界处的波纹状的岩石带，是一片经过 19 亿年地质作用，由沙丘演变成的岩石结构。如果前往需要徒步穿越 4.8km 崎岖不平的山地，翻越高达

350m 的岩石地带。当攀登过一座岩石顶部，会看到一组新的岩石波纹，颜色较前者更深，结构更为宏大。

波纹岩是由花岗岩石构成的，其经过亿万年大自然的洗礼，将波浪岩表面刻画成凹陷的形状。波浪岩表面的线条是由于含有碳和氢的雨水冲刷，带走表面的化学物质，同时产生化学作用，在波浪岩表面形成黑色、灰色、红色、咖啡色和土黄色的条纹。波纹岩的附近还有原住民遗留下来的史前壁画，画中似鸟似兽的生物代表原住民传说里的人物和守护神。

(2) 赤水丹霞

赤水丹霞位于贵州省赤水市，丹霞地貌面积逾 1000km²，以发育成熟典型、形态壮美而闻名。丹霞地貌是中国南方红色岩系发育的一种特殊地貌。当地古时曾沉积着厚厚的红色地层，当红色砂岩经长期风化剥离和流水侵蚀，岩层沿垂直节理方向发育，红色地层便被割成一片片红色孤立的山和陡峭的奇岩怪石，形成如今看到的丹霞地貌。

(3) 撒哈拉之眼

撒哈拉之眼位于撒哈拉沙漠的西南部，毛里塔尼亚境内的巨大同心圆地貌。它又被称为理查特结构的地貌，直径约 50km，海拔约 400m，整体相当平坦，看起来就像一个菊石，绕地球轨道才得见其全貌。

最初它被认为是一个陨石坑，但构造的中心地势平坦，没有发现曾有高温与撞击的地质证据；又因为没有发现火成岩堆积的圆顶，也排除了火山的可能。该结构的同心圆状痕迹是硬度较高、不易受侵蚀的古生代石英岩，至于他为什么这么大、这么圆，尚未得到公认的解释。

(4) 伯利兹大蓝洞

伯利兹大蓝洞(简称大蓝洞)是全世界最大的水下洞穴，位于伯利兹外海约 96.5km 处，毗邻灯塔礁。大蓝洞外观呈圆形，直径约 304m，深约 145m。大蓝洞为石灰岩洞，形成于海平面较低的冰河时期，后因海水上升，洞顶随之塌陷，遂变成水下洞穴。又由于水深达 145m 使之呈深蓝色。

现今的大蓝洞是一个闻名遐迩的潜水胜地，世界著名的水肺潜水专家雅各-伊夫库斯托将大蓝洞评为世界十大潜水宝地之一，并于 1971 年进行了探勘测绘。

(5) 墨西哥巨型水晶洞

墨西哥巨型水晶洞拥有地球上最大的天然水晶，位于墨西哥南部奇瓦瓦沙漠奈卡山脉下 350m 处的银与锌矿内。洞内高耸着壮观的晶体，有如松树，长度超过 7m。晶体清澈多面，由于含有硒元素，呈现出半透明的金黄色和银白色，令人惊叹叫绝。

由于淹没在矿物质丰富的水当中，水晶增长得很快。这些水的温度稳定，通常保持在 58℃ 左右。在此温度下，无水石膏与水结合生成石膏，长期积累，从而形成了洞穴中的水晶。

(6) 羚羊峡谷

羚羊峡谷是世界著名的狭缝型峡谷之一，位于美国亚利桑那州北方，属于纳瓦霍族原住民保护区。羚羊峡谷在地形上分为两个独立的部分，称为上羚羊峡谷与下羚羊峡谷。据纳瓦霍族的历史传述，该地过去是叉角羚羊栖息处，峡谷里也常有羚羊漫步，故而取名为羚羊峡谷。老一辈的纳瓦霍族曾将此地视为静思与神灵沟通的栖息地。

羚羊峡谷如同其他狭缝型峡谷般，是柔软的砂岩经受百万年的各种侵蚀所形成的。主要是暴洪的侵蚀，其次是风蚀。在季风季节该地常有暴洪流入峡谷中，由于突然暴增的雨量，使暴洪的流速相当快，加上狭窄通道将河道缩小，垂直侵蚀力也相对变大，从而形成了羚羊峡谷底部的走廊，以及谷壁上坚硬光滑、如同流水般的边缘。

（7）蓝湖洞

巴西马托格罗索地区拥有许多神奇的地下湖泊和洞穴，其中以蓝湖洞最为著名。洞内的钟乳石、石笋密密麻麻排列，一眼望去辽阔无边，令人赞叹不已。

洞中各种各样的地质风貌令人叫绝，内湖深蓝色的湖水更是让人印象深刻。关于蓝湖洞的形成虽然假说很多，但地质学家普遍认为是由于洞中蓝湖的存在，为钟乳石的形成提供了必要的碳酸盐等组成。

（8）巨人之路

巨人之路是全球最著名的柱状玄武岩结构，位于北爱尔兰贝尔法斯特西北约 60km 处大西洋海岸，由总计约 4 万根六角形以及五边形、四边形的石柱组成了一条逾 8km 的堤道。石柱连绵有序，呈阶梯状延伸入海。

5000 万～6000 万年前（古新世-始新世）在如今的苏格兰西部内赫布里底群岛一线至北爱尔兰东部火山非常活跃，一股股玄武岩岩熔流从裂隙的地壳中涌出，浓密的熔岩流冷却，以垂直角度收缩，与熔岩流动方向相垂直的方向出现分解便形成与众不同的几何形状，许多熔岩冷却形成具有规则六边形的柱状玄武岩。

（9）地狱之门

地狱之门位于乌兹别克斯坦境内的达尔瓦扎镇，一年四季如火海般都在燃烧，故由此得名。20 世纪地质学家来此钻探天然气时，意外地发现了这座巨大的地下洞穴，而这里的洞穴中都充满了天然气等毒气。出于安全考虑，科考人员只好把它点燃，使有毒气体不致泄漏出来。自那时起，洞内的天然气就在燃烧。没有人知道这些年来有多少天然气被白白浪费，它似乎是源源不断，烧之不尽。

（10）巧克力山

巧克力山是位于菲律宾保和省的奇特地貌，方圆 50km² 内由 1268 个大小差不多、几近完美的圆锥形山丘组成。当旱季来临，山丘褪去绿色树林的外衣，变成土褐色——接近巧克力的颜色故而得名。

关于巧克力山的形成，地质学家给出了诸如石灰岩风化、亚海洋火山的爆发、海床的隆升等多种假说。最新的一种解释是可能是由于一座古老的火山爆发，大量的岩石四散喷射，被石灰石所覆盖，又受海床抬升作用，最终形成如今我们看到的巧克力山。但专家对这种解释仍然没有达成共识。

任务 4-5 识读等高线

○ 工作任务

认真观察图 4-31 的图面信息，说明地貌的基本表示方法，描述等高线的特性，并通

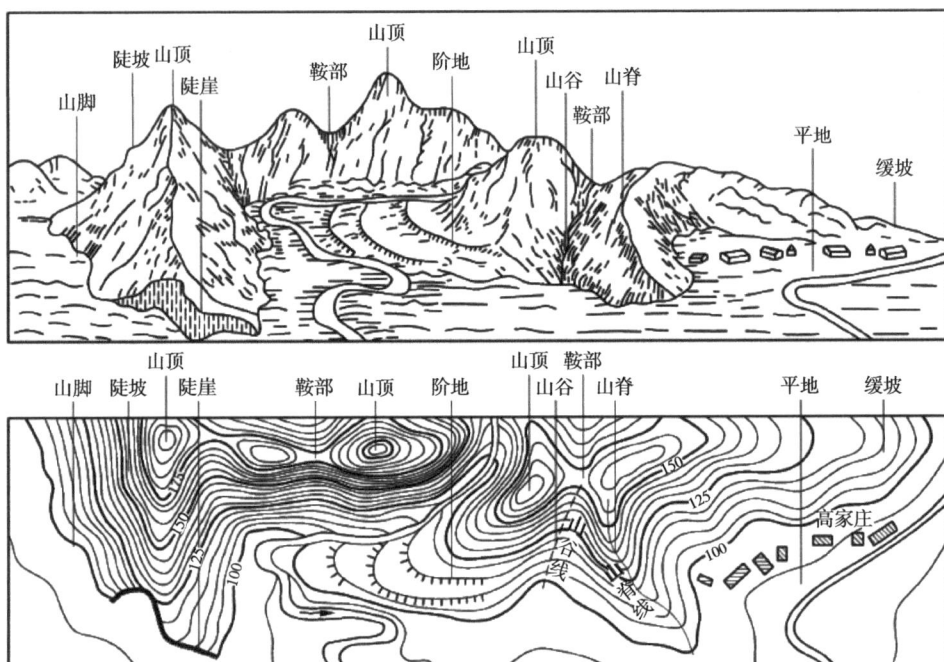

图 4-31　地貌的地形图表现形式

过本任务的学习正确理解等高距与平距、坡度的关系。

知识准备

1. 等高线

（1）等高线概念及原理

识读等高线

等高线就是地形图上高程相等的相邻各点所连成的闭合曲线。如图 4-32 所示，假设有一座高出水平面的山体，当水面高程为 100m 时，水面与山体相交所形成的水涯线是一条闭合曲线，该曲线就是高程为 100m 的等高线，曲线的形状取决于山体的形状和山体与水面相交的位置。当水面继续下降到 90m 时，则又形成一条高程为 90m 的曲线，因此，水位每下降 10m 就形成一条等高线，将这些等高线垂直投影到水平面上，并且按地图比例尺缩绘到图纸上，就可以得到表示该山体的等高线图。

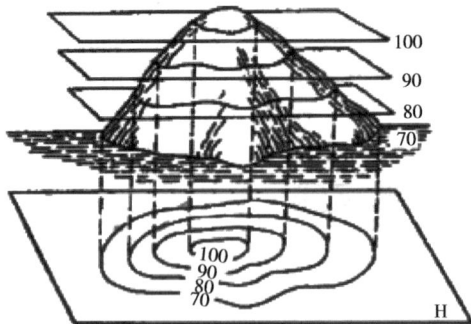

图 4-32　等高线

（2）等高距

等高距就是两相邻等高线之间的高度差，平面图上相邻等高线之间的水平距离称为等高线的平距，可用公式表达等高距与平距、坡度的关系：

$$i = h/d \times M \qquad (4-1)$$

式中，h 为等高距，d 为平距，i 为坡度，M 为比例尺。

同一张地形图上等高距是相等的。因

此，等高线平距 d 的大小与地面坡度 i 有关。等高线平距越小，地面坡度越大；等高线平距越大，地面坡度就越小。因此，通过地形图上等高线的平距可判断地面坡度的陡或缓。

2. 等高线的类型

等高线分为首曲线、计曲线、间曲线和助曲线(图 4-33)。

(1)首曲线

首曲线也称为基本等高线，是依据基本等高距测绘而成的等高线，往往用细实线来描绘。在《图式》中规定了用 0.15mm 的实线表示。

(2)计曲线

为了方便利用等高线来判读地貌高低起伏和读取高程，在等高线中，每隔 4 条(也就是高程为等高距的 5 倍)，等高线加粗显示，用字头朝上坡方向标注该高程，此条加粗等高线为计曲线。《图式》中规定用 0.3mm 的粗实线表示。

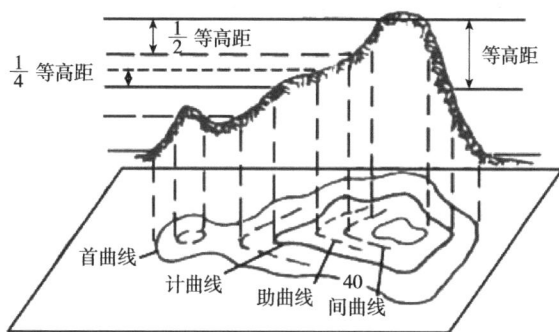

图 4-33 等高线类型

(3)间曲线

间曲线也称为半距等高线，当等高线不能清晰地反映局部地貌细节时，在相邻两条等高线中间 1/2 等高距处绘制出一条用长虚线表示的等高线，这条等高线称为间曲线。《图式》中规定用粗 0.15mm、长 6mm、间隔 1mm 的虚线表示。

(4)助曲线

为了表示更详细的地貌特征，在间曲线和首曲线之间 1/4 等高距处绘制一条等高线，称为助曲线。《图式》中用粗 0.15mm、长 3mm、间隔 1mm 的短虚线表示。

3. 等高线的特征

①等高线上各点的高程相等。

②每条等高线均是闭合曲线，如果在一幅图上不闭合，那么在相邻的图幅上就会闭合。

③高程不同的等高线不会相交或重叠，除非遇到陡崖等特殊地貌。

④等高线通过山脊或山谷时，应和地性线(山谷线和山脊线称为地性线)正交，山脊的等高线是凸向下坡的多条曲线，山谷的等高线是凸向山顶的一组曲线。

⑤等高线越稀疏，则坡度就越小；等高线越密，则坡度越大。

○ 任务实施

1. 认真观察图 4-31，描述山顶、山谷，山脊、鞍部、陡崖、房屋、阶地的等高线表示方法

• 不同地貌等高线判断方法如下：

山顶：等高线闭合，中间高四周低，且高程值从中心向四周逐渐降低；

山谷：等高线凸出部分指向海拔较高处，凸高为谷；

山脊：等高线凸出部分指向海拔较低处，凸低为脊；

鞍部：正对的两山脊或山谷等高线之间的空白部分；

陡崖：近于垂直的山坡，多条等高线重叠的地方；

阶地：一般指河流阶地，由于河流的侵蚀和堆积作用形成沿河谷两岸伸展，高出洪水期水位的阶梯状地形。

2. 认真观察图4-31，对照说明等高线的特性

- 等高线主要具备以下特性：

同一条等高线上相邻各点的高程相等；

等高线是闭合曲线；

等高线一般不相交、不重合；

等高线和地性线正交；

等高距(两相邻等高线之间的高差)相同时，等高线越稀疏，坡度越小；等高线越密，坡度越大。

3. 认真观察图4-34、图4-35，描述等高距与平距、坡度的关系

- 等高距：两相邻等高线之间的高差，如图4-34所示。
- 平距：平面图上相邻等高线之间的距离，即图4-35中双箭头所示位置。

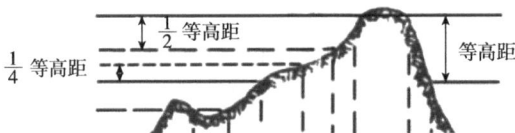
图4-34　等高距

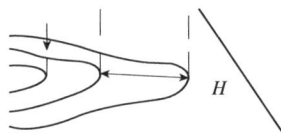
图4-35　平距

- 等高距与平距、坡度的关系：由公式 $i=h/d \times M$ 可知，等高线平距越小，地面坡度越大；等高线平距越大，地面坡度越小。

◎ 考核评价

由学生自评，完成表4-5。

表4-5　成绩考核评价表

任务4-5　识读等高线				
学习目标	评价内容	评价结果		
		A	B	C
知识目标	1. 理解等高线的概念原理			
	2. 掌握等高线的基本特征和种类			
能力目标	1. 会描述等高距与平距、坡度的关系			
	2. 能够正确判读等高线地形图			
素质目标	1. 具有国防安全意识和保密意识			
	2. 具有爱国主义情怀			
综合评价				

○ 巩固训练

1. 描述等高线的基本特性。

2. 简述判读等高线地形图的方法。

3. 下图中 A，B，C，D 4 个点中，高程最高的是(　　)。

A. A 点　　　　　　B. B 点　　　　　　C. C 点　　　　　　D. D 点

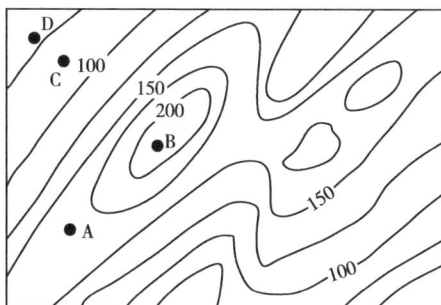

4. 下图中等高距为(　　)。

A. 10m　　　　　　B. 100m　　　　　　C. 25m　　　　　　D. 50m

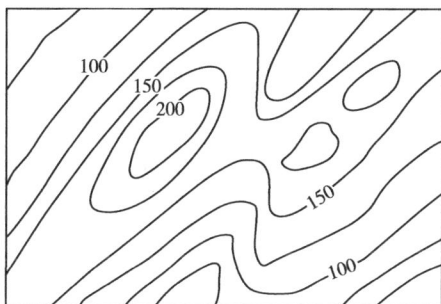

5. 下图比例尺为 1∶1000，ab、ac 图上长度为 3cm，则 B 点的坐标为(　　)。

A. (100，200)　　　B. (130，200)　　　C. (130，230)　　　D. (100，230)

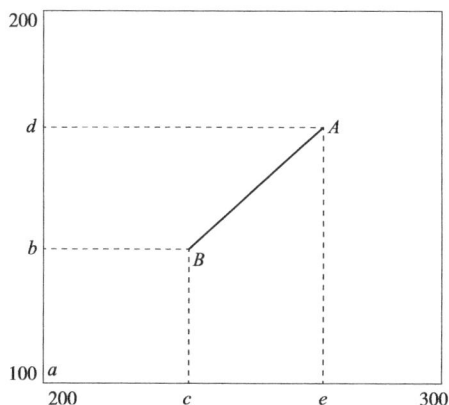

6. 下图为某地形图的一部分，3 条等高线所表示的高程如图所示，A 点在 MN 的连线

上，$MA=6\text{mm}$，$NA=4\text{mm}$，则 A 点的高程为（　　　）。

A. 56.4m   B. 56.6m   C. 57.4m   D. 57.6m

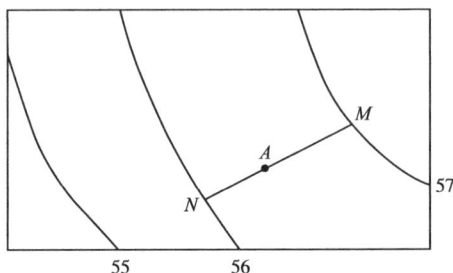

○ 知识拓展

地貌的测绘

地形图上所表示的内容除了地物，另一部分就是地貌。

地貌千姿百态，但从几何的观点分析，可以认为它是由许多不同形状、不同方向、不同倾角和不同大小的面组合而成。这些面的相交棱线，称为地性线。地性线有两种：一种是由两个不同走向的坡面相交而成的棱线，称为方向变换线，如山脊线和山谷线；另一种是由两个不同倾斜的坡面相交而成的棱线，称为坡度变换线，如陡坡与缓坡的交界线、山坡与平地交界的坡麓线等。

地性线上的方向变换点和坡度变换点是主要的地貌的特征点。在测绘中，要正确选择地性线，测出特征点，以地性线构成地貌的"骨架"，然后将地貌的形态以等高线的形式描绘出来。所以，地貌的测绘主要是等高线的测绘。有少数特殊地貌形态不能仅用等高线表示，需要配合特殊地貌符号表示。

1. 等高线的测绘

等高线的测绘有两种方法：直接法和间接法。

直接法是将等高线上的若干地貌特征点依次测绘到图纸上，根据实地等高线的走向，在图纸上勾画等高线。可以隔几根等高线测一根等高线，中间的等高线采用内插的方法画出。这种方法实际上是将等高线当作一种轮廓线来测定，所测绘的等高线有较好的精度。但是，这种方法效率不高，且不适合于高低起伏较大的丘陵和山区采用。

测定等高线一般都是采用间接法。间接法的作业过程可以分为4个步骤：先测定地性线上的地貌特征点；连接地性线以构成地貌骨架；再在各地性线上采用等分内插的方法，确定基本等高线的通过点；然后对照实地，连接相邻地性线的等高点，勾画出各等高线。

（1）测定地貌特征点

测定地貌特征点主要是为了确定各地性线的空间位置，故这些特征点应是地性线上的地貌特征点。观测前，应认真观察和分析所测的地貌，正确选择具有代表性和概括性的地性线，根据地性线上的方向变换点和坡度变换点来确定立尺点。立尺点选择不当或重要的立尺点遗漏，就会改变骨架的位置，从而影响等高线的精度。

地貌特征点包括山的最高点、洼地的最低点、谷口点、鞍部的最低点、地面坡度和方向的变换点等。选好地貌特征点后，依次上立尺，将地貌特征点测绘到图纸上。地貌特征点旁注记高程到分米，如图 4-36(a) 所示。

(2) 连接地性线

当测绘出一定数量的地貌特征点后，应依实地情况，及时在图上用铅笔连接地性线，如图 4-36(b) 所示。山脊线用实线表示；山谷线用虚线表示。地性线应随地貌特征点陆续测定而随时连接，并与实地对照，以防连错。

(3) 确定等高线的通过点

图上有了地性线骨干网后，需要确定各等高线与地性线的交点，即等高线的通过点。由于各地性线上的坡度变换点已经测定，因此，在图上同一地性线中的两相邻特征点之间的地面，可以认为是等坡度的。在同一坡度的斜面上各点之间，其高差与平距成正比。因此，可以按等分内插的方法确定等高线在地线性上的通过点。

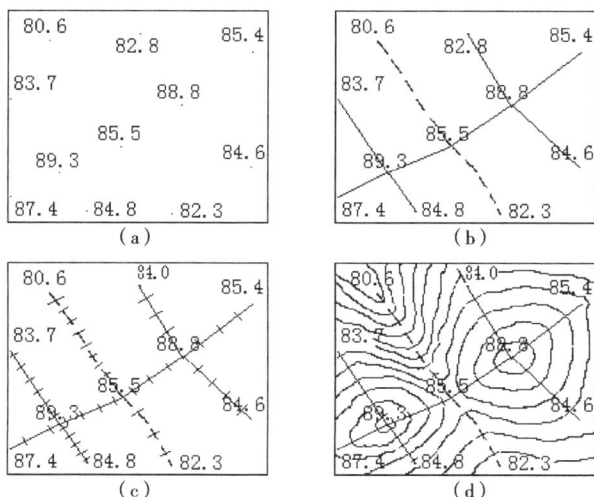

图 4-36　等高线的测绘方法

如图 4-37 所示，设 a、b 为图上某一地性线上相邻的两个碎部点，其高程分别为 63.5m 和 67.8m。若测图的等高距为 1m，则 a、b 之间应有 64m、65m、66m、67m 的等高线通过。因为地面点 A、B 之间可以看作是等坡度的直线，如图 4-38 所示，所以 AB 线上高程为 64m、65m、66m、67m 的 C、D、E、F 点在图上的相应位置为 c、d、e、f 点，即可按相似三角形关系确定。

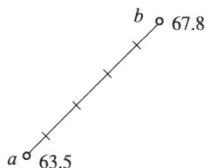

图 4-37　图上等分内插

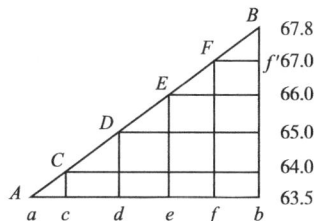

图 4-38　等分内插等高线的通过点

设量得图上 ab 长为 17.5mm，A、B 的高差为 67.8-63.5=4.3（m）。则可求得 ac、bf 在图上的长度及等高线的间距：

$$ac = \frac{ab \times Cc}{Bb} = \frac{17.5 \times 0.5}{4.3} = 2.0(\text{mm})$$

$$fb = \frac{ab \times Bf'}{Bb} = \frac{17.5 \times 0.8}{4.3} = 3.3(\text{mm})$$

$$cd = de = ef = \frac{17.5 \times 1.0}{4.3} = 4.1(\text{mm})$$

在 ab 线上，分别自 a 和 b 量取 2.0mm、3.3mm 刺点，即得 c、f 点。c、f 点就是 64m、67m 的等高线在 ab 地性线上的通过点。将 $cf3$ 等分，得分点 d、e 即为 66m、67m 等高线的通过点。这就是所谓的等分内插法。

上述等分内插法为解析法，而在实际测图中，常采用目估法。解析法的计算比较烦琐，不适应快速测图的要求；另外，描绘等高线本身容许有一定的误差，而两相邻点的地面也只能是近似等坡度，精确计算等高线通过点的位置并无多大实际意义。所以，采用目估等分内插就可以了。

目估等分内插仍然依据上述解析法等分内插的原理进行，只是量算的过程采用目估和心算。首先根据相邻两点的高差和图上距离，分别确定靠近该两点的等高线通过点，再将剩下部分等分确定其他等高线通过点。

目估等分内插等高线的通过点有一个熟练的过程，初学者应加强练习，提高目估等分内插的精确性。另外，在画线刺点中，应轻画轻刺，便于修改，避免留下明显的点痕，影响图面整洁，甚至引起误解。

按上述方法，将各地性线上等高线的通过点确定下来，如图 4-36(c) 所示。

(4) 对照实际地貌勾绘等高线

勾绘等高线一定要在现场进行，对照实际地貌，将地性线上高程相等的点依次按实地走向用圆滑的曲线连接起来就得到一条等高线。等高线由一系列不同半径的圆弧线连接而成，各处走向应平滑渐变，不应有明显的转折点。另外，还要注意上下等高线的渐变性，等高线与地性线必须正交。描绘等高线时，应边描绘等高线边擦去地性线，等高线描绘完毕，地性线也全部擦去，如图 4-36(d) 所示。

实际测图时，一般不是将所有的地貌特征点测完后才连接地性线，也不是将所有的等高线通过点确定后才勾绘等高线，而是一边测绘地貌特征点，一边连接地性线，一边勾绘等高线，即随测、随连、随绘。在时间比较紧张，地形又不复杂的情况下，可以先行勾绘计曲线和少量的首曲线，其余的内插等高线可在收工后室内补勾绘。

等高线的测绘精度与地性线的密度有关。在地性线的密度一定的情况下，等高线的精度主要取决于测绘者的勾绘等高线的能力。勾绘等高线，不是将高程相等的点简单地随意连接。等高线在两相邻地性线之间的图上定位和走向完全取决于测绘者对实际地貌的认识和判断。所以，初学者应在实习中注意训练自己的观察能力和勾绘能力。

第2篇 实践应用篇

项目5　地形图的应用

项目5 **地形图的应用**

学习目标

知识目标：

1. 了解图廓外要素和图廓内要素的组成，以及两点间距离、方位角及坡度测量方法。
2. 掌握地形图的判读、定向、定点方法。
3. 掌握点位坐标、高程测量，以及断面图面积量算方法。

技能目标：

1. 能够计算点位坐标、高程和两点间距离。
2. 能够绘制地形断面图。
3. 能够按规定坡度选定最短路线。
4. 会识别基本地形图。
5. 能够利用地形图获取足够的信息量。

素质目标：

1. 培养学生大国工匠精神和职业规范意识。
2. 激发学生的家国情怀和使命担当，做到学思践悟、知行合一。

项目导入

厚植生态情怀　护航绿色发展

大自然是人类赖以生存发展的基本条件。尊重自然、顺应自然、保护自然，是全面建设社会主义现代化国家的内在要求。必须牢固树立和践行绿水青山就是金山银山的理念，站在人与自然和谐共生的高度谋划发展。

我们要推进美丽中国建设，坚持山水林田湖草沙一体化保护和系统治理，统筹产业结构调整、污染治理、生态保护、应对气候变化，协同推进降碳、减污、扩绿、增长，推进生态优先、节约集约、绿色低碳发展。

本处以图名为新塘镇、图号为 H-51-134-C-a 的地形图东南隅的新塘镇地区为例（图5-1），概略分析该地区自然条件及其与人类社会经济活动的关系，以期为该地区的绿色发展打下基础。该图幅的比例尺为 1∶2.5 万。

永和 2 km   沙浦 3 km

瑶田村

龙塘

新塘站

吉山
8 km

上田

16

四望冈

15

H-51-134-C-b

担竿凹

水泥

14

白江

新塘镇

13

天后宫
人渡

温
州
市

永
嘉
县

27.3

585-800
3.5

瓯   江 →

人渡

人渡

1.5

1.5

3

12

28°

温州市 永嘉县

64

65

21
2

66

05'00"
120° 37'30"

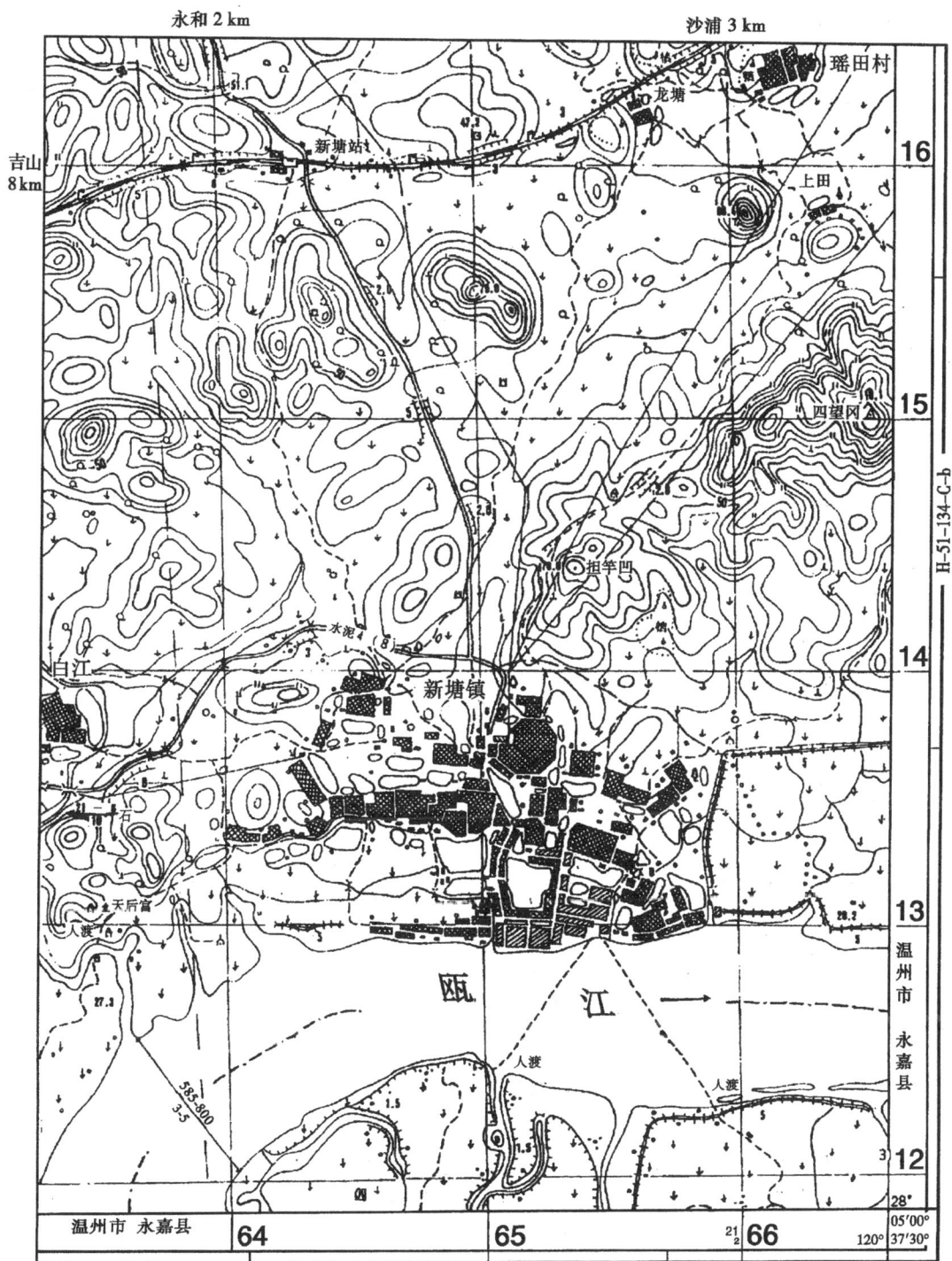

图 5-1　新塘镇地图

1. 全区概况

新塘镇地区位于北纬 28°05′00″～28°07′30″，东经 120°35′30″～120°37′30″，地处亚热带，行政上属浙江省温州市和永嘉县的一部分。南北长 4.6km，东西宽 3.3km，面积 15.18km²。北部为丘陵地区，南部有瓯江，两岸为冲积平原。境内居民地较多，河流、湖塘分散，水田广布，盛产柑橘。新塘镇位居江滨，为新兴城镇，工矿企业较多，陆地交通便利，水上航运条件较好。总体而言，该区地势起伏不大，平地较多，热量充足，雨量丰沛，自然条件优越，经济比较发达，发展前景广阔。

2. 水系

水系以河流与湖泊为主。瓯江为主流，河宽 595～600m，水深 3～5m，流向由西向东，从水情看，可以通航，但无码头。新塘镇与瓯江南岸联系，仅有人渡两处。南岸西部有滩陡岸一段，长约 1km；地上河、沟 3 条，堤高 1.5m；东部有防洪主堤 4 条，均在新塘镇东西两侧：西侧 1 条，长约 350m，东侧 3 条，总长约 2500m，堤高均为 5m，本区东北部，另有一条小河，流向东北，境内湖塘分散，约有 80 个。从河、湖的分布和形态看，该区域距离海较近，很可能原本是浅海地区，是由海湾沉积和海水后退形成的。

3. 地貌

全区地势，北高南低。制高点为四望冈，高程 110.1m。最低点在瓯江东端，高程约 27m。地貌可分为丘陵和平原两部分。

丘陵分布在中部和北部，面积约 9km² 以上，占全区总面积的 60%。区内岗丘分散孤立，形状浑圆，高程多在 100m 以下，比高 20～50m；坡度较缓，一般 4°～18°；多数顶部光秃，植被极少，无冲沟、陡崖，仅有小面积石块地一处，位于新塘镇正西，调查证明为石质丘陵，坡面岩屑覆盖较厚；坡脚线不甚明显，岗峦起伏，频率较大，脉络不清。仅新塘镇东北，由担竿凹至四望冈一线，呈岭状分布，东北—西南走向，长约 2km，平均宽度 0.5km，高程 78.0～110.1m，比高 48～80m；岭脊明显，西北坡陡，一般 10°～18°，有宽谷两条，长约 300m；东南坡缓，一般 6°～16°，有沟谷 5 条，长度 120～800m；丘间多宽谷，宽度 200～500m，地形平坦，水源充足，土层较厚，质地肥沃。

平原分布在瓯江两岸，面积约 6km，占全区总面积的 40%。瓯江南岸，滩地广阔平展，高程 27m 左右。北岸，滩地较窄，宽 400～950m，由江岸向北渐高，27.5m 间曲线以下为河漫滩，以上为阶地。

4. 植被

该区农业比较发达，人工植被种类较多，但自然植被较少。

耕地以稻田为主，主要分布在瓯江两岸和宽谷平地，约 4.787km。其中，江南约 0.886km，江北沿岸 1.017km²，白江村东北地 1.183km，新塘镇至瑶田村谷地 1.095km，新塘站附近宽谷平地 0.539km。

橘园 3 处，一是龙塘村北，面积 0.018km²；二是瑶田村旁，面积 0.021km²；三是新塘镇东北，面积 0.027km²。

竹林 3 处，一是白江村东南，面积 0.026km²；另两处为独立竹林，一在白江村与新塘镇之间，一在四望冈正南山麓，面积均在 0.016km² 以下。

树林仅龙塘村一处，属矮林，面积 0.03km²。

疏林分布很广，多散生于丘陵坡麓，面积约 0.751km²。

小面积树林分布在白江村和新塘镇以北、稻田与疏林之间，面积约 0.042km²。

防护林两条，一条在上田村东南，长约 500m；另一条在新塘镇东，长约 800m。

独立灌木丛 5 处，4 处位于瓯江南岸江边，由于受洪水与地下水影响，属不宜农作地块，面积 0.139km²；另一处在新塘镇西北，沿公路南北两侧，面积约 0.048km²。

有方位意义的阔叶树 3 处，一处在新塘镇正北公路与电话线交会处，另一处在镇东北隅，最后一处在本区最南面，在纵坐标(21)264~65，为独立树丛。

草地 4 处，第 1 处在新塘站西北，面积约 0.021km²；第 2 处在四望冈，面积 0.375km²；第 3 处在上田村西，面积 0.043km²；第 4 处在白江村与新塘镇之间，面积 0.04km²。

5. 居民地

本区有新塘镇、白江、新塘站、龙塘、瑶田村和上田 6 个居民地。新塘镇为新兴城镇，街区较齐整，按地形、水系，因地制宜修建，除沿江和中间南北街外，其余均为坚固建筑。镇区有大小湖塘 50 多个，几乎等于现有建筑面积。因此，如何充分利用湖塘水面是一项应重点研究的问题，如养殖水产、修建公园等。城镇四周多独立小屋。其西南约 900m 处有一庙宇，称为天后宫。庙西和人渡南北各有亭子一座，可游览或途经休息。镇西南和镇东北各有一工业用窑，地处平原与丘陵交界，据此推断，可能用于烧制砖、瓦。其他 5 个居民地，都属一般村庄，规模不大，但均为坚固建筑，村庄周围都有湖塘，养鱼条件很好，且有果园、竹林，树木较多，环境优越、交通方便。

6. 道路和通信

瓯江以南，仅有小路两条。

江北交通方便。铁路有一条为单轨，仅有新塘站 1 处火车站，西去吉山，东到沙浦；路堤两处，一处高 4m，另一处高 3m；路堑 4 处，分别深 5、6、3、5m；信号灯 4 处；涵洞 1 个。

公路有 1 条，新塘镇至白江，长约 2km，水泥路面，铺面宽 4m，路宽 8m；桥梁 1 座，位于白江村南，石料建筑，长 21m，宽 6m，载重 10t；涵洞 7 个；公路两侧，西段有行树，东段为独立灌木丛。

简易公路有 1 条，由新塘镇北丁字路口，经新塘站，至永和，长约 5km，路宽 6m；沿途有 4 处方位物，南段西侧有一旧碉堡，中段路西侧有一墩(碑)，墩的西北山顶有一旧碉堡，能控制交通，位置重要，新塘站南有一涵洞。

有乡村路 1 条，由镇北独立树至镇东北防洪主堤，路宽 3~4m。

有小路 10 多条，通向西方。

通信线路 4 条，一条由镇西至白江村南公路桥，沿路西进；另外 3 条，均由镇内向北，至突出树(公路向西转折处)，一条通往正北方向，另两条直通东北方向。

总体看，江北交通运输和通信联络具有一定保证，江南条件较差。

7. 未利用地

未利用地包括：江滨低河漫滩地、荒坡、荒丘和墓地等，低河漫滩未利用地约

151 333km²；荒坡、荒丘地约 3.333km²；墓地 20 多处，多分布于村镇丘坡和丘麓。

任务 5-1　地形图室内判读

○ 工作任务

认真观察图 5-2 的图面信息，分别指出地形图图廓内与图廓外的基本要素及其组成，并详细描述地形图室内判读的具体方法与步骤。

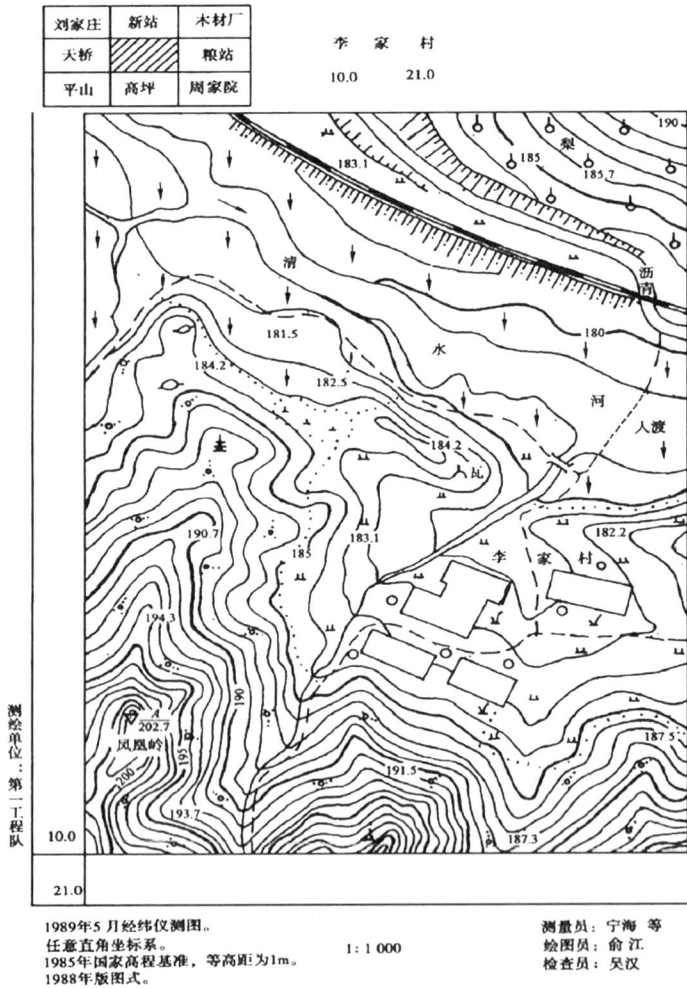

图 5-2　标准地形图

○ 知识准备

地形图是自然地理要素和人文地理信息的载体，具有可量测性、可定向性等特点，它是国家各部门、各项工程建设中必不可少的基础资料，在地形图上可以获取多方面、大量的信息。例如，能确定两点之间的水平距离、直线的方位角以及坡度等；可以从图上获取断面信息并绘制断面图，研究通视区域和隐蔽范围，确定管线、隧道的位置等；还能从图上量算土地面积、挖或填的土石方量、水库蓄水量等；森林消防员可以借助地形图确定方位角，判读地貌，测定坡度及确定行进路线等。另外，地形图也是其他专题地图的基础资料，以地形图作底图，能够编制一系列专题图。

地形图
室内判读

地形图的判读包括室内判读和野外判读。室内判读主要是了解地图名称、图号、比例尺、接图表、内外图廓、坐标格网注记等，地形图的室内判读又可分为图廓外要素的判读和图廓内要素的判读。

1. 图廓外要素的判读

图廓外要素是指地形图内图廓以外的要素，是对地形图及地形图上所表示的地物地貌的补充说明，包括地形图的图名、图号、接图表、成图日期、测图单位、坐标与高程系统、等高距和图式说明，以及地图比例尺、三北方向线图和坡度尺。可通过查看测图时间来判断地形图的新旧程度，图名与图号一般都标注在北图廓外的正上方，图名通常是本幅图内最大的或者重要的村、镇名、工矿名或山名。图号是本幅地形图采用的分幅与编号，它也标注在北图廓外上方的中央，在图名的下方。对一幅图而言，两者可均有，或者只有其中之一。为了查找相邻地形图，在图纸的左上角或者右下角绘制矩形方框，分成 9 个等份，本幅图放在中心位置用阴影表示，周围 8 个区域为相邻图幅的图名。地图比例尺一般位于南图廓外的下端位置。通常地图比例尺的左边或右边放置三北方向线，坡度尺通常放在图幅的左下角，以便量测图上相邻两点之间的坡度。

2. 图廓内要素的判读

图廓内要素指普通地图内图廓范围内的表示要素，主要包括方里网、地物符号和地物注记。在地形图中，对图廓内要素的判读主要是对地物和地貌的判读，依据各种不同的地物符号、注记和地形图图式进行。例如，山谷线也称为集水线，指示了水系的分布。鞍部位于两山峰之间，是山脉的低洼地带，而注地则由闭合且中心等高线数值低的区域表示。特殊地貌，如冲沟、峭壁、悬崖、陡坎等，通过特定的符号在地图上标出，它们的识别有助于理解地表的细节变化。

等高线的性质，如闭合、间隔和弯曲，也能反映地貌要素的特点。地性线，如山脊线和山谷线，能体现地貌的规律，揭示地形的起伏和水系的流向。在判读地貌时，还需注意等高线的密集程度，它反映了地面坡度的陡缓。等高线越密集，坡度越陡峭；反之，则坡度平缓。此外，典型地貌如峡谷、河流阶地等，都有其特定的等高线表示方式，熟悉这些表示方法对于地貌判读至关重要。

除了地物和地貌的判读，地形图上的植被符号和注记也是重要的信息来源。它们提供了植被的分布、类别特征和面积大小等信息，有助于我们了解区域的生态状况。例如，森林、草地、灌木丛等不同的植被类型都有各自的符号表示，通过这些符号，我们可以推断出植被的分布情况和生态环境的特点。

3. 判读原则

①先图外、后图内。

②先地物、后地貌。

③先主要、后次要。

④先室内、后野外。

○ 任务实施

1. 认真观察图5-2，指出图廓外要素的具体内容

• 图廓外要素：图名、图号、接图表、成图日期、测图单位、坐标与高程系统、等高距及图式说明，地图比例尺、三北方向线图及坡度尺，如图5-3所示。

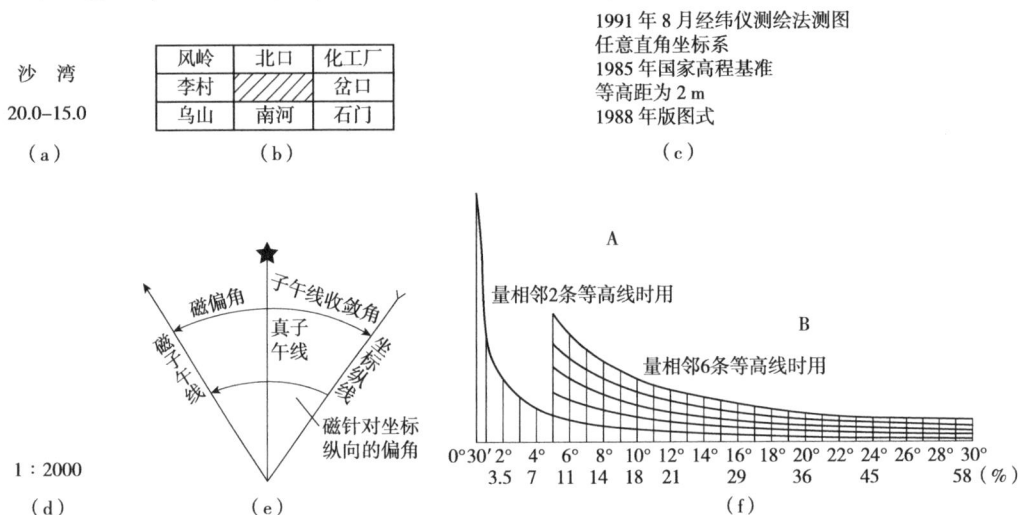

沙 湾

20.0-15.0

（a）

凤岭	北口	化工厂
李村	//////	盆口
乌山	南河	石门

（b）

1991年8月经纬仪测绘法测图
任意直角坐标系
1985年国家高程基准
等高距为2 m
1988年版图式

（c）

1：2000

（d）

（e）

（f）

图5-3　图外廓要素

（a）图名图号；（b）接图表；（c）坐标及高程系统，等高距；（d）比例尺；（e）三北方向线图；（f）坡度尺

2. 认真观察图5-2，详细描述地形图读图方法与流程，说明图廓内要素的组成

• 图廓内要素主要依据地物符号判别地物和地貌。

• 读图方法：一般可采用直读法、量算解析法、对比分析法和推理判断法。对于本地形图的判读可以将多种方法结合运用。

• 读图的流程：图名图号—水系—地貌—植被类型—居民区—交通与通信—土地利用和工矿分布情况。

图名图号：本副图图名为"李家村"，图号为该图幅西南角的坐标，东北面有一居民点李家村，本图包括的主要要素有公路、河流、旱地、灌木林地等。

水系：水系以河流和湖泊为主，有一条自西向东的清水河，如图5-4所示。

地貌：地势西高东低，最高点在最西端，高程为202.7m，东边普遍较低，地貌多以丘陵和平原为主，但有陡崖存在。

植被类型：在地形图西端有大片的灌木林地（图5-5），东边有大片的果园和旱地（图5-6），此外还有大量的水田。

图 5-4　河流

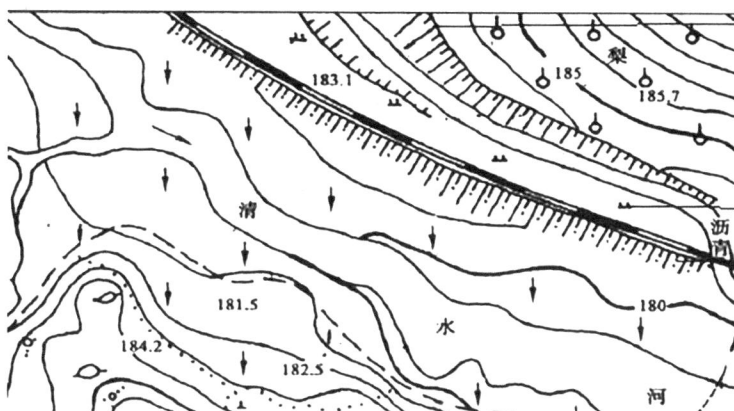

图 5-5　灌木林地

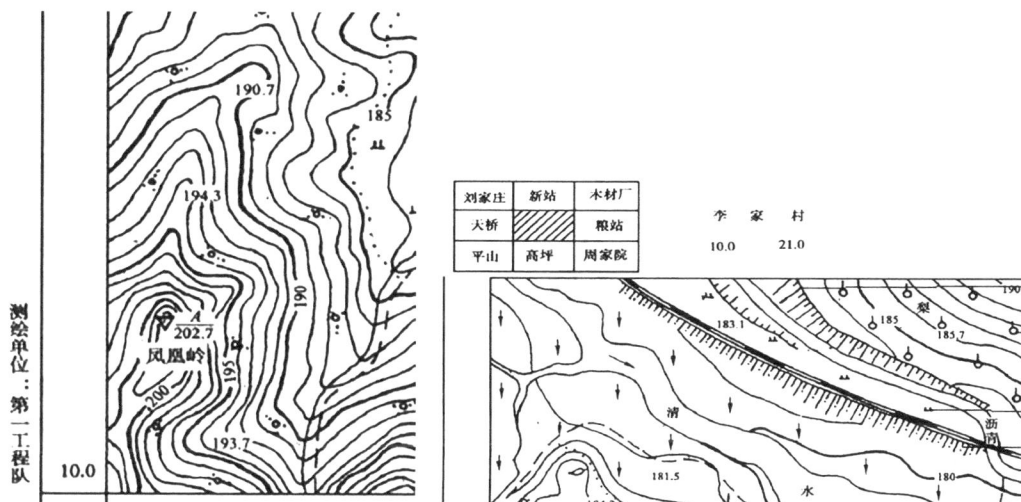

图 5-6　果园和旱地

居民区：李家村，如图 5-7 所示。

交通：主要为清水河沿岸的沥青路(图 5-8)，以及一些乡村路。

图 5-7　李家村

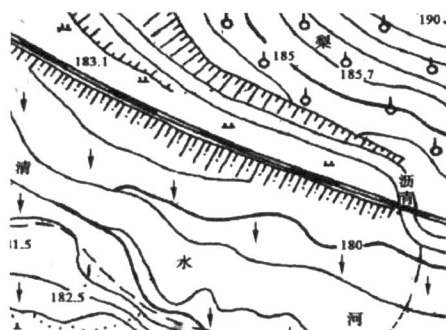

图 5-8　道路

土地利用和工矿分布情况：土地利用主要以农林地为主，暂无矿区分布。

○ 考核评价

由学生自评，完成表5-1。

表5-1　成绩考核评价表

任务5-1　地形图室内判读				
学习目标	评价内容	评价结果		
		A	B	C
知识目标	1. 了解地形图图廓内与图廓外的基本要素及其组成			
	2. 掌握地形图室内判读的具体方法与流程			
能力目标	1. 会描述地形图判读方法			
	2. 能说明地形图判读时应遵循的原则			
	3. 会识别地物地貌等基本要素			
素质目标	1. 依法规范自己行为的意识和习惯			
	2. 具备团队协助、团队互助精神			
综合评价				

○ 巩固训练

1. 地形图阅读的内容、方法和程序是什么？
2. 地形图识图的主要目的是什么？应遵循哪些原则？主要从哪几个方面进行？

○ 知识拓展

地形图的读图方法

1. 地形图的读图方法

读图的目的和要求不同，读图方法也就不同。常用的基本方法有一般直读法、量算解析法、对比分析法和推理判断法。

（1）一般直读法

一般直读法即根据地形图上的地图符号，通过直接观察，了解地区情况。例如，从地形图上直接了解读图地区的地理位置，所属省、市、县范围大小，区域内的主要山脉、河流、居民地、交通网，以及全区总的地势倾斜方向，最高点和最低点的位置和高程，地面高低起伏状况，山脊、山坡、山谷等。此法是读图方法中比较容易而又是必须掌握的最基本的方法。

（2）量算解析法

要从图上了解事物的具体数量特征，单凭一般直接观察是难以获得准确数据的，因此就需要进行图上量算。例如，读图地区的精确位置、面积大小、某点高程、某河段长度和宽度，以及某居民地至某制高点最近行进路线和距离等。有时，还需要对图形进行必要的分析研究，才能进行图上量算，获得正确答案。例如，在复杂的山地地区，要由某居民地至某一新发现矿区选定一条坡度在5°以下、距离最短的线路。在此条件下，仅用一般直读法选定线路是不行的，而要在一般直读法的基础上，作出山岳略图、水系略图以及必要数量的地势断面图，作为解析地势起伏变化和坡度情况的参考，然后才可量算线路长度，对比各条线路的优缺点，最后提出图上选定的线路方案，供实地考察时参考。所以，虽然量算解析法是在一般直读法基础上进行的，但读图的深度却得到了极大的提高。

（3）对比分析法

研究地图上任一事项，都不能孤立地进行，必须联系周围其他要素，分析它们之间的关系，这样才能了解事物的本质，看出事物发展变化的原因，得出比较正确的结论。为了深刻地认识事物，必须采用综合分析的方法。为了分析，有时必须进行对比。有对比，才有鉴别。例如，对比同一地区不同时期制成的地图，便可以看出某一事物的发展变化情况和形成原因；也可以通过对比不同地区各事项的差异，了解制图区域各地物的空间分布特征。

（4）推理判断法

推理判断法是依据地理事物之间相互联系、相互依存、相互制约的关系，利用地理学、地质学、地貌学、水文学的原理以及社会实践知识，对地形图所表示的地物、地貌，经过分析推理，判断某些在图上无法直接看出的情况。例如，通过对水系的分析，可以推知地势起伏的基本概况；通过对地理位置、地貌、水文等要素的分析，可以推断出气候类型；通过对居民地、交通网密度的分析，可以知悉经济发达的情况；通过对地貌、水系的分析，可以大致推断其他地质构造的概况，如泉水出露与断层的关系、河流突然转折与构造的关系、水系密度与岩性的关系等。

上述4种方法，在读图中，常常是结合进行的，必须经过多次读图练习才能掌握。如能通过野外实地对照读图，可以迅速提高读图能力。

2. 读图程序

读图程序，通常首先了解工作区域的地理概况，然后分地区、分要素详细研究，最后根据读图目的、要求，提出如何利用有利条件，改造不利条件。了解概况时首先要根据地形图判明工作区域地貌形态的基本类型，再了解主要居民地、道路、水系等的分布状况和一般规律，从而对工作区域的地理概况有一个整体概念，并进一步确定详细研究的内容和方法。详细研究是根据读图的目的、任务和要求，分要素或分地区进行，分要素研究的具体程序如下。

（1）位置和范围

首先说明地形图的图名和编号，其次指出研究区域在整个图幅内的地理位置（经、纬度），行政区划（所属的省、县），幅员范围（东西长、南北宽各多少千米），以及该区域包括的主要内容要素（山脉、河流与居民地等）。

（2）水系

先从图内水系分布，了解有哪些类型，如河、湖、海、库、渠、井、泉等；然后，按类型逐个研究其图形，分析其形态、分布、流向、河宽、水深、通航、沿岸情况等。水系是地貌的骨架，河流是改变地貌的外动力，流向又是地面倾斜的标志，因此应特别重视河流的研究。例如，由水系的排列和类型，可推知地层走向、分水岭和各种地貌的分布；从河流的发育规律，可以推断出上、中、下游地貌的基本情况；从水系的形态，又可分析出许多特殊地貌。河流研究的内容包括：各河流的从属关系；每条河流的特征，水流性质；河谷的特征，如河谷各组成部分河床、阶地、谷坡、坡脚、坡缘、谷源等情况；河床宽度；谷坡的坡形和坡度；有无阶地、陡崖、新的堆积物、河漫滩、河漫滩阶地、沼泽地，它们的分布、高程和比高；河曲的发育情况等。

（3）地貌

地貌判读的步骤和方法如下。

①根据等高线的疏密程度及其图形结构特征，确定其地貌类型——山地、丘陵、平原、河谷、盆地等。

山地：指高差（从山脚起算）在200m以上，坡度一般在6°以上的起伏地貌。山地的等高线非常密集，往往汇集在一起，间距小于1~2mm，并常有陡崖、崩崖、滑坡、陡石山等地貌符号出现。

丘陵：指高差在200m以下，坡度为2°~6°的起伏地貌。丘陵的等高线间距较小，且多呈闭合图形。

平原：指地面平坦或稍有起伏，坡度在2°以下的平坦地。平原的等高线平直、弯小、分布稀疏，间距多在1cm以上，且多以间曲线或助曲线补充描绘地貌的碎部。

河谷：由河床、河漫滩、阶地、坡麓、谷坡和谷缘组成。前三者组成谷底，后三者组成谷坡。谷底的等高线间距较大、平直、弯小。阶地分布于河床两岸，多为陡崖符号。谷坡等高线间距较小，类似山坡。

盆地：指中间低洼、周围较高的地貌形态。盆地的等高线多呈闭合圆形。等高线间距盆底与谷底相近，盆坡与谷坡相近。

②根据大地貌形态与水系分布的相互关系，研究地势起伏的一般规律及其分布系统。首先，确定研究区域的最高点和最低点；其次，确定山脊分水线（用细实线、箭头指向高处）和山谷集水线（用细虚线、箭头指向低处），以及主岭和支岭的位置和形状，建立起总体和碎部的连接关系。

③研究各种地貌形态的类型和分布规律，分析各个山坡的坡向、坡形和坡度，以及分布特征与各种地物的关系。

④如有可能还要读出地貌与地质构造的关系。在地貌起伏变化比较复杂的地区，可以做出山岳略图、水系略图以及必要数量的地势断面图，以作为分析地势起伏变化的资料。

（4）土质、植被

从地形图上的土质、植被符号，可以了解森林、草地、沼泽、果园、水田、旱地、沙地、盐碱地、龟裂地、残丘地等地理分布、面积大小，以及与水系、地貌、居民地的关系等。

（5）居民地

从图上居民地的大小、类型、密度、分布特点，居民地内外的地名标志（如机关、学校、工矿、公园、医院、名胜古迹、车站、机场、码头、渡口等），以及居民地与水系、地貌、交通的关系，可以看出居民地的大小、行政等级、人口分布、物资供应及其在政治、经济、文化、军事上的重要意义。

（6）交通与通信

研究陆路交通和通航水道的种类、分布和对本地区各居民地之间运输联系的保证程度，地貌和水系对道路方向和曲率的影响及其通信情况。

（7）土地利用和工矿分布情况

通过地形图可了解各种工农业用地的分布特点、面积大小，农业用地占总面积的百分比，工矿分布的位置等。上述要素的研究，不能孤立地进行，必须把各要素联系起来，研究和分析它们之间的关系。例如，研究地貌时，从河流分布和水流方向，可以了解地势起伏的一般规律和判读出分水岭、阶地、冲积扇等的分布。又如，图上阔叶林、稻田较多，以及江河、湖泊密布的地区多为黏土地，混交林多生于沙质黏土地，采石场较多，则土质多系岩石等。

通过以上步骤，从了解概况到详细研究，可较正确而全面地掌握地区情况，即可根据任务，研究如何利用有利条件、改造不利条件和决定应采取的措施。

任务 5-2 地形图野外判读

○ 工作任务

详细描述地形图野外定向、定点的具体方法。

○ 知识准备

在工程建设和资源调查中，如工厂选址、土壤调查、土地利用现状调查、土地利用规划和设计、施工放样及消防路径的选择等，都需要对地形图进行实地判读。地形图判读包括定向和定位。定向就是使地形图上方位与实地的东西南北的方向一致，定位简单来说就是在地形图上确立站立点的位置。

地形图
野外判读

1. 定向

①罗盘仪定向。依据地形图上的真子午线、磁子午线或坐标纵线进行定向。

②线状地物定向。

③按方位物进行定向。

2. 定位

①景物判读法。

②侧方交会法。

③后方交会法。

○ 任务实施

1. 详细描述地形图的野外定向方法

• 罗盘仪定向：依据地形图上的真子午线、磁子午线或坐标纵线进行定向（图 5-9）。

①磁子午线定向。在地形图南北内图廓线，通常各绘一个小圆圈，分别注有磁南（P）和磁北（P'），磁北和磁南两点之间的连线即为本图的磁子午线。地图定向时，先将磁北和磁南两点连成直线，然后将罗盘仪上磁针所指的南北线与磁子午线平行或重合，接着转动地图使磁针北端与北字（0°）方向完全一致，即完成地图定向，如图5-9（b）所示。

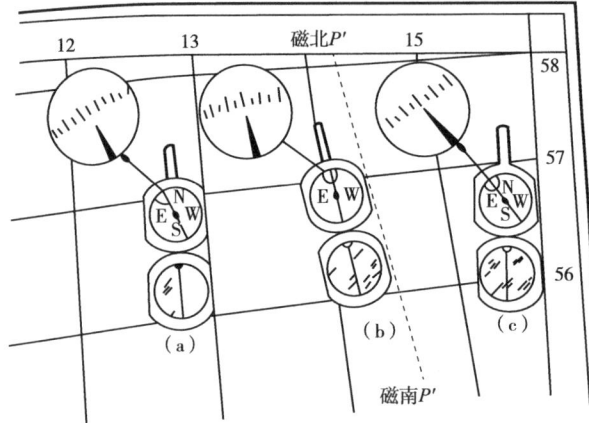

图5-9　罗盘仪定向地图

②真子午线定向。先将罗盘仪刻度的北字指向北图廓，然后让刻度盘上的南北线和磁子午线重合（地图的东西内图廓线即为真子午线方向），如图5-9（c）所示。转动地图，根据图廓外的三北方向图上所标注的磁偏角数值（东偏或西偏），让磁针北端指向对应的分划，这样就完成了地图定向。

③坐标纵线定向。将罗盘刻度盘上的北字指向北图廓方向，同时让刻度盘上的南北线与坐标纵线完全重合，如图5-9（c）所示，随后转动地图，按照图廓外的三北方向图标注的改正角的数值（东偏或西偏），让磁针北端指向对应的分划，则完成地图的定向。

●线状地物定向：当观察者在地图上找到某一线状地物时，转动地图，使地图与实地各地形点的位置关系基本相符，则地图已被定向。

●按方位物进行定向：即根据周围明显的地物地貌指定地形图的方向。

2. 详细描述地形图野外定点方法

●景物判读法：运用与实地对照的方法，比较站立点周围明显的地形特征点在地形图上的位置，再根据它们与站立点的关系来确定站点在图上的对应位置。

●侧方交会法：地物侧翼找出图上和实地都有的明显地物，如图5-10所示，在图上该地物定位点插一大头针，将直尺紧挨大头针并对准地物点，沿直尺边缘画直线，它与线状地物的交点即为站点在图上的位置。

●后方交会法：先标定地形图的方向，选择地形图上和实地共有的2~3个同名地物点，在地形图目标定位点上竖插一根大头针，让直尺紧挨大头针转动，对准实地同名目标，沿直尺边向后绘方向线，同样对准其他目标，画方向线，其交点即站点在图上的位置，如图5-11所示。

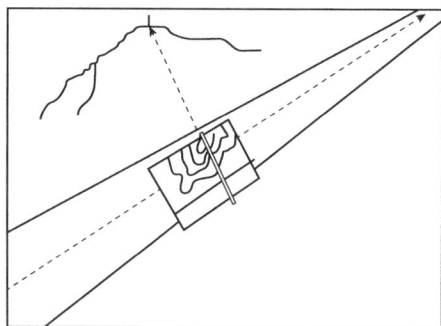

图 5-10 侧方交会法

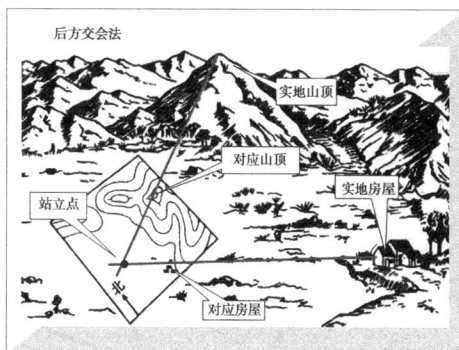

图 5-11 后方交会法

○ 考核评价

由学生自评，完成表 5-2。

表 5-2 成绩考核评价表

任务 5-2 地形图野外判读				
学习目标	评价内容	评价结果		
		A	B	C
知识目标	1. 了解地形图定向的目的和意义			
	2. 熟知地形图定点的概念和意义			
能力目标	1. 会描述地形图定向常用的方法			
	2. 会描述地形图定点常见的方法			
素质目标	爱岗敬业，具备思维敏捷，严谨细致、勇于创新的职业精神			
综合评价				

○ 巩固训练

1. 什么是地形图定向？地形图定向常用的方法有哪些？
2. 地形图定点常见的方法有哪几种？

○ 知识拓展

纸质地形图在城镇规划中的应用

1. 规划建筑用地的地形分析

在规划设计前，首先要按建筑、交通、给水、排水等对地形的要求，进行地形分析，以便充分合理地利用和改造原有地形。地形分析包括以下内容。

（1）地形图地形分析

①地形总体特征分析。从图 5-12(a)可以看出这个地区的地形特点：光明村以西有一座高约 175m 的小山，山的东边有一片坎地，南面有几条冲沟；村南有一条河流，其南岸有一片沼泽地；在向阳公路以北有一个高出地面约 30m 的小丘，小丘东西向地势较南北向平缓；村西的地形，从 75m 等高线以上较陡，55~75m 等高线一段渐趋平缓，从 55m 等高线以下更为平坦。总体来说，该地区除了小山和小丘以外是比较平缓的。

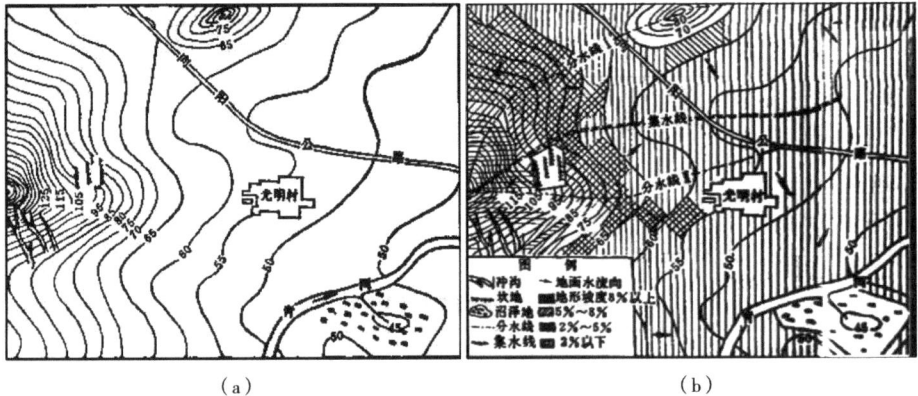

（a）　　　　　　　　　　　　　　　（b）

图 5-12　地形图地形分析

②在地形图上标明分水线、集水线和地面水流方向。如图 5-12(b)所示，从西部小山顶向东北跨过公路，到北部小丘可找出分水线 Ⅰ，从小山顶向东到村北侧可找出分水线Ⅱ。在分水线 Ⅰ、Ⅱ 之间可找到集水线，用点划线表示集水线。

根据地势情况可定出地面水流方向，如图 5-12(b)中箭头所示，它是地面上最大坡度方向。在分水线 Ⅰ 以北的地表水都排向山丘以北，分水线 Ⅱ 以南的地表水则流向青河，而分水线之间的地表水则汇向集水线向东流，可看出这一地段的汇水边界线就是分水线 Ⅰ、Ⅱ，从而可确定汇水面积，以便设计有关排水工程。

（2）在地形图上划分不同坡度的地段并计算面积

城镇各项工程建设对用地的坡度都有一定的要求，因此，在规划设计之前，必须将用地区域划分为各种不同坡度的地段。如图 5-12(b)所示，应用各种符号或不同的颜色表示出了 2%以下、2%~5%、5%~8%以及 8%以上等不同地面坡度的地段，可以计算出各种坡度地段的面积并以此作为分区规划设计的依据。

（3）特殊地形分析

图 5-12 中的特殊地段包括冲沟、坎地、沼泽地等，必须做进一步调查，结合地质勘探和水文资料进行分析，才能确定某些地段的性质和用途，是否可作为建设用地。因此，在地貌复杂或具有特殊要求的地区，一般除了绘制地形分析图外，还要根据地质、气候等自然条件进行综合分析，以便经济合理地选择城镇用地和规划城镇功能分区。

2. 地形图在城镇规划中的应用

在城镇规划中，总体布置应充分考虑地形因素。在总体规划阶段，常选用 1∶10 000或 1∶5000 地形图；在详细规划阶段，考虑到建筑物、道路、排水给水等各项工程初步设计的需要，通常选用 1∶2000、1∶1000、1∶500 等比例尺的地形图。应用地形图进行小区规划或建筑群体布置时，一般要求处理好以下几个方面的问题。

（1）地貌与建筑群体布置

建筑物随地形布置的 3 种形式：沿等高线方向布置、垂直于等高线方向布置和斜交于等高线方向布置。一般坡度在 5% 以下时，建筑群体可自由布置而不受限制；当坡度为 5%~10% 时（缓坡），布置建筑群体时受地形的限制不大，可采用筑台和提高勒脚的方法来处理；当坡度大于 10% 时，一定要根据地形、使用要求及经济效果来综合考虑 3 种布置形式的组合。

在山地或丘陵地区进行建筑群体布置时，因大部分地面坡度大于 10%，所以必须注意适应地形变化，尽量减少土方量，争取绝大部分的建筑有良好的朝向，并提高日照、通风的效果。若不考虑地形和气候条件，则布置成规则的行列式［图 5-13（a）］；若结合地形灵活布置则为自由式或点式［图 5-13（b）］。二者相比，自由式或点式由于改进了平面布置，既减少了挖方工程，又增加了房屋间距，优化了日照、通风等效果。

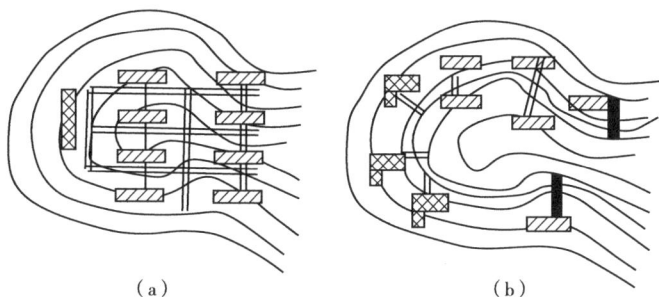

（a）　　　　　　　　　　（b）

图 5-13　建筑群布置

（a）规则行列式；（b）自由式或点式

（2）地貌与服务性建筑的布置

服务性建筑的布置，要结合地形考虑服务半径的大小，使该居民区均感方便，一般顺等高线方向交通便利，其服务半径可大些，而垂直等高线方向，由于坡坎或梯道较多，交通较为不便，其服务半径宜小些。

服务性建筑的布置，还要考虑服务高差，宜将其设在高差中心处（图 5-14），以减少上下坡的距离。

（3）地貌与建筑通风

山地或丘陵地区的建筑通风，除了受季风的影响外，还受建筑用地的地貌及温差而产生的局部地方风的影响，有时这种地方小气候对建筑通风起着主要作用，

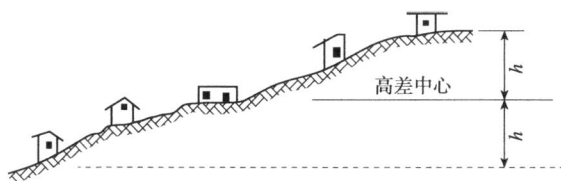

图 5-14　服务性建筑的布置

人们称其为地形风。常见的地形风有顺坡风、山谷风、越山风等，其成因各不相同。

地形风不仅种类不同，而且受地形条件的影响，风向变化也不同。如图 5-15 所示，当风吹向山丘时，受地形影响，在山丘周围会形成不同的风向区，一般可将山丘分为迎风坡区、背风坡区、涡风区、高压风区和越山风区。

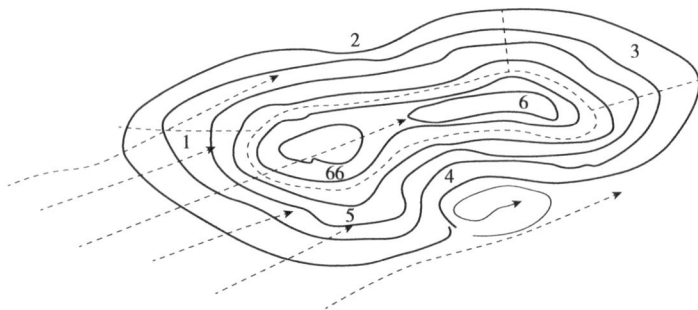

图 5-15   地形风

1. 迎风坡区；2. 顺风坡区；3. 背风坡区；4. 涡风区；5. 高压风区；6. 虚线圈内为越山风区

（4）地貌与建筑日照

在山地和丘陵地区，建筑物的日照间距，除受到布置形式和朝向两个因素影响外，受地貌坡向和坡度的影响比较明显。因此，利用地形图布置建筑物时，要根据地貌的坡度和坡向密切结合建筑布置形式和朝向，确定合理的建筑日照间距。

在南向坡（阳坡），当建筑物平行于等高线布置时，其地面越大，日照间距 D 就越小 [图 5-16（a）]。所以，可以利用向阳坡日照间距小的条件，增加或布置高层建筑，以充分利用建筑用地。

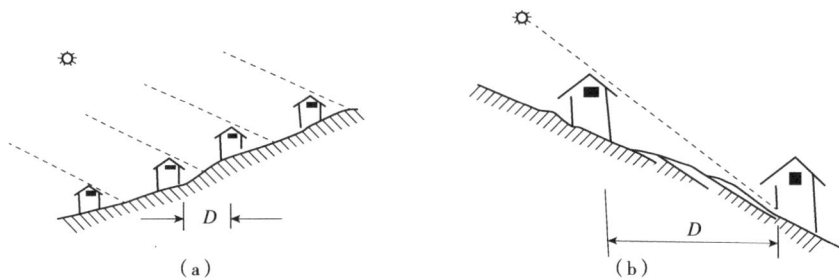

图 5-16   建筑物与日照

（a）阳坡日照；（b）阴坡日照

但是，在北向坡（阴坡）布置建筑物时，其坡度越大，所需日照间距 D 也越大，用地很不经济 [图 5-16（b）]。可在用地分配时，将阴坡地规划为绿地、运动场、停车场等公共设施用地。

为了合理利用地形，争取良好的日照，建筑物常采取垂直或斜交等高线布置，如图 5-17（a）（b）所示。建筑物布置也可采取斜列、交错、长短结合、高低错落、点式平面

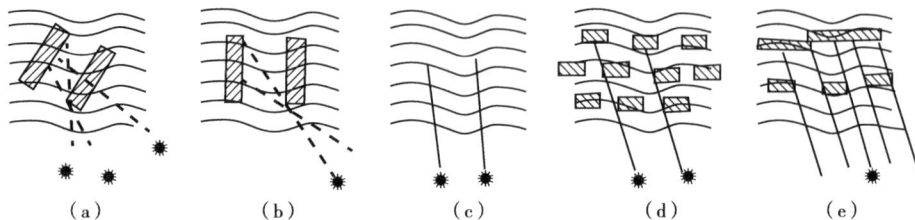

图 5-17   建筑物结合等高线的布置形式

等处理方法，如图 5-17（c）（d）（e）所示。这种布置形式可以缩小建筑物间距并从建筑物之间透过阳光。

任务 5-3　测量点位坐标和高程

○ 工作任务

本任务通过学习确定地面点坐标、高程的具体量测方法，能在不同情形下按步骤求解高程点。

○ 知识准备

利用地形图进行规划设计时，经常要用图解的方法求解某些点位的坐标。例如，要在地形图上规划一栋房屋，为了控制和图上已有房屋间的最小距离，必须先确定图上房屋与预设计房屋距离最近的一角点坐标，又因为对确定点的坐标精度要求不高，所以用图解法求解点的平面坐标即可，具体求解方法如下。

测量点位坐标和高程

1. 点位坐标的测量

如图 5-18 所示，欲从图上求 A 点的坐标，首先根据 A 点在图上的位置，确定 A 点所在的小方格 $abcd$。然后过 A 点分别作平行于 x 轴、y 轴的两条直线，交小方格于 e、f 和 g、h。再量取 ag 和 ae 的长度，即可计算出 A 点的坐标（x_A、y_A）。

计算公式如下：

$$x_A = x_a + ag \cdot M \tag{5-1}$$
$$y_A = y_a + ae \cdot M \tag{5-2}$$

式中　M——地形图比例尺的分母；

　　　x_a、y_a——小方格西南角 a 点的横、纵坐标。

若考虑图纸的伸缩变形，还应量取 ab 和 ad 的长度，按下式计算 A 点的坐标：

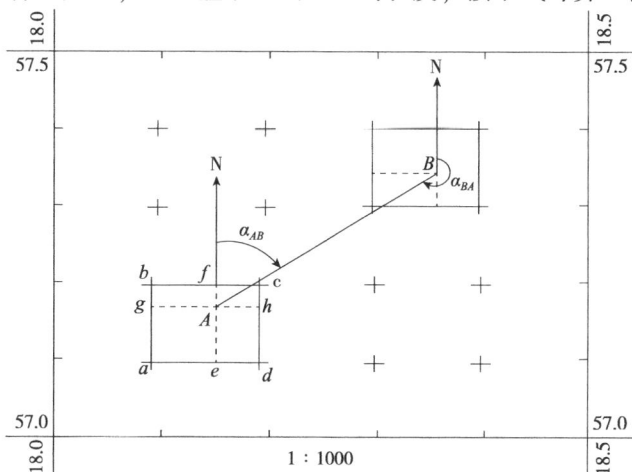

图 5-18　求点的坐标和高程

$$x_A = x_a + \frac{ag}{ab} \times L \tag{5-3}$$

$$y_A = y_a + \frac{ae}{ad} \times L \tag{5-4}$$

式中　L——10cm×M，这里的 10cm 指的是大比例尺坐标格网的理论长度。

2. 点位高程的测量

欲从地形图上求得某点高程，一般情况下，可根据地形图上等高线或高程注记来获得，在实际情况下，在高程求解时会碰到以下几种情形。

①若点位于任一等高线上。该点的高程等于点位所在等高线的高程，如图 5-19 所示，a 点位于 26m 等高线上，其 a 点高程为 26m；b 点位于 29m 等高线上，其 b 点高程为 29m。

②如果点在两相邻等高线之间。可用比例内插法求得该点的高程，如图 5-19 所示，k 点位于高程为 27m 和 28m 两等高线之间，过 k 点作两条等高线的公垂线，交等高线于 m、n 点，量取 mn 和 mk 的长度，则 k 点的高程 H_k 可按下式计算：

$$H_k = H_m + \frac{mk}{mn} \times h \tag{5-5}$$

式中　H_m——m 点的高程；

h——等高距。

③如果点在地形点之间。点位在地形点之间（如道路、房屋及空地等处没有等高线，那么只能以地形点来表示地面高程），仍可用比例内插法求得该点的高程。如图 5-20 所示，A、B、C 是已知地形点，欲求 K 点高程，首先连接 AB，再连接 CK 并延长与 AB 交于 D 点，根据 AB 方向的高差，在图上量取 AB 和 AD 的图上长度，用式(5-5)先计算出 D 点高程，再求 CD 的高差，量取 CD、CK 的图上长度，最后用式(5-5)即可计算出 K 点的高程。

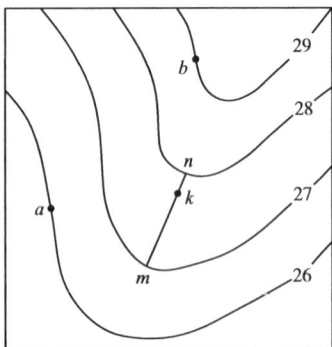

图 5-19　点在任一等高线　　　　图 5-20　点位于两相邻等高线

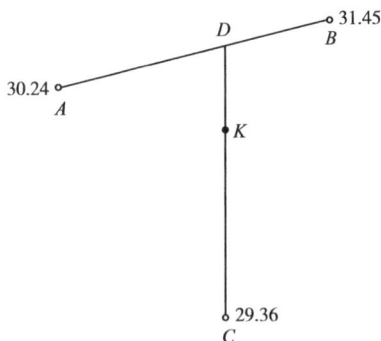

○ 任务实施

1. 认真观察图 5-18，求 A 点的坐标

- 确定 A 点所在的小方格 $abcd$。
- 过 A 点分别作平行于 x 轴、y 轴的两条直线，交小方格于 e、f 和 g、h。
- 量取 ag 和 ae 的长度。

将以上数据代入式(5-1)、式(5-2)即可求出 A 点坐标。

● 若考虑图纸的伸缩变形，还应量取 ab 和 ad 的长度。

将以上数据代入式(5-3)、式(5-4)即可求出 A 点坐标。

2. 认真观察图 5-19，确定地面 K 点的高程。

● 由图可知，点 a、b 位于等高线上，直接读取，则 $a=26\text{m}$，$b=29\text{m}$。

● K 点位于高程为 27m 和 28m 两等高线之间，可用比例内插法求得该点的高程。

● 过 K 点作两条等高线的公垂线，交等高线于 m、n 点，如图 5-19 所示。

● 量取 mn 和 mk 的长度分别为 1cm 和 0.8cm，计算出 mk 与 mn 的比值为 0.8，代入式 (5-5)即可求得：

$$H_k = H_m + \frac{mk}{mn} \times h = 27\text{m} + 0.8 \times 1\text{m} = 27.8\text{m}$$

3. 认真观察图 5-20，确定地面 K 点的高程。

● 由图可知，K 点在地形点之间，可用比例内插法求得该点的高程。

● 连接 AB，再连接 CK 并延长与 AB 交于 D 点。

AB 方向的高差 $h_{AB}=31.45\text{m}-30.24\text{m}=1.21\text{m}$。

● 在图上量取 AB 和 AD 的图上长度分别为 5cm 和 3.2cm，则 $AD/AB=0.64$。

代入式(5-5)，计算出 D 点高程：

$$H_D = H_A + \frac{AD}{AB} \times h_{AB} = 30.24\text{m} + 0.64 \times 1.21\text{m} = 31.01\text{m}$$

则 CD 高差为：

$$h_{CD} = 31.01\text{m} - 29.36\text{m} = 1.65\text{m}$$

● 量取 CD、CK 的图上长度分别为 10cm 和 7.3cm，$CK/CD=0.73$，用式(5-5)即可计算出 K 点的高程：

$$H_K = H_C + \frac{CK}{CD} \times h_{CD} = 29.36\text{m} + 0.73 \times 1.65\text{m} = 30.56\text{m}$$

注意：通常用目估法确定地形图上点的高程。

○ 考核评价

由学生自评，完成表 5-3。

表 5-3 成绩考核评价表

任务 5-3 测量点位坐标和高程			
学习目标	评价内容	评价结果	
		A	B	C
知识目标	1. 掌握确定地面点的方法			
	2. 熟知地面点高程的确定方法			
能力目标	1. 能进行地面点坐标的确定			
	2. 能确定地面点的高程			
素质目标	1. 具备民族自豪感和自信心			
	2. 具备家国情怀和使命担当			
综合评价				

○ **巩固训练**

1. 地面点高程的确定方法有哪些?
2. 如何确定地面点坐标?

○ **知识拓展**

地图的分析方法

地图的分析方法,是根据地图信息和各种制图对象进行分析和解译的方法,以便确定制图对象的分布规律、区域特征、动态变化以及各现象间的相互关系。分析的目的,是为了利用地图提供所需要的各种科学依据,地图分析带有一定研究性质。在这里,地图既是研究手段,又是研究对象,苏联地图学者称其为地图研究法,欧美国家一般称其为地图分析法国内也有人称其为地图方法的。地图分析的主要方法有量算分析法、图解分析法、数理统计分析运集模型分析法等。

量算分析法就是在地图上量测各种制图物体的平面坐标、垂直于平面坐标面的竖坐标(如高程、深度、厚度),物体的长度与距离、面积、体积与容积、方位与方位角等。根据地图比例尺和地图投影对各种量测精度做出评价,亦属于地图量测研究内容。

(1)图上地理点位坐标的量算

在地图上地理点位坐标包括地理点位的平面坐标和竖坐标,其中地理点位的平面坐标,包括地理坐标(ψ, λ)和平面直角坐标(x, y)。

地理点位的地理坐标的计算地理坐标是以纬度和经度计算的全球统一坐标,它以起始子午线与赤道的交点为坐标原点。地形图的4个内图廓点都有经纬度标记,据此及经纬线可定地面点的地理位置。

如图5-21所示,欲求地理点 P 的地理坐标(ψ, λ)。首先从地形图上的分度带绘制出

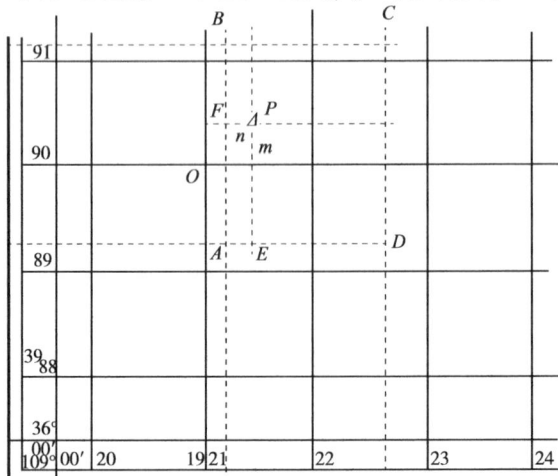

图5-21 点位地理坐标的量算

靠近 P 点的 109°01′和 109°02′两条经线以及 36°01′和 36°02′两条纬线，构成 $ABCD$ 经纬网格（即图中虚线构成的矩形）；然后过 P 点作两条垂线 PE 和 PF，并精确量出 PE、PF 及经差 1′(AD) 和纬差 1′(AB) 的数值（长度），则有下列关系式：

$$AD/60″=PF/\Delta\lambda \qquad AB/60″=PE/\Delta\psi \tag{5-6}$$

在图 5-21 中量算出：$AD=30$mm，$PF=4$mm，$AB=35$mm，$PE=23$mm。将这些数值代入关系式，计算得到：$\Delta\lambda=8″$，$\Delta\psi=39.4″$。则 P 点的地理坐标为：

$$\psi_p=36°01′+39.4″=36°01′39″（纬度）$$
$$\lambda_p=109°01′08″=109°01′08″（经度）$$

任务 5-4　确定两点间距离、方位角及坡度

○ 工作任务

认真观察图 5-22、图 5-23，详细描述确定两点间方位角距离和坡度的方法，并进行图上直线方位角、距离和坡度测量。

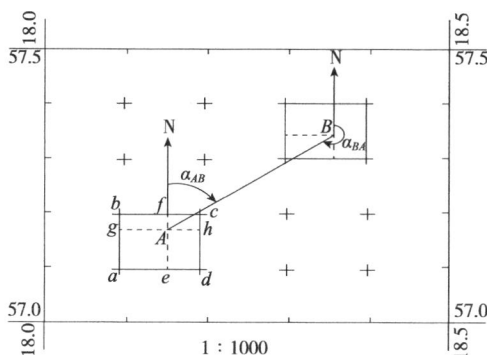

图 5-22　方位角、直线距离及坡度测量

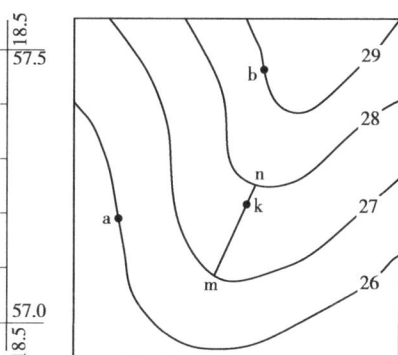

图 5-23　确定地面坡度

○ 知识准备

1. 确定两点间直线的方位角

坐标方位角表示平面直角坐标系中某一直线与坐标主轴（X 轴）之间的夹角，从主轴起算，顺时针方向自 0°～360°。确定两点间直线的坐标方位角，有以下两种方法。

（1）图解法

图 5-22 所示，求直线 AB 的坐标方位角 α_{AB} 时，先过 A、B 两点分别作坐标格网纵线的平行线，然后用量角器的中心分别对准 A、B 两点，量出直线 AB 的坐标方位角 α'_{AB} 和直线 BA 的坐标方位角 α'_{BA}，则根据以下公式得出方位角：

$$\alpha_{AB}=(\alpha'_{AB}+\alpha'_{BA}\pm180°)/2 \tag{5-7}$$

（2）解析法

先求出 A、B 两点的坐标，代入下列公式即可求得直线 AB 的坐标方位角 α_{AB}：

确定两点间距离、方位角及坡度

· 173 ·

$$\alpha_{AB} = \arctan \frac{y_B - y_A}{x_B - x_A} \tag{5-8}$$

2. 确定两点间的距离

（1）图解法

如图 5-22 所示，欲求 A、B 两点间的距离，可以直接用直尺量取 A、B 两点间的图上长度 d_{AB}，并按比例尺换算为实际的水平距离 D_{AB}，即：

$$D_{AB} = d_{AB} \times M \tag{5-9}$$

式中　M——地形图比例尺分母。

另外，可直接用卡规两脚在图上卡出两点位置，即可直接在直线比例尺上得出其对应的实地水平距离。在大比例地形图上可直接用三棱比例尺量取两点间的实地水平距离。

（2）解析法

当需要确定 A、B 两点间的水平距离 D_{AB} 时，可将已求得的 A、B 两点的坐标值 x_A、y_A 和 x_B、y_B，代入下列公式，即可计算两点间的水平距离 D_{AB}：

$$D_{AB} = \sqrt{(x_B - x_A)^2 + (y_B - y_A)^2} \tag{5-10}$$

3. 确定地面坡度

（1）公式量算

首先在地形图上求得两点间直线的实地水平距离 D 及两点间的高差 h，而后计算高差与水平距离之比，即为坡度（i）：

$$i = \frac{h}{D} = \frac{h}{d \times M} \tag{5-11}$$

式中　h——两点间高差；

　　　　D——实地水平距离；

　　　　d——图上量得的长度；

　　　　M——地形图比例尺分母。

坡度 i 有正有负，正号表示上坡，负号表示下坡，常用百分率（%）或千分率（‰）表示。

（2）坡度尺量算

通过坡度尺可直接在地形图上分别测定 2~6 条相邻等高线间任意方向线的坡度。具体方法为：先用两脚规量取图上 2~6 条等高线间的宽度，然后在坡度尺上做比对，在相应垂线下方即可读出它的坡度，注意卡量的等高线条数要与在坡度尺上比对的条数一致，如图 5-24 所示。

当地形图上两点分别位于两相邻等高线上时，相邻等高线之间的坡度可以认为是均匀的，因此所求得的坡度与实地坡度相等；若直线穿过几条等高线，并且相邻等高线之间的平距不等，则地面坡度不均匀，因此求得的坡度是两点间的平均坡度。

○ 任务实施

1. 认真观察图 5-22，确定 AB 两点间直线的坐标方位角 α_{AB}

• 应用图解法确定时，先过 A、B 两点分别作坐标格网纵线的平行线，再用量角器的

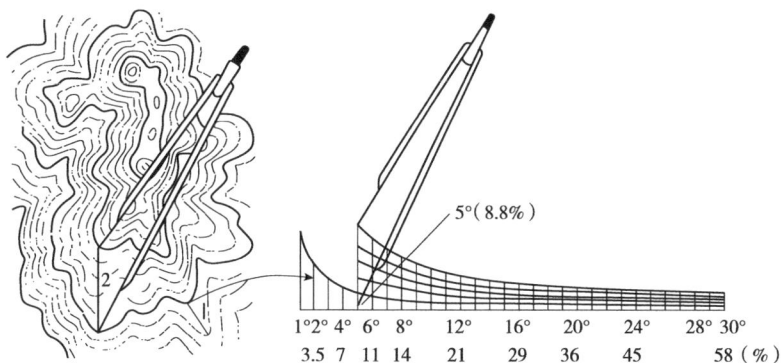

图 5-24　用坡度尺比量坡度

中心分别对准 A、B 两点，量出直线 AB 的坐标方位角 α'_{AB} 和直线 BA 的坐标方位角 α'_{BA}，代入式（5-7），计算方位角 α'_{AB}。

- 应用解析法时先求出 A、B 两点的坐标为 (x_A, y_A)，(x_B, y_B)，再将坐标代入式（5-8），计算方位角 α_{AB}。

2. 认真观察图 5-22，假设基本图比例尺为 1∶2000，试确定两点间直线距离

- 应用图解法时，先直接用直尺量取 A、B 两点间的图上长度 d_{AB}，将其代入式（5-9），换算为实际的水平距离 D_{AB}。
- 应用解析法时，先求得 A、B 两点的坐标为 (x_A, y_A) 和 (x_B, y_B)，再将坐标代入式（5-10），计算水平距离 D_{AB}。

3. 认真观察图 5-23，假设本图比例尺为 1∶2000，试确定地面的坡度 i

- 量取 m、n 两点间水平距离 $D=10\text{mm}$。
- 求得 m、n 两点间的高差 $h=1\text{m}$。
- 代入式（5-11），计算坡度 $i=5\%$。

考核评价

由学生自评，完成表 5-4。

表 5-4　成绩考核评价表

任务 5-4　确定两点间距离、方位角及坡度				
学习目标	评价内容	评价结果		
		A	B	C
知识目标	1. 熟悉方位角的概念和测量方法			
	2. 掌握距离和坡度量算方法			
能力目标	1. 会量算直线方位角			
	2. 能够求取直线距离和地面坡度			
素质目标	1. 培养学生的民族自豪感和自信心			
	2. 激发学生的家国情怀和使命担当			
综合评价				

○ **巩固训练**

1. 什么是坐标方位角？
2. 在地形图上如何确定两点间距离、方位角及地面坡度？

○ **知识拓展**

最佳路线选定

在进行线路工程设计时，往往需要在坡度 i 不超过某一数值的条件下选定一条最短的路线，也就是限定的坡度选定最佳路线。已知图 5-25 的比例尺 M 为 1：1000，等高距 $h=$ 1m，现需要从河边 A 点至山顶修一条坡度 i 不超过 2/100 的道路，在地形图上选定符合要求的最短路线的具体方法如下。

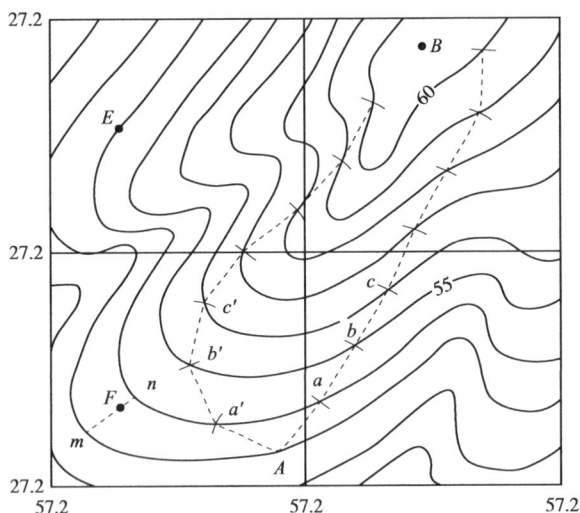

图 5-25 选定最佳路线

首先，计算规定坡度下，通过相邻两等高线间的实地水平距离 D 为：$D=\dfrac{h}{i}=\dfrac{1}{2\%}=50\text{m}$。

换算为图上距离为：$d=\dfrac{M}{D}=\dfrac{50}{1000}=50(\text{mm})$。

然后，以 A 点为圆心，以 d 为半径画圆弧，交高程为 54m 等高线 a 点，再以 a 点为圆心，以 d 为半径画圆弧，交高程为 55m 等高线于 b 点，依次类推，直至路线到达山顶为止。将相邻各点用直线连接起来，即为符合要求的最短路线如果某相邻两等高线间的平距大于 50mm，则说明该段地面小于规定的坡度，此时该段路线就可以向任意方向铺设，在实际操作中，在地面坡度小于规定坡度的地段可用直尺沿路线方向直线连接通过。

任务 5-5　汇水面积量算

○ 工作任务

认真观察图 5-26 的图面信息，描述汇水面积量算的具体流程，并说明确定汇水面积边界线时应注意的要点。

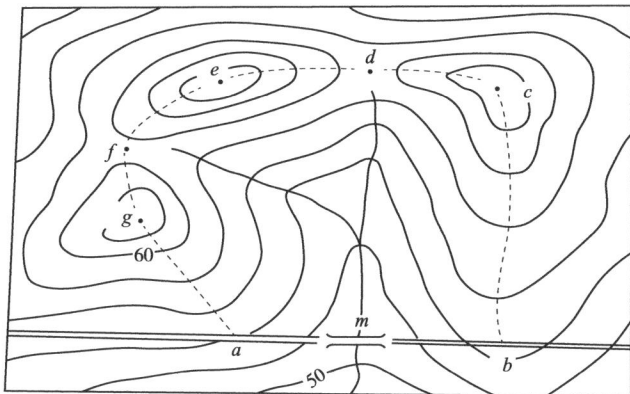

图 5-26　汇水面积量算

○ 知识准备

道路修筑时常常要跨越河流或山谷，因此桥梁或涵洞的修建是不可避免的，相应地，兴修水库也需要筑坝拦水。在这些工程中，无论是桥梁、涵洞孔径的大小，水坝的设计位置与坝高，还是水库的蓄水量等，都取决于汇集在这个地区的水流量，汇集水流量的面积即为汇水面积。

量算得到江水面积的大小，再与气象水文资料相结合，便可进一步确定流经公路 m 处的水量，从而为桥梁或涵洞的孔径设计提供可靠依据。

汇水面积
量算

○ 任务实施

1. 认真观察图 5-26，描述汇水面积量算的具体流程

• 选定边界线：雨水是沿山脊线(分水线)向两侧的山坡分别流下，故汇水面积的边界线是由周边系列山脊线连接而成。

• 由图 5-26 可以得出，山脊线 bc、cd、de、ef、fg、ga 与公路上的 ab 线段所围成的面积即为该山谷的汇水面积。

• 量测该面积的大小。

2. 认真观察图 5-26，说明确定汇水面积边界线时应注意的要点

• 汇水面积的边界线(除公路 ab 段外)应和山脊线一致，并且与等高线垂直。

• 汇水面积的边界线是经过山脊线、山头和鞍部的一系列曲线，并与河谷的指定断面

(公路或中心线)闭合。

○ 考核评价

由学生自评，完成表5-5。

表 5-5 　成绩考核评价表

任务 5-5 　汇水面积量算				
学习目标	评价内容	评价结果		
		A	B	C
知识目标	1. 了解汇水面积的概念			
	2. 掌握确定汇水面积的依据			
	3. 熟悉确定汇水面积的意义			
能力目标	1. 能准确描述确定汇水面积的依据			
	2. 能够在地形图上确定汇水面积			
素质目标	1. 培养学生的民族自豪感和自信心			
	2. 激发学生的家国情怀和使命担当			
综合评价				

○ 巩固训练

1. 什么是汇水面积？汇水面积确定的依据有哪些？
2. 阐述确定汇水面积的意义。

○ 知识拓展

地形图面积量算方法

在地形图上量算面积的方法有解析法、图解法、仪器法等。解析法是根据图形轮廓转折点的坐标，用公式进行计算。图解法是根据图形的特点，将图形分成若干便于计算的简单图形，分别量算后再求总和。仪器法是使用求积仪或计算机数字化仪等，对图形轮廓进行跟踪，计算出图形面积。下面介绍几种常用的方法。

1. 解析法

当求解图形为任意多边形，且图形轮廓转折点的坐标已在地形图上量出或实地测定出时，可以用解析公式计算图形面积。

如图 5-27 所示，五边形 12345 各顶点坐标已知，点号为逆时针编号。由图可知，多边形 12345 的面积 S 为梯形 1′155′加上梯形 5′544′的面积减去梯形 1′122′与梯形 2′233′和 3′344′的面积，即：

$$S=(y_1+y_5)(x_1-x_5)/2+(y_5+y_4)(x_5-x_4)/2-(y_1+y_2)(x_1-x_2)/2-$$

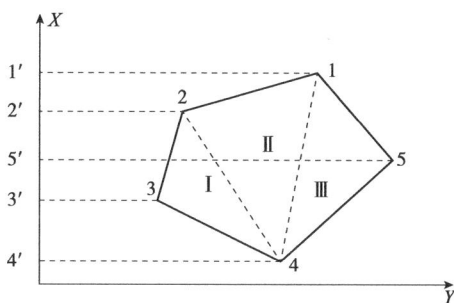

图 5-27　解析法

$$(y_2+y_3)(x_2-x_3)/2-(y_3+y_4)(x_3-x_4)/2$$

整理后得

$$S=\left[y_1(x_2-x_5)+y_2(x_3-x_1)+y_3(x_4-x_2)+y_4(x_5-x_3)+y_5(x_1-x_4)\right]/2 \tag{5-12}$$

或

$$S=\left[x_1(y_5-y_2)+x_2(y_1-y_3)+x_3(y_2-y_4)+x_4(y_3-y_5)+x_5(y_4-y_1)\right]/2 \tag{5-13}$$

推广至 n 边形，则

$$S=\sum x_k(y_{k-1}-y_{k+1})/2 \tag{5-14}$$

或

$$S=\sum y_k(x_{k+1}-x_{k-1})/2 \tag{5-15}$$

应用以上公式计算出两个结果，可相互检核。

若点号为顺时针编号，则

$$S=\sum x_k(y_{k+1}-y_{k-1})/2 \tag{5-16}$$

或

$$S=\sum y_k(x_{k-1}-x_{k+1})/2 \tag{5-17}$$

应用式(5-14)~(5-17)计算时应注意：无论点号是顺时针编号还是逆时针编号，当 $k=1$ 时，$k-1=n$；当 $k=n$ 时，$k+1=1$。

2. 几何图形法

当所量算的图形范围界线是由直线或圆弧与直线构成的几何图形时，可将图形划分为若干个简单的几何图形，在图上量取计算面积所需的元素长、宽、高等，采用几何学上求面积的公式来计算。

如图 5-27 所示，欲求五边形 12345 的面积，可以先将其划分成Ⅰ、Ⅱ、Ⅲ 3 个三角形，求出各三角形面积，其面积总和即为整个多边形的面积。

为了进行校核和提高面积量算的精度，应对同一几何图形重新划分，按两种方案计算，两次结果相差在允许范围以内，取两次的平均值作为最终的量算值。

3. 方格法

如图 5-28 所示，将透明方格纸覆盖在被量测的图形上，先数出图形内整方格数 n_1，再数出不完整的方格数 n_2，则该图形所代表的实地面积 S 为：

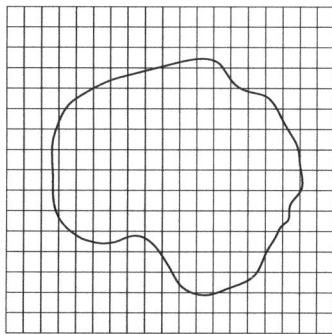

图 5-28　方格法

$$S=\left(n_1+\frac{n_2}{2}\right)\times a\times M^2 \tag{5-18}$$

式中 a——一个整方格的图上面积；

S——实地面积；

n_1——整方格数；

n_2——不完整方格数；

M——地形图比例尺分母。

4. 平行线法

如图 5-29 所示，将绘有间隔 1mm 或 2mm 平行线的透明纸覆盖在被量测图形上，转动和平移透明纸使图形与上下平行线相切，则整个图形被平行线分成若干个等高的近似梯形，梯形的高为平行线的间距 h，底分别为图形截割各平行线的长度 L_1，L_2，…，L_n，则各梯形的面积分别为：

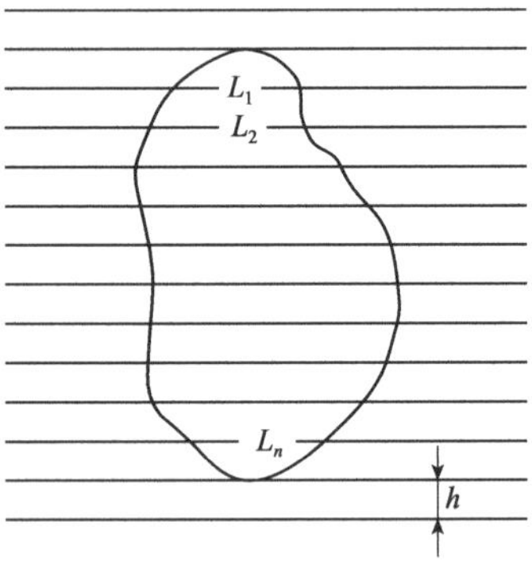

图 5-29 平行线法

$$S_1=h(0+L_1)/2$$
$$S_2=h(L_1+L_2)/2$$
$$S_3=h(L_2+L_3)/2$$
$$\cdots\ \cdots\ \cdots\ \cdots\ \cdots$$
$$S_n=h(L_n-1+L_n)/2$$
$$S_{n+1}=h(L_n+0)/2$$

图形总面积 S 为：

$$S=S_1+S_2+S_3+\cdots+S_n+S_{n+1}=(L_1+L_2+\cdots+L_n)h \tag{5-19}$$

5. 求积仪法

求积仪是一种应用积分求面积原理来测定图形面积的仪器，主要由极轴、极轮、键盘、显示屏、描迹臂、描迹窗构成(图 5-30)。它能测定任意形状的图形面积，能自动记录和显示，操作简便，速度快，且能保证一定的精度。下面介绍电子求积仪的性能和使用方法。

(1)电子求积仪的性能

①可设定被量测面积的单位。

②在对某一图形反复进行测定后，自动显示其平均值。

③可在对某几块图形分别进行测定后，自动显示累加值。

④可同时进行累加和平均值测量。

(2)电子求积仪的使用方法

使用时，先将扫描放大镜置于图形中心，使滚轴与描迹臂成 90°角，然后打开电源，设定单位和比例尺。在图形边缘上选一个量算起点，将扫描放大镜对准该点后，按开始键，用扫描放大镜顺时针沿图形边界扫描一周回到起点，显示数值即为图形实地面积(图 5-31)。如重复量测同一面积取其平均值作为最后的结果，该平均值在按功能键后可自动显示。

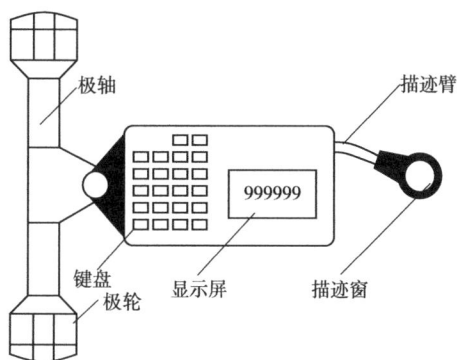

图 5-30 电子求积仪的构成

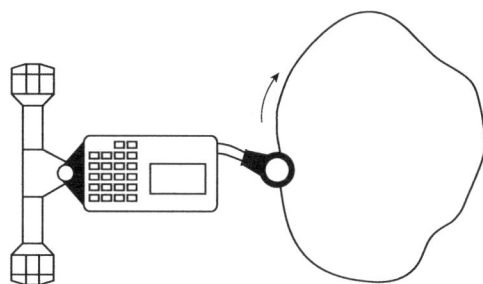

图 5-31 电子求积仪使用方法

任务 5-6 绘制地形纵断面图

○ 工作任务

认真观察图 5-32 的图面信息，进行纵断面图绘制，并说明纵断面图的功能。

○ 知识准备

断面图是表示沿着某一方向的地面起伏状况的一种图。它是以距离为横坐标，高程为纵坐标绘出的，在线路工程设计中，为了对填挖方量进行概预算，同时合理地确定线路的纵坡，均需要掌握沿线路方向的地面起伏情况，因此，经常需要运用地形图来绘制沿设计线路方向的纵断面图。

绘制地形纵断面图

若断面通过山顶、山脊或者山谷处的高程变化点，可根据比例尺内插法求得。绘制断面图时，为了让地面起伏变化更加突出，高程比例尺应为水平比例尺的 10~20 倍。

○ 任务实施

1. 认真观察图 5-32，假设该地形图比例尺为 1 : 2000，MN 方向为铁路设计线路，试作 MN 方向纵断面图

- 在绘图纸(或方格纸)上绘制水平线 MN，作为水平距离的轴线。
- 过 M 点作 MN 的垂线，作为高程轴线。
- 用卡规在地形图上分别卡出 M 点至 a、b、c、$\cdots$、i、N 各点的距离。
- 在绘图纸上根据各点的距离，在水平距离轴线上标出相应的 a、b、c、$\cdots$、i、N 等点。
- 在地形图上读取各点的高程。
- 在水平距离轴线上，向上作各点的垂线，与其高程对应的水平线相交，以交点为高程线顶点，即为各点的地面位置。需注意，为使地面起伏更明显，此处将高程比例尺设定为水平比例尺的 10 倍，即 1 : 200。

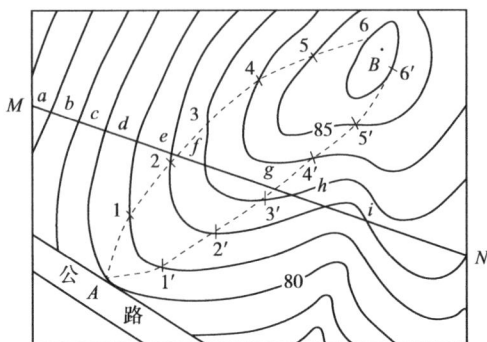

图 5-32　铁路方向示意图

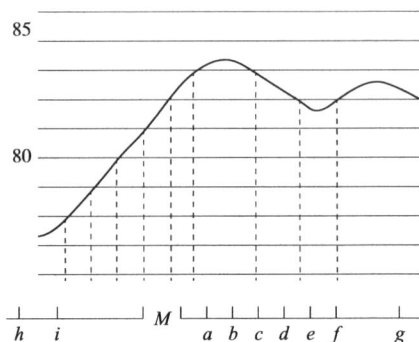

图 5-33　线路纵断面图

● 用光滑的曲线将各点(高程线顶点)连接即可得到 *MN* 方向纵断面图, 结果如图 5-33 所示。

2. 指出该纵断面图的可能功能

● 概算填挖方量; 合理确定线路纵坡。

○ 考核评价

由学生自评, 完成表 5-6。

表 5-6　成绩考核评价表

任务 5-6　绘制地形纵断面图				
学习目标	评价内容	评价结果		
		A	B	C
知识目标	1. 掌握断面图的功能			
	2. 掌握纵断面图绘制的方法与流程			
能力目标	1. 能够利用地形图绘制纵断面图			
	2. 会识别纵断面图			
素质目标	1. 培养学生的民族自豪感和自信心			
	2. 激发学生的家国情怀和使命担当			
综合评价				

○ 巩固训练

1. 怎样利用地形图绘制纵断面图?

2. 详细说明纵断面图的功能。

知识拓展

断面图的绘制

绘制断面图的方法有四种：①由坐标文件生成；②根据里程文件生成；③根据等高线生成；④根据三角网图生成。

1. 由坐标文件生成

坐标文件是指野外观测的包含高程点的文件，此处以 CASS 软件为例，具体生成方法如下。

①用复合线生成断面线。

②点击选择"工程应用"—"绘断面图"—"根据已知坐标"命令。系统提示：选择断面线，用鼠标点取上步所绘断面线。

③屏幕上弹出断面线上取值对话框（图 5-34），如果在"选择已知坐标获取方式"栏中选择"由数据文件生成"，则在"坐标数据文件名"栏中选择高程点数据文件。如果选"由图面高程点生成"，则此步骤为在图上选取高程点，前提是图面存在高程点，否则此方法无法生成断面图。

④输入"采样点间距"，系统的默认值为 20m。采样点间距的含义是复合线上两顶点之间若大于此间距，则每隔此间距内插一个点。输入"起始里程"，系统默认起始里程为 0。

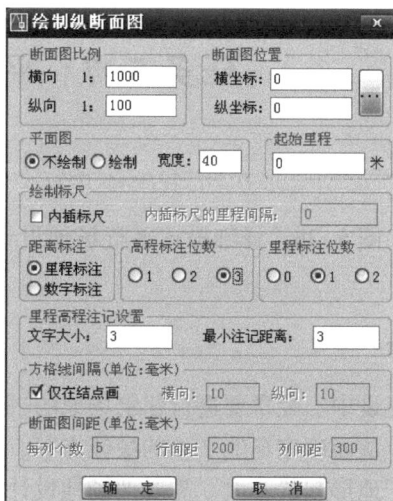

⑤点击"确定"，屏幕弹出绘制纵断面图对话框（图 5-35）。输入相关参数，如横向比例为 1∶1000，系统的默认值为 1∶500，可更改比例尺；纵向比例为 1∶100，系统的默认值为 1∶100，可更改比例尺；断面图位置可以手工输入，亦可在图面上拾取；可以选择是否绘制平面图、标尺、标注，以及其他关于注记的设置。

⑥点击"确定"，在屏幕上出现所选断面线的断面图。

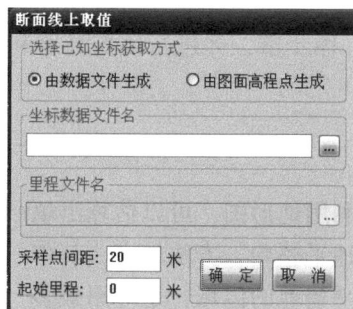

图 5-34　断面线上取值对话框　　图 5-35　绘制纵断面图对话框

2. 由里程文件生成

(1) 由复合线生成里程文件

① 执行本命令前在图上画一条穿等高线的断面线 (必须是复合线)。

② 点击选择"工程应用"—"生成里程文件"—"由复合线生成"命令。系统提示：选择断面线，选取好断面线后弹出断面线上取值对话框。

③ 在提示保存文件对话框中给出目标文件名，再选择事先画好的断面线，根据系统提示输入"起始里程"及"采样间距"，点击"确定"即可生成里程文件。

此外，生成里程文件的方法还有由纵断面线生成、由等高线生成、由三角网生成，以上 3 种方法都可根据系统提示进行操作生成里程文件。

(2) 根据里程文件绘制断面图

一个里程文件可包含多个断面的信息，此时绘断面图就可一次绘出多个断面。里程文件的一个断面信息内允许有该断面不同时期的断面数据，这样绘制这个断面时就可以同时绘出实际断面线和设计断面线，具体操作方法同由坐标文件生成断面。

3. 由等高线生成

如果图面存在等高线，则可以根据断面线与等高线的交点来绘制纵断面图。

选择"工程应用"—"绘断面图"—"根据等高线"命令，系统提示：请选取断面线，选择要绘制断面图的断面线。

屏幕弹出绘制纵断面图对话框，操作方法同由坐标文件生成断面。

4. 由三角网生成

如果图面存在三角网，则可以根据断面线与三角网的交点来绘制纵断面图。

点击选择"工程应用"—"绘断面图"—"根据三角网"命令，系统提示：请选取断面线，选择要绘制断面图的断面线。

屏幕弹出绘制纵断面图对话框，操作方法同由坐标文件生成断面。

任务 5-7　平整场地设计

○ 工作任务

认真观察图 5-36，详细描述平整场地设计的具体步骤，并进行填挖高度和土方量的计算。

○ 知识准备

在工程建设中，经常要进行建筑场地的平整。利用地形图，可以估算出填挖土石方量，从而确定场地平整的最佳方案。在场地平整中，方法较多，其中方格法适用于地形起伏不大、需要把场地设计为水平场地的区域，是应用最多的一种方法。

平整场地
设计

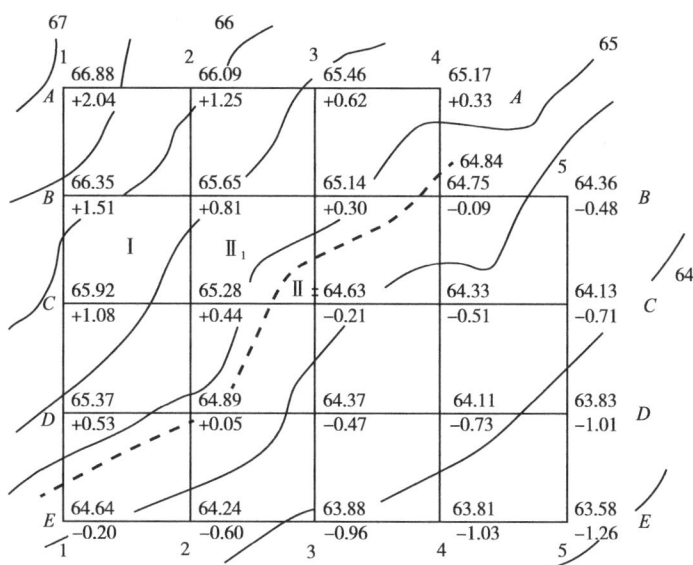

图 5-36 平整场地

○ 任务实施

1. 图 5-36 所示为一块需平整的场地，比例尺 1：1000，等高距 0.5m，现要求将划定区域平整为某一设计高程的平地，满足填方、挖方平衡的要求，请详细描述平整场地设计的具体步骤

- 在拟平整的场地范围内打上方格，方格的大小取决于地形的复杂程度和土方估算的精度，方格的边长一般对应实地大小 10m、20m、50m。
- 用内插法或目估法求算出各方格顶点的高程，并注记于相应点的右上角。
- 把每个方格 4 个顶点的高程相加除以 4，即可得到每一方格的平均高程 H_i，再将每一方格的平均高程相加除以方格数，则可得到填挖方基本平衡的设计高程 H_0，即：

$$H_0 = (H_1 + H_2 + \cdots + H_n)/n = \sum H/n \tag{5-20}$$

式中　H_n——每个方格的平均高程；

　　　n——总方格数。

- 为了便于计算，角点 $A1$、$A4$、$B5$、$E1$、$E5$ 的高程在计算中只用了一次，边点 $A2$、$A3$、$B1$、$C1$、$C5$、$D1$、$D5$、$E2$、$E3$、$E4$ 的高程在计算中用过两次，拐点 $B4$ 的高程在计算中用过 3 次，其他中间点 $B2$、$B3$、$C2$、$C3$、$C4$、$D2$、$D3$、$D4$ 的高程在计算中用过 4 次，所以式 (5-20) 可以写成：

$$H_0 = (\sum H_{角} + 2\sum H_{边} + 3\sum H_{拐} + 4\sum H_{中})/4n \tag{5-21}$$

- 用以上公式对图 5-36 进行计算，得出其设计高程 H_0 为 64.84m。在图 5-36 中用虚线画出 64.84m 的等高线就是填方和挖方的分界线，或称为零线。

2. 计算图 5-36 各方格顶点的填挖高度

- 根据设计高程和方格顶点的地面高程，能够计算出每个方格顶点的填、挖高度，即：

$$填(挖)高度 = 地面高程 - 设计高程 \qquad (5\text{-}22)$$

• 如图 5-36 所示，正号为挖方，负号为填方。将各个方格的填、挖高度写在相应方格顶点的右下角。

3. 计算图 5-36 平整场地所需填挖土方量

• 分别按下式计算角点土方量 $V_角$、边点土方量 $V_边$、拐点土方量 $V_拐$、中点土方量 $V_中$：

$$V_角 = h_角 \times \frac{1}{4} P_格 \qquad (5\text{-}23)$$

$$V_边 = h_边 \times \frac{2}{4} P_格 \qquad (5\text{-}24)$$

$$V_拐 = h_拐 \times \frac{3}{4} P_格 \qquad (5\text{-}25)$$

$$V_中 = h_中 \times \frac{4}{4} P_格 \qquad (5\text{-}26)$$

式中　$h_角$——角点方格顶点的填挖高度；

　　　$h_边$——边点方格顶点的填挖高度；

　　　$h_拐$——拐点方格顶点的填挖高度；

　　　$h_中$——中点方格顶点的填挖高度；

　　　$P_格$——每一方格内的实地面积。

• 由图 5-36 可知，挖方方格点共 11 个，填方方格点共 13 个。先分别计算出各点处的填挖方量，再计算填方量总和与挖方量总和，填方量总和和挖方量总和应大致相等。

○ 考核评价

由学生自评，完成表 5-7。

表 5-7　成绩考核评价表

任务 5-7　平整场地设计			
学习目标	评价内容	评价结果		
		A	B	C
知识目标	1. 了解平整场地的概念和意义			
	2. 掌握平整场地方法和挖填土方量的计算方法			
能力目标	1. 会准确描述平整场地方法，并进行设计高程的计算			
	2. 会计算填挖土石方量			
素质目标	1. 依法规范自己的行为意识和习惯			
	2. 团队协助、团队互助			
综合评价				

○ **巩固训练**

1. 什么是平整场地?
2. 描述平整场地的具体方法。
3. 认真观察图 5-37(比例尺为 1:5000),选择某区域用方格网法计算填挖土方量。

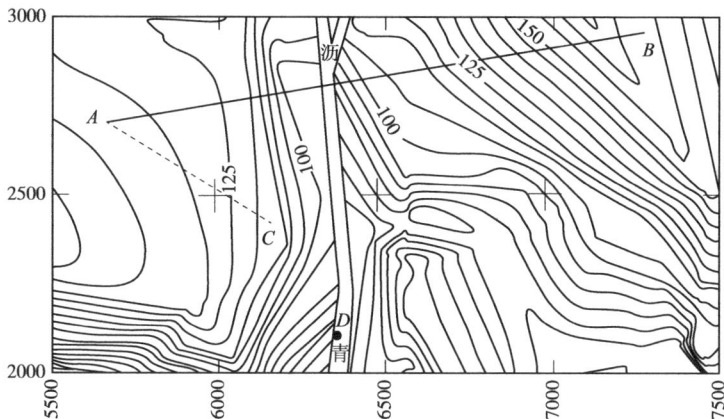

图 5-37　局部地形图(1:5000)

○ **知识拓展**

平整场地为倾斜面的设计方法

当地形起伏较大,平整场地时考虑排水需要,往往设计成具有一定坡度的倾斜场地,此时可用图解法估算土方量。如图 5-38 所示,在 $AA'B'B$ 范围内由北向南设计一坡度为 5% 的倾斜场地。设该图的比例尺为 1:2000,等高距为 1m。估算土方量的具体步骤如下。

1. 确定填挖分界线

先根据-5%的设计坡度计算高差为 1m 的图上平距 d。

$$d = \frac{h}{i \times M} = \frac{1m}{5 \times 2000} = 0.01m = 1cm \tag{5-27}$$

式中　d——图上平距;

　　　h——等高距;

　　　M——比例尺;

　　　i——设计坡度正值×100。

再在图上做 AA' 的平行线,每条平行线间距为 2cm,分别为 1-1′、2-2′、3-3′、4-4′,其相应高程分别为 66m、65m、64m、63m,即是场地设计的等高线。

设计等高线与原地面相同高程的等高线的交点即表示不填不挖点,将这些点连成虚线,此虚线就是填挖分界线。如图 5-38 所示,a-b-c-d-e-f 和 a'-b'-c' 两条虚线都是填挖

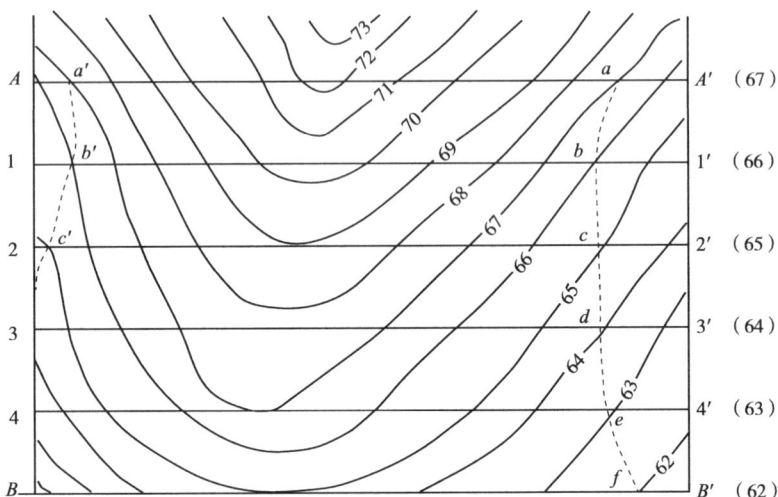

图 5-38　场地平整(倾斜面)

分界线。

2. 估算土方量

可利用断面法估算土方量，具体步骤如下。

①绘制断面图。根据各设计等高线与图上原有等高线，绘制各断面的断面图，此断面图以设计等高线高度为高程起点。设计等高线与地表面所围成的部分即为填、挖面积，位于设计等高线上方的是挖方面积，位于设计等高线下方的是填方面积。

②量算各断面填、挖方的面积。

③计算各相邻断面间的填挖土方量。该土方量可以由 2 个相邻断面的面积取平均值，再乘以它们之间的距离而近似求出，如图 5-39 所示，可估算出 $A\text{-}A'$ 与 $1\text{-}1'$ 之间的挖、填土方量为：

挖方：
$$V_{A-1} = \frac{P_{A-A'} + P_{1-1'}}{2} \times L \qquad (5-28)$$

填方：
$$V'_{A-1} = \frac{(P'_{A-A'} + P''_{A-A'}) + (P'_{1-1'} + P''_{1-1'})}{2} \times L \qquad (5-29)$$

式中　L——两断面间的实地距离；

$\quad\quad$ V_{A-1}——挖方土方量；

$\quad\quad$ $P_{A-A'}$、$P_{1-1'}$——相邻断面面积；

$\quad\quad$ V'_{A-1}——填方土方量；

$\quad\quad$ $P'_{A-A'}$、$P''_{A-A'}$、$P'_{1-1'}$、$P''_{1-1'}$——相邻填方断面面积。

用同样方法可计算各相邻断面间的土方量，然后累加，即得总的填挖土方量。

注意用断面法计算土方量时，相邻两断面面积差异不宜太大。

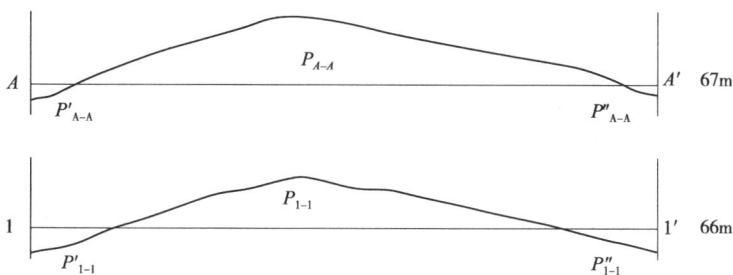

图 5-39 断面图

任务 5-8 地形图在林地面积量算中的应用

工作任务

详细描述地形图在林地面积量算中的应用，并指出应用的注意事项。

知识准备

地形图对林业生产有重要的意义，如森林调查、林地的位置和四至界线的确定、林业生产施工设计验收、林地管护质量检查等都要用到地形图。通过地形图可以很容易划分地类，核实林地的位置和林地的边界，进行造林、抚育施工设计与验收，量算施工范围面积，并根据量算的面积，以地形图为底图来完成造林和抚育方式、密度、需苗量、资金投入情况的规划以及防火道施工设计与验收等。

地形图在林地面积量算中的应用

任务实施

1. 依据地形图，确定林地的位置和四至界线

● 确定站立点。确定站立点，就是在现地用图中，把自己站立的实地位置，准确地在地形图上找出。一般可通过护林员掌握林地方位和地形特征，确定站立点在地形图上的具体位置。

● 将地形图与现有地形一一对照，对照地形时，一般先对照特征明显的地形，后对照一般地形，再由近及远、由点到线，分区域逐步地进行对照。

● 核实林地的准确位置和四至界线。

2. 利用地形图进行林业生产施工设计验收

（1）造林、抚育施工设计与验收

● 第 1 步，确定施工范围，把符合施工要求的林地的四至界线标注到地形图上。

● 第 2 步，在地形图上量算施工范围的面积。

● 第 3 步，根据量算的面积，确定规划造林、抚育的方式、密度、需苗量、投劳量及资金投入情况等。

● 第 4 步，施工完毕，通过地形图对施工质量合格的林地实施验收。

（2）防火道施工设计与验收

• 根据用工单价和施工用资总额量算砍修防火道的面积。验收时要核实是否按设计进行施工，要去除未施工的路段，并在地形图上标注，核算出实际砍修长度和面积。

（3）利用地形图进行林地管护质量检查

• 核实受损面积。在地形图上，可以根据发生火灾的林地界限、被盗林木的范围、病虫害发生的区域、征(占)用林地的规模等进行标注，并求算面积，再依据损害程度估算损失金额。

• 林木防盗检查。采用样带标准地调查法，在林地中随机选取线路，并在地形图上标注，样带面积不小于小班面积的10%。检查时需要注意：根据任务在图上选定行进路线；出发点需要标定在地形图上；行进中要特别注意经过的每个岔路口、转弯点等，随时记录自己在地形图上的位置，才能在抽取的样带标准地中确定林木被盗的株数和范围，从而根据被盗率推算被盗损失金额。

3. 指出地形图应用的注意事项

• 现地对照地形图时，站立点应选在较高处，居高临下或对坡识图，视野开阔、特征明显。

• 对照时要从特征明显的地形、地物开始对照。

• 对照地图时必须多到实地检验、多看多比较，反复修改，消除读图误差。

• 对照过程中，要边对照边记忆，逐渐形成地形与地图的统一概念。

• 若要用复印的地形图进行面积量算，要注意图纸的伸缩误差。

○ 考核评价

由学生自评，完成表5-8。

表5-8　成绩考核评价表

任务5-8　地形图在林地面积量算中的应用				
学习目标	评价内容	评价结果		
		A	B	C
知识目标	1. 熟悉地形图在林业中具体应用			
	2. 掌握地形图在林业中应用的注意事项			
能力目标	1. 会利用地形图核实损害面积			
	2. 会利用地形图进行林木防盗检查			
	3. 会利用地形图进行林业生产施工设计验收			
素质目标	团队协助、互助			
综合评价				

○ 巩固训练

1. 地形图在林业中有哪些具体应用？

2. 地形图在林木防盗检查时应注意哪些要点？

3. 利用地形图进行林业生产施工设计验收时应包括哪些方面？

○ **知识拓展**

地形图在城市规划用地分析中的应用

地形图在城市规划用地分析中的应用主要有以下几个方面。

1. 井上下对照图

在矿井设计、施工和生产管理中，以井田区域地形图为底图，加绘主要巷道综合平面图上一部分信息(如井底车场、运输大巷、主要石门、主要上山下山、回采工作面及其编号等)以及井田开采边界和主要保护煤柱边界，即可绘制成井上下对照图。井上下对照图主要用于了解地面情况和井下采掘工程情况以及它们的相互位置关系，为地面建设规划、井下开采设计和施工服务。

2. 城市规划用地分析

在对城市进行规划设计时，首先要按城市各项建设对地形的要求并结合实地的地形进行分析，以便充分合理地利用和改造原有地形。规划设计所用的地形图，根据城市用地范围的大小，在总体规划阶段，常选用1：10 000 或1：5000 比例尺的地形图；在详细规划阶段，为满足房屋建筑和各项市政工程初步设计的需要，常选用1：2000、1：1000 或1：500比例尺的地形图。用地分析时，主要考虑地面坡度、建筑通风、建筑日照、交通及工程量、特殊地段几个方面的问题，通常要依据大比例尺地形图编绘地形简图、用地坡度图、假定干道网的平均坡度图、可用场地的划分和评价图、用地视域特性分析图等，以利于分析和评价工作。

第3篇 拓展提高篇

项目6　地形图的制作

项目6 地形图的制作

学习目标

知识目标：

1. 了解地形图的制作、EPS 地理信息工作站基础平台(简称 EPS 平台)的安装和运行、EPS 平台的应用。

2. 熟悉 EPS 平台的用户界面、菜单和快捷键等功能。

3. 熟悉 EPS 平台的工作流程。

技能目标：

1. 能够成功安装 EPS 平台并运行。

2. 能够处理和检查数据。

3. 能够输出数据和图形。

素质目标：

将理论与实践相结合，培养学生的动手操作能力。

项目导入

地理信息工作站

——赋能数字中国建设

客观世界是一个庞大的信息源，随着现代科学技术的发展，特别是借助近代数学，空间科学和计算机科学，人们已能够迅速地采集到地理空间的几何信息、物理信息和人文信息，并适时适地地识别、转换、存储、传输、显示并应用这些信息，使它们进一步为人类服务。

EPS2008 地理信息工作站软件(简称 EPS2008 软件)是北京清华山维新技术开发有限公司研发的一款专门面向测绘生产及基础地理信息行业的软件。本软件从测绘与地理信息角度构建数据模型，综合 CAD(计算机辅助设计、图形绘制平台)技术与 GIS(地理信息系统、空间数据管理)技术，以数据库为核心，将图形和属性融为一体，从数据生产源头支持测绘的信息化转变。本任务以该软件为例，完成 EPS 平台的安装和运行以及相关应用。

EPS 平台主要具备以下功能。

①可读入现行的各种图形数据及地理数据，如 DWG、SHP、DGN、MIF、E00、

ARCGISMDB、VCT 等格式的数据，并支持双向对照转换。

②支持不同种类、不同数学基础、不同尺度的数据通过工作空间集成；支持跨服务器、跨区域数据集成。

③提供除点、线、面、注记的基本绘图编辑功能外，提供大量专业功能，如随手绘、曲线注记、嵌入 Office 文档、图形与属性一体化编辑并提供悬挂点处理、拓扑结构面等批量处理功能。

④提供的常用工具有选择过滤、查图导航、数据检查、空间量算、查询统计、坐标转换、脚本定制等。

⑤显示面功能有自由缩放、定比缩放、书签设置、实体显示控制、参照系显示控制等。

⑥提供打印区域设置、打印机设置、打印效果设置、输出到位图（栅格化）等打印输出功能。

⑦系统设置有显示环境设置、投影设置、模板定制、应用程序界面定制等。

⑧提供定制输出 DWG 以及 SHP 格式文件功能。

任务 6-1　安装和运行 EPS 平台

○ 工作任务

选择合适的运行环境，以 EPS2008 软件为例完成 EPS 平台的安装、注册及运行。

○ 知识准备

EPS 平台是集编辑平台、外业测图、地籍处理、房产处理、管网处理、数据监理、数据转换、地理信息系统等功能模块为一体的多功能软件，所有模块在同一平台下运行，但只有注册授权的模块才能正常使用。如图 6-1 所示页面为编辑平台功能模块，EPS2008 软件的安装系统由安装盘、加密狗、说明书 3 部分组成，在进行安装前需要对运行环境进行检查。可进行软件注册、新建/打开工程、新建/打开工作空间、工作台面定制/选择、在

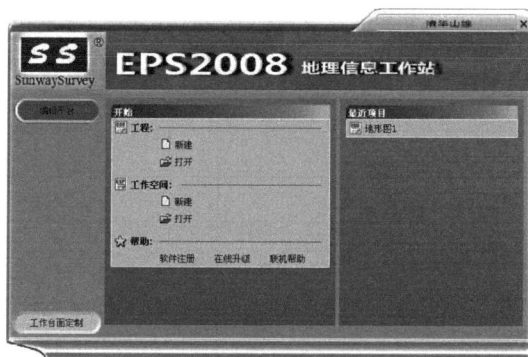

图 6-1　EPS 平台起始页

线升级、联机帮助查看。

任务实施

1. 选择合适的运行环境

● 硬件环境：主机要求 P Ⅲ 以上微型计算机，内存大于 256GB，硬盘容量大于 300M；具备硬件加密锁(软件狗)；配备绘图仪或打印机。

● 软件环境：安装有 Windows 2000/XP 操作系统。

2. 安装软件

● 运行 EPS2008 软件安装程序，打开安装界面，点击"继续"，选择安装路径，按照默认选择直至完成安装，出现加密锁选择页面。页面中有以下 3 个选项。

"安装单机版加密狗驱动程序"，为单机版用户选择。

"安装网络版加密狗驱动程序""安装网络加密狗监控程序"，为网络版用户选择，只有在软件狗服务器上安装时选择此项，其他客户端机器不用选任何驱动。

● 选择完毕，点击"完成"即可自动进行安装。

3. 注册软件

● 启动软件。

● 在起始页点击"软件注册"，弹出软件注册对话框。

● 在菜单启动"帮助"→"软件注册"。

● 注册方式选择"使用单用户软件狗"。

● 输入软件狗加密号和模块授权码。

● 点击"确定"后，退出并重新启动本软件，注册生效。

考核评价

由学生自评，完成表 6-1。

表 6-1　成绩考核评价表

任务 6-1　安装和运行 EPS 平台				
学习目标	评价内容	评价结果		
		A	B	C
知识目标	1. 了解系统组成及运行环境			
	2. 熟悉安装系统/软件			
能力目标	1. 能准确描述 EPS2008 软件安装系统的组成			
	2. 能成功安装软件并运行			
素质目标	具备一定的动手能力			
综合评价				

○ 巩固训练

1. 描述 EPS2008 软件的安装系统组成。
2. EPS2008 软件的模块有哪些？
3. 安装软件时需要检查计算机的哪些配置？
4. EPS2008 软件还可以扩展到哪些领域？

○ 知识拓展

EPS2008 软件在数字测图中的应用

数字化测图的概念是随着电子计算机技术日新月异的发展及其在测绘领域的广泛应用而产生的，其雏形是 20 世纪 80 年代出现的电子速测仪。数字化测图是以计算机为核心，在外连输入输出设备硬件、软件的条件下，通过计算机对地形空间数据进行处理得到数字地图，需要时也可用数控绘图仪绘制所需的地形图或各种专题地图。

为满足以上需求，EPS2008 软件应运而生，以数据库为核心，将图形和属性关联为一体，从生产源头支持测绘成果信息化转变。EPS2008 软件的地形图生产模块支持各种测量成果数据，在外业采集时，测绘成果可随手编辑入库，需要更新时可随时下载，不需要转换，只是迁移，用户可方便地实现测量外业、内业、入库一体化。

在实际应用中，数字化测图具有以下特点。

①点位精度高。传统的经纬仪配合平板、量角器的图解测量方法，其地物点的平面位置误差主要是展绘误差和测定误差，以及测定地物点的视距误差和方向误差，实际的图上误差可达 ±0.47mm。经纬仪视距法测定地形点高程时，即使在较平坦地区视距为 150m，地形点高程测定误差也可能有 ±0.06m，且随着倾斜角的增大，高程测定误差会急剧增加。在 1∶500 的地籍测量中用图解测量方法测绘房屋要用皮尺或钢尺量距、用坐标法展点，而红外测距仪和电子速测仪普及后，虽然测距和测角的精度大大提高，但依然沿用图解测量方法绘制地形图则无法体现仪器精度的提高，也就是说无论怎样提高测距和测角的精度，图解测图方法绘制的地形图的精度变化不大，浪费了应有的精度。而数字化测图则不同，若距离在 300m 以内时测定地物点误差较小，测定地形点高差约为 ±18mm。电子速测仪的测量数据作为电子信息可以自动传输、记录、存储、处理和成图，在全过程中原始数据的精度毫无损失，从而获得高精度的测量成果。数字地形图能最好地反映外业测量的高精度，体现了仪器发展更新、精度提高的高科技进步的价值。

②改进了作业方式。传统的作业方式主要是通过手工操作，外业人工记录、人工绘制地形图，并且在图上人工量算坐标、距离和面积等。数字测图则使野外测量达成自动记录、自动解算处理、自动成图，并且提供了方便使用的数字地图软件。数字测图自动化的程度高，出错的概率小，能自动提取坐标、距离、方位和面积等，绘图的地形图精确、规范、美观。

③加了地图的表现力。计算机与显示器、打印机联机，可以显示或打印各种资料信

息。与绘图机联机时，可以绘制各种比例尺的地形图，也可以分层输出各类专题地图，满足不同的用户的需要。

④可作为 GIS 的重要信息源。地理信息系统具有方便的信息查询功能、空间分析功能及辅助决策功能，在国民经济建设、办公自动化及人们日常生活中都有广泛的应用。数字化测图作为 GIS 的信息源，能及时地提供各类基础数据更新 GIS 的数据库。

任务 6-2　认识 EPS 平台用户界面

○ 工作任务

学习 EPS 平台用户界面的组成及功能，打开并调整窗口至合适位置，以线采集为例完成软件的基本操作。

○ 知识准备

1. 用户界面功能

EPS 平台用户界面主要由图 6-2 所示内容组成。

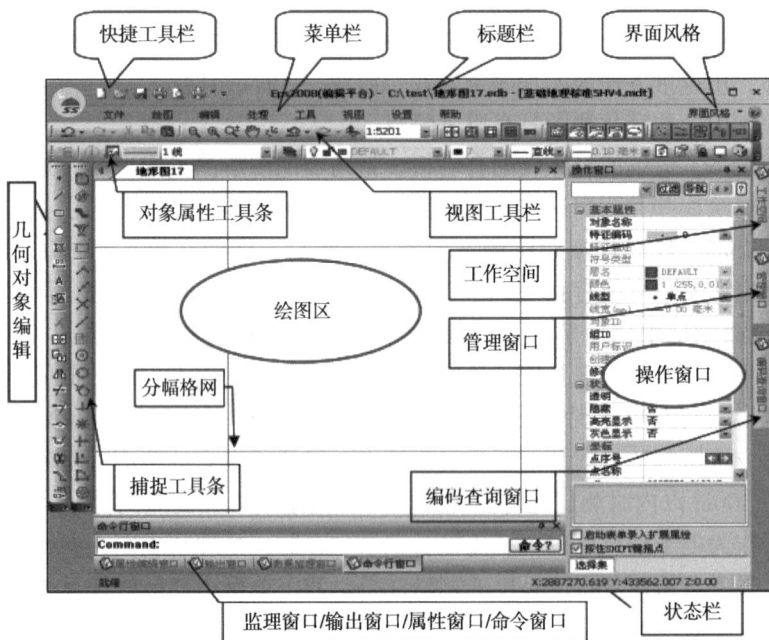

图 6-2　用户界面

（1）绘图区

用于图形显示、编辑的窗口。

（2）操作窗口

显示、修改、选择对象的基本属性、扩展属性或切换系统已启动的功能状态。

（3）几何对象编辑条

包含绘图、标注、裁剪、延伸、打断等工具。

（4）对象属性工具条

显示输入对象编码、层名（图层管理）、颜色、线形、线宽，另外还提供编码查询、编辑状态设定、背景显示设置、工具箱开关等功能。

（5）视图工具栏

集成了复制、粘贴、撤销、恢复、漫游工具，以及图形显示开关。

（6）捕捉工具条

包含不同捕捉选择方式、捕捉开关。

（7）快捷工具栏

用于放置常用的功能，可根据需要选择添加。

（8）菜单栏

包括文件、绘图、编辑、处理、工具、视图设置、帮助等多项功能菜单。

（9）标题栏

显示当前工程路径名、工程名称和当前使用的台面。

（10）状态栏

显示当前光标位置、光标位置捕捉的对象信息等。

（11）界面风格

设置主界面显示样式和菜单样式。

2. 窗口操作

窗口操作是通过更改窗口的位置、显示大小或隐藏，使其适合用户的工作方式。窗口分为固定方式和浮动方式；固定窗口附着在图形区域的任意边上；浮动窗口定位在图形区域的任意位置，可以将浮动窗口拖至新位置、调整其大小或将其隐藏。

○ 任务实施

1. 进行窗口操作

•打开窗口：将鼠标指向任一工具窗口，单击右键，在弹出的快捷菜单上，窗口名称前显示有"√"的是已经显示出来的窗口，单击没有"√"的某个窗口名称，即可打开窗口。并可通过"设置"菜单进行窗口选择。

•调整窗口位置：窗口可固定到图形区的顶部、底部或两侧的固定位置。拖动窗口时，在图形区的四周和中央会出现向导键，当窗口碰到向导键时，会出现向导区域，释放按钮后窗口将固定在向导区域。

当窗口是浮动状态时，在窗口的标题栏处双击，或在右键弹出的快捷菜单中选择"停驻"命令，窗口将固定。按住固定的窗口标题区拖出即变成浮动。

当窗口是浮动状态时，在窗口的标题栏处单击右键，在弹出的快捷菜单上选择恢复选项，窗口将在转换到浮动状态前的位置上固定。

•调整窗口隐藏状态：当窗口是自动隐藏状态时，在窗口的标题栏处的右侧，点击

"锚定"按钮，窗口将在当前的位置上固定。自动隐藏的窗口将从绘图区隐藏到绘图窗口边缘形成最小化图表，鼠标滑动到边缘图标时自动展开。

- 调整窗口大小：将鼠标移到窗口的内边缘上，可调整窗口大小。

2. 以线采集为例进行采集基本操作

- 围墙采集(需采集中心线)，具体操作如图 6-3 所示。
- 道路采集(采集路面最外边)，具体操作如图 6-4 所示。

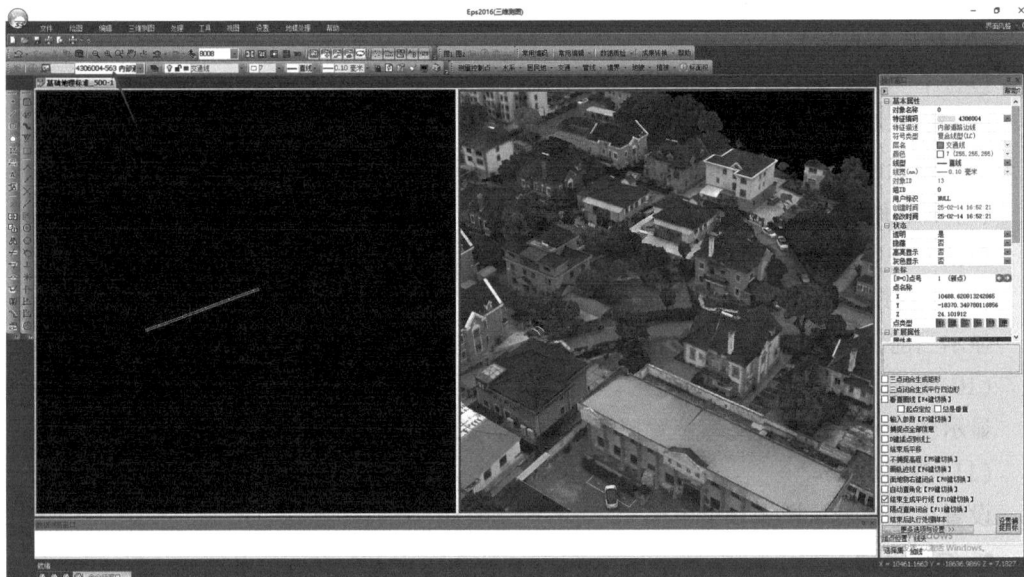

图 6-3　墙体采集操作示意

图 6-4　道路采集操作示意

考核评价

由学生自评，完成表 6-2。

表 6-2　成绩考核评价表

任务 6-2　认识 EPS 平台用户界面				
学习目标	评价内容	评价结果		
		A	B	C
知识目标	1. 了解软件的用户界面			
	2. 熟悉用户界面的组成部分			
能力目标	1. 能准确描述软件的用户界面组成部分			
	2. 能准确描述用户界面各组成部分的功能			
	3. 会进行道路采集的基本操作			
素质目标	具备技能成才的使命担当			
综合评价				

巩固训练

1. 描述软件的用户界面由哪些部分组成。
2. 简述用户界面各组成部分的功能。
3. 说明软件基本操作。
4. 哪些元素可以使用线采集？
5. 用户界面中经常用到的功能区有哪些？
6. 利用无人机倾斜摄影测量技术进行道路采集时有什么优点与不足？

知识拓展

无人机倾斜摄影测量技术在房地一体中的应用

随着我国科学技术的发展，无人机航测技术得到了广泛应用。无人机借助飞行器及内置的摄像头、核心智能处理芯片，可以实现有效监控，而无人机航拍可以完成高难度的航拍工作。

无人机倾斜摄影测量技术已在房地一体工作中得到广泛应用，全面提升了工作效率，降低了作业成本。以无人机倾斜摄影测量技术在房屋土地一体化测量中的应用为例，可分析无人机倾斜摄影测量技术的优势，研究飞行平台的选择以及航线规划，讨论如何对房地一体进行倾斜摄影测量。

房地一体测量中的农村宅基地房屋使用权以及集体建设用地使用权调查是涉及范围极

广的一项基础性调查。在进行测量数据分析工作时，需要投入大量人力、物力来完成测量工作。而使用无人机倾斜摄影测量技术，可以大幅节约相关的成本，并实施有效的测量作业，利用信息化技术，全面完善房屋的不动产信息。无人机倾斜摄影测量技术，可实现高效、快速、最优成本的测量以完成房地一体项目的测绘。无人机倾斜摄影测量技术将是后续无人机测量的重点生产环节将延伸出全新的探索方向。

1. 无人机倾斜摄影测量技术原理分析

无人机倾斜摄影测量技术是利用全新的摄影角度以及相关的坐标，对测区地物进行分析；通过调整高度以及重叠情况对测量物体的整体数据进行全面记录；并通过对同一物体的多视角测量，获取地物的详细信息数据。

2. 无人机倾斜摄影测量在房地一体测绘项目的应用优势

在房地一体测绘当中，无人机倾斜摄影测量技术的应用优势主要有以下 4 点。

其一，无人机倾斜摄影可以在实际应用中通过视点移动以及视角转换等，对同一物体的不同角度进行全面采集，实现三维模式的设定。通过不同视角的变换以及计算机对不动产结构的重建，可以达到细节的百分百重现，此技术可以有效解决传统摄影测绘技术的单一性缺点。

其二，利用无人机作为倾斜摄影设备，可以更快地进行视角转换，并实现实时数据分析。无人机充电迅速，机身较轻，使用方便，几乎可以在限定高度内完成任何飞行视角的转换。通过无人机内部的 POS 数据，在测绘时可以实时进行数据模式的现场分析；通过无人机搭载的核心芯片可实现远程传输自动处理的图形数据，以便计算机更好地进行三维建模。

其三，无人机设备的应用可以极大程度地节省人力，全面提升测绘工作的效率。无人机摄影测量技术效率非常高，其节省下来的多余时间可以帮助相关的技术人员更好地进行内业数据处理工作，降低人工误差。目前，通过正射影像以及三维模型的有效应用，农村房地一体测绘结果已可以借助无人机实现全面转化。

其四，面对突发状况及时响应。该技术能做到对农村房地数据的迅速采集和资料整合，可以为相关决策部门提供依据。

3. 无人机倾斜摄影航线规划

航线规划是保证影像有效获取的前提。在规划中，需要根据测区内的实际情况完成航线的规划，以获取合理的影像，并根据影像需求调整自身的飞行路线，利用无人机设计好的航线提升区域内的影像质量。在飞行参数设置上，可以参照以下参数进行，如飞行高度可以设置 70m、CCD 可以设置 5 个；将 POS 进行升级用以无人机搭载；配备分辨率 0.01、镜头焦距选择等效 35mm 镜头焦距，此外需要额外配备鱼眼镜头以及超广角镜头，考虑到一些特殊需求，也可配备红外感应摄像头；在图像尺寸当中选择图像尺寸6000×4000、横向重叠度 80%、旁向重叠度 70%。通过相关模式的设定，可以保证无人机倾斜摄影有效运行。在进行地面像控点的布设以及坐标系统的选择的过程中，无人机倾斜测量技术可以针对固定区域内部的建筑完成有效分析。

任务 6-3 认识菜单功能

○ 工作任务

了解并熟悉各项菜单的功能，完成房屋采集操作。

○ 知识准备

1. 文件菜单功能

文件菜单的功能主要有新建/打开/存储 EDB 工程工作空间，"工作空间"窗口如图 6-5 所示。支持的影像格式如图 6-6 所示，支持的格网格式如图 6-7 所示。

EPS 平台可调入的工程模式有 COR/NOT 格式、EXF 格式、EXX 格式、EPSCE 数据（CEF）、外部数据等多种。输出工作空间中的 EDB 数据时，支持的数据格式有 EXF、EXX、MDB、EDB（图 6-8），可选择的文件保存类型有 EXF1.0、EXF2.0、EXX、MDB、EDB。

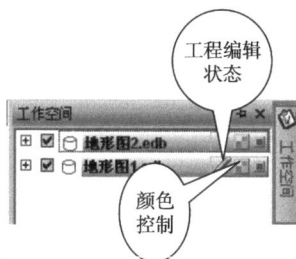

图 6-5 "工作空间"窗口

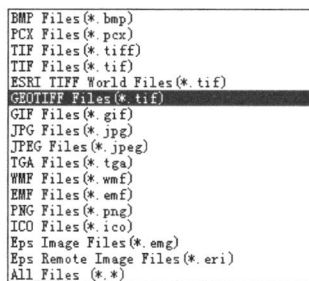

图 6-6 影像格式

图 6-7 格网格式

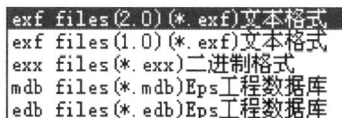

图 6-8 选择集输出格式

2. 绘图、编辑、处理及视图菜单功能

绘图菜单的主要功能有加点、加线、加面、加注记，画圆、矩形、正多边形、面状填充、线性排列、尺寸/属性标注、图块/图件/图例操作等。

编辑菜单不仅包含常规的图形编辑功能，如平移、旋转、缩放、镜像、裁剪、延伸、打断、粘贴、撤销等，而且具有丰富的专业编辑功能，如符号编辑、平行线操作、面内套岛（去岛）、修线、有向点列调整、图形/图块/符号缩放、对象叠放层次、节点编辑等。

处理菜单包含对点、线、面、注记和属性的处理，快速换码/弧段复制/加封闭线/重复对象清理、图幅接边/分幅图合并、悬挂和拓扑的处理、图形裁剪、缓冲区设置、区域掏出/复制等。

在视图菜单中可进行屏幕缩放、图形的刷新/详绘/粗绘/重新生成、图形的全部/局部/作业区范围/当前图幅显示、显示分幅格网/图号/坐标格网线、按对象分类显示开关等操作。

3. 工具、设置、帮助菜单的功能

工具菜单的功能主要包括对象/坐标/图号定位、图幅及图幅信息、图像处理、数据检查、空间量算/查询统计、数据库清理/备份、生成符号样图、坐标系转换、脚本管理运行等。

设置菜单的功能主要包括：系统环境设置、用户层设置、工作范围/当前图幅/图框属性设置、图幅接合表管理、模板设置及导入导出、颜色表设置/扩展属性设置、工作空间、用户化界面、界面工具条/窗口等。

帮助菜单是集成了软件的安装注册、平台使用、外业的流程与功能操作、地模的建立、数据监理的定制方法与检查操作、房产处理、地籍等模块的详细帮助说明。

○ 任务实施

1. 新建 EDB 工程

- 点击菜单"文件"→"新建 EDB 工程"。
- 选择模板，模板确定后，输入新建文件名，并选择新建文件的保存目录，最后点击"确定"完成新建。

2. 打开 EDB 工程

- 点击菜单"文件"→"打开 EDB 工程"。
- 选择 EPS 工程文件存放路径，点击"打开"。

3. 完成工程另存为操作

- 点击菜单"文件"→"工程另存为…"。
- 根据文件类型选择保存目录，输入保存文件名，文件名要能够反映文件类型以及文件内容，最后点击"保存"。

4. 新建 ESP 工作空间

- 点击菜单"文件"→"新建 ESP 工作空间"即可在指定目录下完成新建。

5. 打开 ESP 工作空间

- 点击菜单"文件"→"打开 ESP 工作空间"即可打开指定目录下的 ESP 工作空间。

6. 保存 ESP 工作空间

- 点击菜单"文件"→"保存 ESP 工作空间"。也可从工作空间菜单保存，即点击鼠标右键即可在打开的工作菜单栏中选择保存。

7. 工作空间另存为

- 点击菜单"文件"→"工作空间另存为…"。也可从工作空间菜单保存，即点击鼠标右键→"另存为…"。
- 选择保存的目录，输入保存文件名，并点击"保存"。

8. 进行房屋采集实例操作

房屋采集的原则是下小上大或者下大上小，均按地基采集。

●在房屋某光滑面用画线工具沿着需要勾绘的物体边界(影像清楚,无拉花)勾绘出形状(图 6-9)。

●在房屋拐角处,利用 Ctrl 键+鼠标左键点击选择一点(图 6-10)。

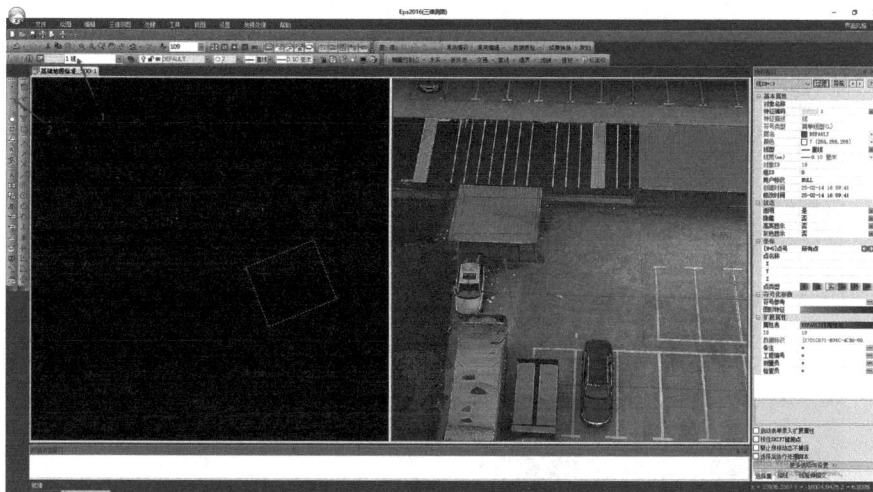

图 6-9　房屋形状勾绘示意

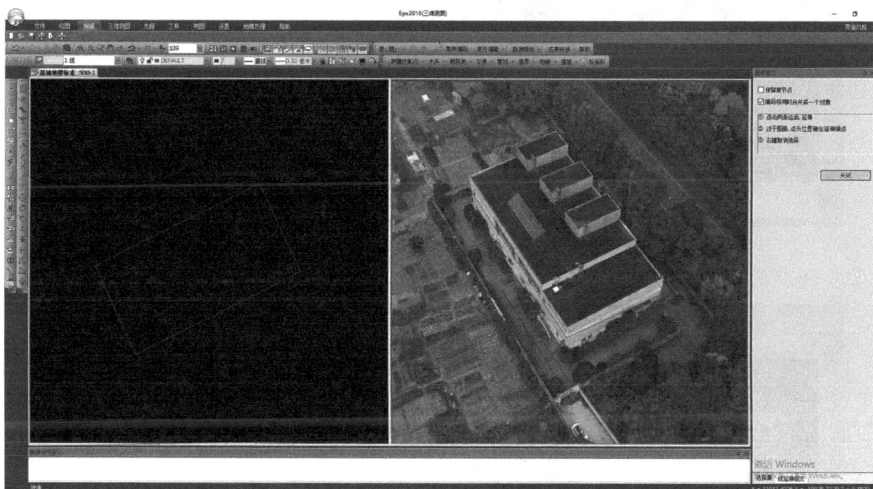

图 6-10　房屋拐角采集示意

●依次移动到房屋的其他面,利用 Ctrl 键+鼠标左键各点选一点,利用 X 键,回退 1 个节点(图 6-11)。

●利用 Z 键,调至第 1 节点,再利用 X 键回退 1 个节点(图 6-12)。

●利用 C 键(或鼠标右键)使房屋闭合(图 6-13)。

●输入房屋属性信息,房屋绘制完毕(图 6-14)。

图 6-11　房屋面采集示意

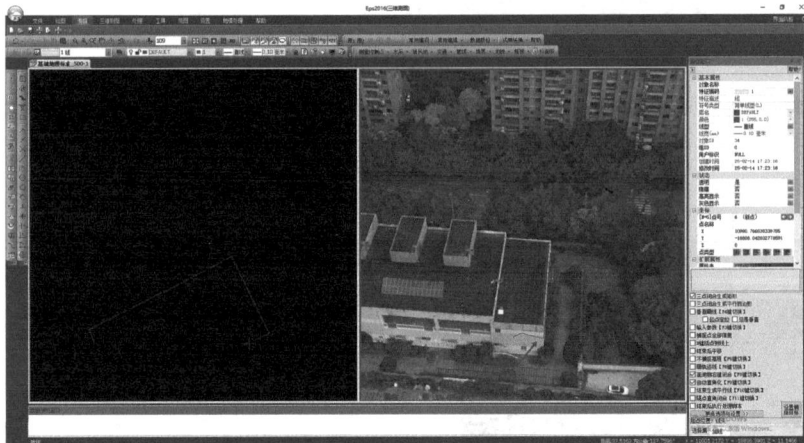

图 6-12　回退操作示意

图 6-13　房屋采集线闭合示意

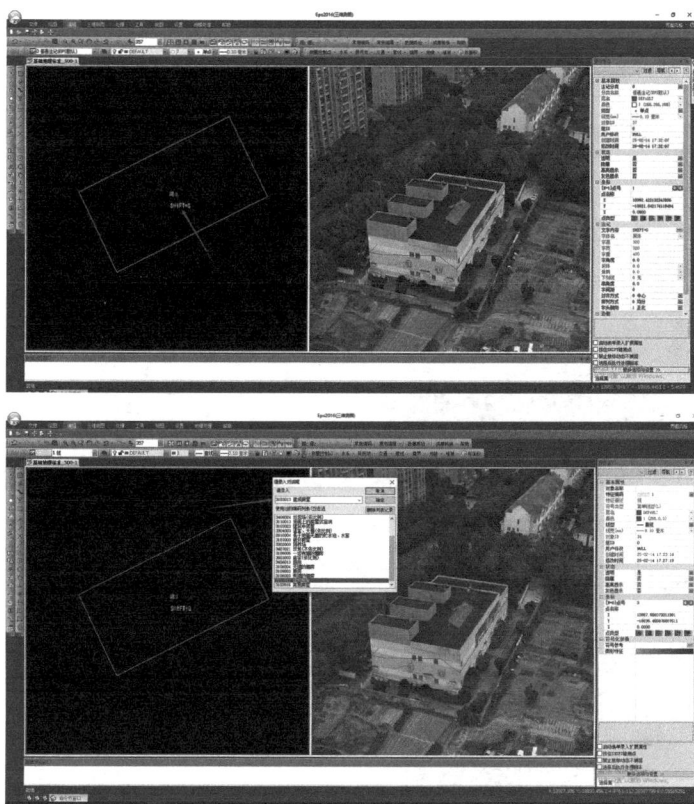

图 6-14 房屋属性创建示意

• 房屋立体白模建立。点击"选择集操作"，在二维模型视图中选中刚刚绘制的房屋（图 6-15）。

• 将鼠标移到房屋附近地面，利用 A 键，建立房屋立体白模（可以删除线段，只保留房屋），如图 6-16 所示。

○ 考核评价

由学生自评，完成表 6-3。

表 6-3 成绩考核评价表

任务 6-3 认识菜单功能			
学习目标	评价内容	评价结果	
		A	B	C
知识目标	1. 了解文件、绘图、编辑、处理菜单的功能			
	2. 了解视图、工具、设置和帮助菜单的功能			
能力目标	1. 会进行文件、绘图、编辑、处理菜单的功能操作			
	2. 会进行视图、工具、设置和帮助菜单的功能操作			
	3. 会进行结构简单房屋的采集操作			
素质目标	具备一定的动手能力			
综合评价				

图 6-15 房屋立体白模创建示意

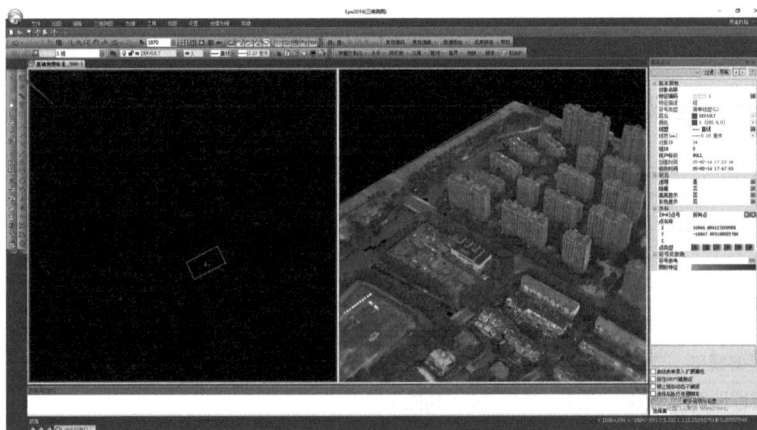

图 6-16 立体白模示意

巩固训练

1. EPS 平台软件都有哪些菜单？
2. EPS 平台最常用的菜单功能有哪些？
3. 较为复杂的房屋采集操作如何实现？

知识拓展

了解数字表面模型、数字正射影像、真正射影像

数字表面模型(DSM)，表达了真实地球表面的起伏情况，比数字高程模型(DEM)信息量更大，除了自然地理空间信息，还可从中直接提取社会经济信息。同样对自然资源管理具有重要作用的还有 DSM 的旁系家族数字正射影像(DOM)、真正射影像(TDOM)。

数字正射影像(DOM)，是经过 DEM 高程模型几何校正、消除了地形误差的遥感影像地图，与大家视觉感知到的现实世界无异，如互联网卫星地图大多是正射影像。DOM 不仅可以作为实景三维城市模型的基础数据，也可以结合多源空间数据，提取生产数字线划图(DLG)和数字栅格地图(DRG)用于土地规划、防灾监测等应用。真正射影像(TDOM)，是基于数字表面模型(DSM)，利用数字微分纠正技术，改正原始影像的几何变形，经过正射纠正过看起来更真实的二维影像。

DSM、DOM、TDOM 是建设"实景三维中国"的重要成员，如通过 DSM 密集匹配提取地形参数，能构建更为精准立体的实景三维模型。它们与多源地理空间数据(如建筑信息模型、倾斜摄影、雷达激光点云等)，以及物联网数据汇聚共同构建实景三维数据库，成为智慧城市建设、数字中国发展的必要支撑。这些基础数据在测绘水文、地貌地质、工程建设、军事通信等国民经济、国防建设、人文、自然科学领域应用非常广泛，尤其在自然资源管理、国土"三调"、灾害应急等领域有着关键性作用。

任务 6-4 认识快捷键、命令行等功能

工作任务

了解并熟悉快捷键和命令行功能，完成河流与植被采集操作。

知识准备

1. 快捷键

快速编辑是在加线(面)或在选择集状态下，利用快捷键(定义了特殊功能的按键)进行图像信息的快速编辑(可参考 EPS2008 地理信息系统帮助)。

（1）Q、A、C、V 键——快捷操作

适用范围：拖点、加点、闭合、捕捉多点等快捷操作。

Q 键：面内嵌套注记或点时，可以移动注记或点位置，如移动"棚"。

A 键：加点，将光标所在位置点（任意位置）加入当前点列。

C 键：闭合（打开），闭合或打开当前点列。

V 键：捕捉多点，在加线状态，使用光标捕捉一条线上一个点，作为起点，将光标位置移到要截取的一段线的终点，单击 V 键，此段线即加入当前线上，采点方向符合顺向原则。如图 6-17 所示，在加线时，要将当前线 a（F 为当前线列末点）与线 b 上 GJ 段共线，可以先将光标移到 G 点（最好启用捕捉开关），在 G 点先加点，然后光标朝向线 b 的前进方向即 G–H–I–J 顺序方向移动，同时按下 V 键，就可以将 GJ 上的已知点捕捉为线 a 上的点，使两线在 GJ 段完全重合。

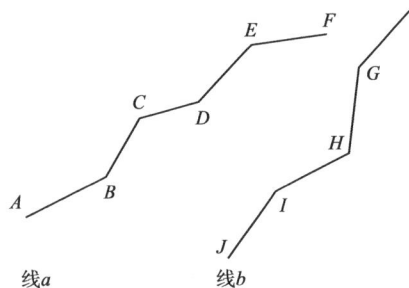

图 6-17　示例图

Shift+V 键：捕捉多点。与 V 键相似，区别在于，捕捉线为多义线时，用 V 键捕捉，则会将多义线折线化，而用 Shift+V 键则会保持原有线形。

（2）S 键——捕矢量点快捷操作

S 键：拾取已知点，拾取已知点加入当前点列末端。

Shift+S 键：反向垂足，用光标指向矢量点与当前线末边的垂足点，加入当前线的点列，并将该矢量点加入当前点列的末点。

Ctrl+S 键：垂线垂足，将光标指向的矢量点与当前线末边过末点垂线的交点加入当前点列，并将该矢量点加入当前点列末点。

（3）X 键——回退点快捷操作

X 键：回退，删除当前点列的最后一个点。

Shift+X 键：回退多点，从当前点列的末端删除多点（至光标指向点）。

（4）W 键——抹点快捷操作

W 键：抹点，删除当前点列中的任意点。

Shift+W 键：抹线，从当前点列中删除光标指向的线段，若被删除线段不在两端时，则分解当前对象。

Ctrl+W 键：打断，在光标点最近位置处将当前点列打断，分解当前对象（圆不能打断）。

（5）E 键——插点快捷操作

E 键：插点，在当前点列的任意位置插入新点。

Shift+E 键：线上插点，在当前线中被光标指向的线段上插入一点。

Ctrl+E 键：线上插交点，在当前线上插入光标指向线段与当前线段的交点。

（6）Z 键——反转快捷操作

Shift+Z 键：翻转，将当前点列的顺序反向，即原来第一个点变为最后一个点，第 2 个点变为倒数第 2 个点，依次类推。一般用于调整有方向规定的地物，如棚房、围墙等。

（7）D 键——线上捕点快捷操作

D 键：线上捕点，将光标移动到线与某一最近矢量线的交点，并将该点加入当前点列。

Shift+D 键：捕垂足点，将当前线末点与光标指向线的垂足点加入当前点列。

Ctrl+D 键：捕垂线直线交点，将过当前线末点与末边的垂线与光标指向线的交点加入当前点列。

（8）F 键——接线快捷操作

F 键：对象拾取，在加线时，拾取鼠标指向的点列，作为当前点。在拾取时，光标只能指向目标点列的起点或终点，否则线会变形。

Shift+F 键：取消对象拾取，F 键的逆操作（等于 Undo）。

（9）T、H、J、K、N、B 键——快捷操作

适用范围：属性拾取、距离平行线、与邻边整合、设置或取消转折点、偏量输入快捷操作。

T 键：属性拾取，拾取已有对象的基本属性（编码、颜色、线宽、线型等）。

Ctrl+T 键：清空，删除当前点列所有点（删除当前光标选择中的对象）。

H 键：与邻边整合，调整当前点列的点位使之与相邻点线靠合（调整范围为图上 0.5mm，双击该键可加大调整范围）。

J 键：设置或取消转折点，设定当前点列中的一个点为转点。

K 键：设置或取消特征点，设定当前点列中的一个点为特征点。

N 键：设置或取消平滑（用于节点符号取舍）。

B 键：设置或取消断开点。

（10）P 键——末点反向、镜像快捷操作

P 键：末点反向，将当前线末边翻转 180°。

Shift+P 键：末点镜像，将当前线末边相对前一边镜像。

（11）O 键——长度复制快捷操作

O 键：长度复制，用光标指向线的长度代替当前线末边的长度，点数不增加。

Shift+O 键：向量复制，将光标指向线段复制到当前线的末端，点数增加。

（12）R 键——距离平行线

过光标点作当前线的距离平行线，如果当前线为复杂线，新线将自动反向。

（13）L 键——直角化快捷操作

L 键：单点直角化，在当前线中将光标指向的某角（接近直角）变成直角。

Shift+L 键：全线直角化，将当前线中所有接近直角的角变成直角。

（14）G 键——构面快捷操作

G 键：线闭合区域构面，如果若干线围成一个闭合区域，可将光标移至闭合区域内任意一点，点击 G 键，则在闭合区域内自动生成一个简单面。

（15）复制、粘贴快捷操作

Ctrl+X 键：剪切。

Ctrl+C 键：复制。

Ctrl+V 键：平移粘贴，这个粘贴是平移粘贴，若想要地物的坐标不变，需要使用菜单里的粘贴，或直接点击 ![icon]。如图 6-18 所示，若要把四边形 a 以 D 为基点平移到 E 点，首先，要选中四边形 a，然后把光标移动到 D 点，接着根据需要进行剪切或复制，最后把光标移至 E 点，同时按下 Ctrl+V 键，进行平移粘贴。

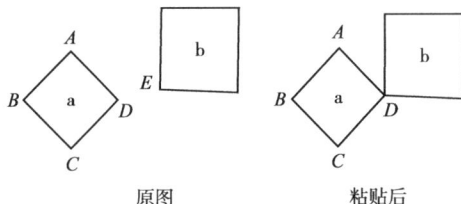

原图　　　　　粘贴后

图 6-18　示例图

2. 右键功能

（1）图幅索引菜单

在图形窗口任一位置鼠标右键，弹出图幅索引菜单，如图 6-19 所示。

"索引重建"是对索引区进行重新排序和优化，有利于索引区的搜索。选中此功能即可对 EPS 数据库进行索引重建，提高系统的运行速度。选中"显示图号"则显示图号，未选中，则不显示。"当前图幅设定"用于设定当前图幅的图廓。"图幅信息查看"仅用于查看图幅的图幅信息，不用于修改。

注意：若未将图幅信息进行保存，所有项显示空（null）。

（2）漫游与选择和选择与操作菜单

在不显示图号的情况下，点击鼠标右键，可弹出"漫游与选择"菜单，如图 6-20 所示。"重复上一次命令"是用来记录并启动上次执行功能，需注意进入工程，在没进行任何操作时，该项呈灰色。

使用"选择集"功能进行对象选择之后，按鼠标右键，弹出"选择与操作"，如图 6-21 所示。此时再左键单击"清空选择集"选项，就可取消所选择的对象。取消后，被选中对象上的选中标志消失。这里的撤销仍是当前点列的撤销，与标准工具条上的"撤销"按钮（Undo）的功能相同。恢复撤销与标准工具条上的恢复撤销按钮（Redo）的功能相同。

（3）工作空间菜单

在工作空间窗口中点击鼠标右键弹出工作空间菜单，如图 6-22 所示。其中，"保存"/"另存为"用于保存工作空间设置到默认或指定存储路径。

"新建页面"可以理解为管理分类。例如，在一个工作空间里，除了管理工程数据外同时也想管理 GIS 数据，这时就可以建立两个页面，在两个页面中分别管理两种数据。"插入 EPS 工程数据"用于插入各种类型管理数据。"插入连接"/"插入分组"可在管理大分类下建立细分类。例如，在管理工程数据页面里，除了插入工程数据外，还想建立数据的分析统计。此时，为了加以区别，可在这一页面先插入分组，再在这个分组下添加分析统计功能。其他选项主要是用于一些界面风格、名称的设置。

针对不同的工作环境需要，软件还提供了其他各种实用的右键功能菜单。

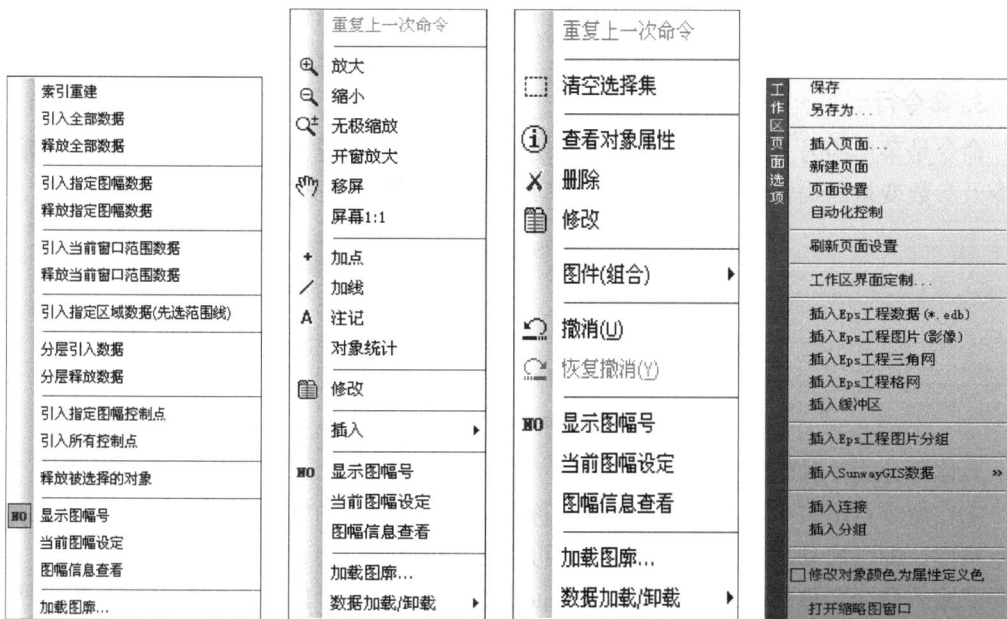

| 图 6-19　图幅索引菜单 | 图 6-20　漫游与选择菜单 | 图 6-21　选择与操作菜单 | 图 6-22　工作空间菜单 |

在工程界面，单击右键弹出工程菜单[图 6-23(a)]，菜单提供了应对工程常用的操作功能，如编辑状态设置、加载/卸载数据、属性统计/标注/着色等。

在图层界面，单击右键弹出图层菜单[图 6-23(b)]，菜单提供的图层管理功能有显示设置(标题、窗口、面的显示方式)、编辑状态设置、加载/卸载数据、属性统计/标注/着色等。

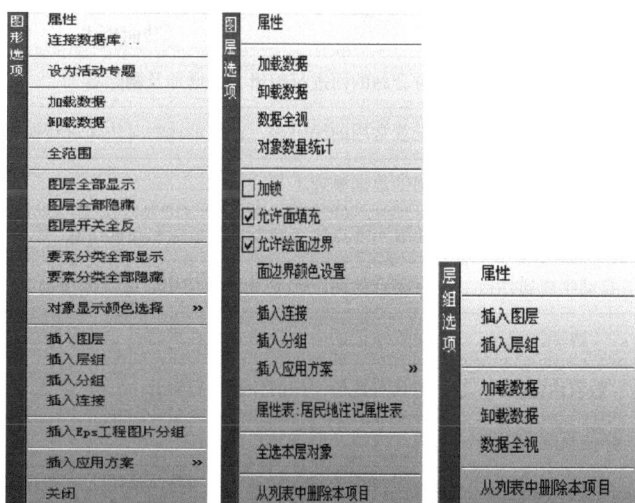

（a）工程菜单　（b）图层菜单　（c）层组菜单

图 6-23　其他右键功能菜单

在层组界面，单击右键弹出层组菜单[图 6-23(c)]，包含的功能有标题设置、加载/卸载数据、图层插入等。

3. 命令行

命令是菜单的另一种执行方式。可以使用不同输入工具输入命令。命令行窗口是输入命令及参数变量的编辑窗口(图 6-24)，适用于命令行操作方式。

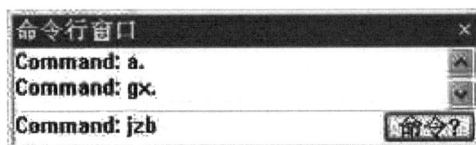

图 6-24　命令行窗口

具体可分为 4 种输入方式。

①在命令行窗口中输入完整的命令名称，如图 6-24 中的"jzb"命令，然后按 Enter 键或空格键，即可启动功能。保证无重复时可只输入前几个字母代表完整命令。

②输入命令名称的前几个字母，按 Enter 键或空格键，可以将具有该字母开头的所有命令都列表出来，单击要使用的命令。

③只输入符号"."，按 Enter 键或空格键，所有命令都将列表显示，单击要使用的命令。

④点击"命令"按钮，弹出扩展命令窗口，在此窗口中有"最近使用过的历史命令记录"，直接选择所编命令即可；有"模块列表"，可以按模块检索命令；还提供"命令查找功能"，可通过名称、说明两种方式查找。

EPS2008 软件常用的命令行内容见表 6-4 所列。

表 6-4　EPS2008 软件常用的命令行内容

启动命令	名称	功能描述
AreaLoopAdd	面内套岛	对套岛的面进行编辑，可增加及删除岛
ChangeCode310	快速换码	设置常用的编码表，在处理地物时快速进行换码操作
ClearUpTools	数据整理工具	辅助数据整理工具
CoordInfo	当前点坐标信息	获取当前点的 X 坐标、Y 坐标和高度信息
CreateLabel	自动生成属性点	在闭合的面(线)地物的几何中心或鼠标指定位置生成点地物
DigitNote	数字注记	设置注记的内容及格式后在屏幕指定位置添加注记
DigitalNoteSum	数值注记统计	对具有数值注记的注记进行统计
DimLength	标注长度(注记)	将选取线及面进行长度标注
DistNote	边长标注	标注目标线段的长度
LayerContrast	图层对比显示	对工程中的不同层数据进行显示分析
LineCoincide	边界线点位重合	将一个线地物或面地物的点位重合到另一个线地物或面地物上

（续）

启动命令	名称	功能描述
LinkPoints	引导连线	将目标线地物按照搜索半径内的点位置进行绘制
ObjArray	阵列	将被选择的地物按照一定的空间排列方式进行复制，复制的结果形成一个阵列
ObjLevel	对象叠放层次调整	根据属性值调整同层、同编码地物的叠放层次
PWLine2Area	变宽线转面	将变宽线转成编码为2的面
QCode	常用编码	记录常用的地物编码，使用时可选择编码后绘制地物或对地物进行换码操作
ReportJZD	界址点报表	输出界址点的报表
RgnNoteRotate	河道注记旋转	将河道两侧的高程点注记按照河道走向显示
StepRepair	台阶修复	对符合一定要求的散台阶进行自动化整理
TKZC	图廓整饰	对图廓进行编辑，可对图廓中的内容进行添加、删除图形对象

4. 捕捉工具条

捕捉工具条提供了多种快速精确制图的工具和操作方法，特别是能快速捕捉、精确定位的点位捕捉功能，方便灵活的交会定点功能，以及直角坐标、极坐标、量边、定线功能，见表6-5。

表6-5　常用的捕捉方法

图标	名称	功能描述
	捕捉最近点	捕捉已知地物上距离鼠标光标最近的节点
	捕捉线段中点	捕捉线段的中点，捕捉点是线段两节点的中心点
	捕捉两线交点	捕捉两线的实交点，使用捕捉交点功能可以保证交点位于原有线上
	捕捉等分点与任意点	捕捉已知线段(圆、圆弧)的等分点与线上任意点
	捕捉格网点	捕捉指定间距的格网点，格网点位计算从(0, 0)起
	捕捉圆心点	捕捉最近的圆心点，即包括圆的圆心点和圆弧的圆心点
	捕捉圆上四等分点	捕捉圆上四等分点(正北、正西、正南、正东)
	捕捉圆(圆弧)的切点与最近点	捕捉过圆外一点与该圆相切的切点
	捕捉垂足点	捕捉线段外一点到线段的垂足点

（续）

图标	名称	功能描述
✳	捕捉定向延伸与求交	捕捉已知点的上下左右及所在线段的前后左右和45°方向之间的交点
✢	捕捉正交点	启动捕捉正交点功能后，在画线时只能沿着与横（纵）坐标相平行或垂直的方向画线
⋀	捕捉符号内部点位	捕捉复杂地物内部距离鼠标光标最近的节点
⌐	相对坐标系定位	执行相对坐标输入前，必须先进行坐标系定位；目的是确定相对坐标系的原点和坐标轴方向。
⌐	捕捉相对直角坐标	进行相对直角坐标测量
⌐	捕捉相对极坐标	进行相对极坐标测量
⌐	十字尺与定向量边	通过仿真十字尺测量求点
📋	命令行输入与定向量边	用命令行进行坐标输入，辅助定向量边
◉	环尺	又称环形距离角度标定尺，用于快速量测周边任意点到定点的距离，以及到定边的夹角

○ 任务实施

完成河流与植被采集操作

- 将已有的无人机采集数据导入软件。
- 针对河流以及周围植被分别进行采集。

对于河流、水库采集，先确定水涯线，一般以摄影时水位测定，此外有加固岸的还需要添加加固岸（图6-25）。

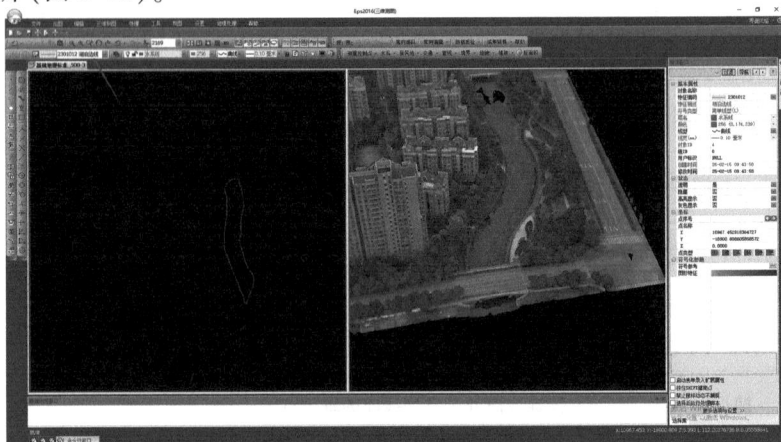

图6-25 河流采集操作示意

对于池塘采集，先进行构面，完成后再添加一层水涯线（边线使用"611200-0 双线常年河水涯线"），有加固岸的也需加加固岸。

对于植被采集，周围有什么就画什么，只要能够形成闭合的面。最后利用房屋采集方法进行填充(图 6-26)。

图 6-26　植被采集操作示意

○ 考核评价

由学生自评，完成表 6-6。

表 6-6　成绩考核评价表

任务 6-4　认识快捷键、命令行等功能				
学习目标	评价内容	评价结果		
		A	B	C
知识目标	1. 了解常用的快捷键			
	2. 了解右键和命令行的功能			
能力目标	1. 能够熟练使用快捷键			
	2. 能够熟练使用右键和命令行			
	3. 熟练各类标准部件的绘制与采集			
素质目标	具备一定的自主学习能力			
综合评价				

○ 巩固训练

1. EPS 平台常用的快捷键有哪些？

2. 不同台阶画法会有何区别？

○ 知识拓展

EPS2008 软件中地形要素符号的绘制方法

为适应社会对基础地理信息的需求，我国于 2010 年初升级改造了基础地理信息数据库，与此同时引进了新的地理信息采集、处理软件——EPS2008 软件上海市测绘院专版。运行多年来，对 EPS 的操作便利性、数据质量和数据库运行情况进行了评估，总体情况良好。EPS 在内业数据编辑时增强了自动化程度、简化了操作步骤，作业效率也有所提高。但是数据库的升级改造也让软件平台、作业方式及对数据的认识等方面都和原来的习惯大不一样，作业人员在逐步适应的过程中经常会碰到一些技术问题，如作业人员对相关技术文件理解不透彻、地形要素符号绘制不规范及采集软件功能不够完善等，这些都是影响数据质量的重要因素。为进一步提高基础地理信息数据库的数据质量，有必要对生产作业过程中各类地形要素符号的绘制流程，特别是一些复杂地物的绘制流程予以明确。对此，参照 EPS 帮助文件并结合实际生产中遇到的一些问题和特例，在本处着重阐述地形要素符号在 EPS 环境下的基本绘制方法及更新维护过程中应注意的一些事，力求让作业人员能较快地掌握 EPS 的基本使用方法。

1. EPS 常用快捷键

为简化操作步骤、提高内业编辑效率，EPS 中定义了一些操作快捷键，这里不再赘述，具体用法参见 EPS 帮助文档。

2. 绘制方法

本部分内容主要是选择几种有代表性或生产过程中容易画错的地物来说明其基本绘制方法，并附说明基础地形修测内业编辑过程中的注意事项。大部分地形要素符号是单一类型，但某些符号可能由一种或多种类型组合而成，如过街天桥及阶梯、站台天桥及阶梯、回转楼梯等。EPS 中地形要素符号的基本绘制原则：选择对应地物编码，依次采集地物特征点即可生成对应的地形符号，再按照《上海市 1∶500、1∶1000、1∶2000 基础地形信息数据库数据字典》的要求，输入相应字段值。符号的层次、颜色、线型、线宽等基本属性都由模板文件控制，作业过程中无须修改这些属性值，只要确保地物编码正确即可。以地形要素符号是以 1∶500 基础地理数据库的模板为例进行绘制，1∶1000 和 1∶2000 基础地理数据库中的绘制方法与此类似，可参照执行。

(1) 简单线型符号 L

一般指具有一定线型、宽度和颜色的单实线线状符号，通过选择对应编码，依次采集地物线特征点即可生成对应的线型符号。此类符号的线型通常为实线，如大车路(机耕路)的实线边为简单线型符号，而其虚线边则为复杂线型符号。常见地形要素还包括：乡村路边线、田埂(线)、高速公路边线、快速路边线、国道边线、省道边线、县道边线、乡道边线、道路路基、双(单)线常年河水涯线、海岸线、过街天桥、站台天桥等。

其中，水涯线即水系边线目前多用"双线常年河水涯线 611200"编码绘制。同一条水涯线应保持完整连续，不要采用多段的方式绘制。

当水涯线穿过桥梁、水闸等其他地物时，水涯线应保持完整连续，而被遮盖的部分需取消隐藏，以满足出图需求。一般可先按照各自编码绘制桥梁和水涯线，再在水涯线与桥梁相交处增加节点，而后在此节点处分别使用快捷键 B。处理完的水崖线并不是真正地被切断，只是消隐了被桥梁遮盖的部分，此时水涯线的骨架线仍然保持连续。其他多类地物相交，且需要消隐其中某些线段时，均可采用此种方式处理，如桥梁和道路相交、立交桥和道路相交等。

（2）复杂线型符号 LC

一般指按一定步距连续均匀地插入基本绘图指令、图元或文字而形成的线状符号。可分为一般线型符号，如城市轻轨（中心线）、栅栏（栏杆）、砖石围墙 A、等高线、大车路（机耕路）虚线边、挡土墙、地类界、行树、一般堤（直立式）、内部道路、门廊、柱廊、廊房、阳台等；变宽类线型符号，如防洪墙（直立式）、依比例砖石围墙 A 等。

以防洪墙（直立式）为例，是按照节点顺序绘制的，其特征符号生成于绘制前进方向的左侧。在对象属性工具栏中填写防洪墙高度和防洪的水容量，在"符号参考"项中点击输入实际宽度即可显示带宽度的防洪墙符号，回车确认，其他属性值默认即可。

（3）两点比例类符号 P

指根据两个基本点定位、可按基线长度比例缩放的线状符号。该类符号多为半依比例尺符号，绘制时需要注意方向，第 1 点即起点为符号的定位点，第 2 点与第 1 点组成的方向为符号的方向，即符号的定向点，第 2 点与第 1 点的距离为长度，即符号的定长点。此类符号绘制过程中在每个节点处生成特征符号，各特征符号组成一个整体线型，并非独立个体，但有时某些节点处的特征符号需要根据实际要求进行取舍，即需要消隐。常见符号包括高压输电线（不连线）、配电线（不连线）、通信线（不连线）等。下面以高压输电线（不连线）为例说明画法。该符号一般用高压输电线（不连线）511300 编码绘制。绘制时要根据电杆的实地位置，按照节点顺序绘制，其属性值暂时默认。通常在图边和高压铁塔连接处需要消隐，具体方法为：选中该符号，在需要消隐的节点处使用快捷键 N 消隐电杆符号。若要消隐末端点的整个特征符号，则在末端点使用快捷键 J。电杆和特征符号虽然被消隐，但是高压输电线的骨架线仍然保持连续。当电杆间距小于 4m 时，输电线不再生成箭头符号，而以直线连接电杆，避免箭头符号压盖。配电线、通信线的绘制方法与此相同。

（4）4 点结构类符号 Y

指由 4 个基本点定位、可按双线性规则自由缩放的面状或线状符号。此类符号多采用逆时针方向依次绘制定位点，且骨架线一般需闭合，某些符号还需借助快捷键 K 或 J 等生成特征符号以完成绘制。常见符号包括公路桥、公路立交桥、级面桥 A、铁路桥、并行桥、人行桥 A、亭桥、廊桥等各类桥梁，地道的地表出入口 A、涵洞 A、汽车（火车）隧道 A、铁路平交道口、水闸 A、电线塔（铁塔）A、建筑物下通道、建筑物上下坡道边线、龙门吊、装卸漏斗等。

下面以电线塔（铁塔）为例说明画法。该符号一般用"电线塔（铁塔）A 515100"编码绘制。当高压输电线穿过电线塔时的处理方法如下：先按照节点顺序绘制电线塔，再按照节点顺序分别绘制进电线塔的高压输电线（末点在电线塔中心点）和出电线塔的高压输电线

（起点在电线塔中心点）；为保证高压输电线穿过电线塔中心，需打开"捕捉符号内部点"功能，以捕捉电线塔内的中心点；然后在高压输电线与电线塔相交处使用快捷键 E 增加节点；接下来用快捷键 B 消隐铁塔内部的高压输电线，同时在输电线与铁塔交点处使用快捷键 N 消隐这两点处的电杆符号即可。这样绘制的骨架线仍然保持连续，其属性值暂时默认。

（5）面状填充符号 H

指范围线内按一定规则填充的面状符号。此类符号多采用逆时针方向依次绘制定位点，并闭合；也可以采用快捷键 G 或 Shift+G 来自动捕捉闭合面而生成面状填充符号。常见符号包括花圃（花坛）、果园、苗圃、林用地、高草地、坟群、大面积竹林、菜地、稻田、沙地等。

下面以花圃（花坛）为例说明画法。该符号一般用"花圃（花坛）954000"编码绘制。若需要调整图中填充符号位置，可通过软件菜单"编辑""符号编辑""面填充编辑"功能，实现单个符号的位置拖动、删除、增加。若花圃中间有岛面，首先按照节点顺序把花圃内、外边界线分别绘制完成，并闭合。此时为两个花圃面，可通过软件菜单"编辑""面内套岛（去岛）"或"处理""面""复合面合成"功能实现去岛效果。

（6）带状变宽类符号 E

指在闭合的边界线范围内按照一定规则填充的带状符号，绘制此类符号的共性是利用快捷键 J 将起始一侧的结束点设为转向点而自动生成符号，且图形需闭合。对于一些特殊图形，还可以利用快捷键 K 将某些点设为特征点来正确显示或修饰图形，甚至有些可利用快捷键 N 来设置取舍。常见符号类型包括两种：一是带台阶或阶梯类的符号，如台阶、室外楼梯、阶梯路、过街天桥的阶梯等；二是斜坡类符号，如斜坡式的大堤、路堤、防洪墙、加固岸等。就台阶类符号来说，主要指台阶或阶梯类的符号，如台阶、室外楼梯、阶梯路、过街天桥的阶梯等。

任务 6-5　EPS 平台应用

○ 工作任务

了解 EPS 平台下的工作空间和工作流程，并在此基础上完成房屋采集高程标注工作。

○ 知识准备

1. 工作空间

工作空间是 EPS 平台用于管理工程数据、图片、SunwayGis 数据的工作界面，同时，此平台界面可对其数据做一些 GIS 统计分析。其中，工程数据包括矢量数据、影像、格网等。当打开的文件很多时，通过分页分组使得数据信息层次分明。工作空间界面如图 6-27 所示。

（1）工作空间建立

EPS 平台可以建立（打开）若干工作区。

每个工作区下可以插入若干个工作页面。

每个工作页面下又可以插入若干个分组。

在工作空间打开右键菜单，选择"插入 Eps 工程数据（*.edb）"，或"插入 Eps 工程图片（影像）"，或"插入 SunwayGIS 数据工程"，完成后即可在同一个管理窗口中显示/编辑多个工程[图 6-28(a)]。如果想让图形数据显示更丰富，可继续对工作区进行定制，使最终工程展开列表样式如图 6-28(b)所示(在工作区中插入层组、统计符号、属性标注等，并对它们进行适当的设置)。

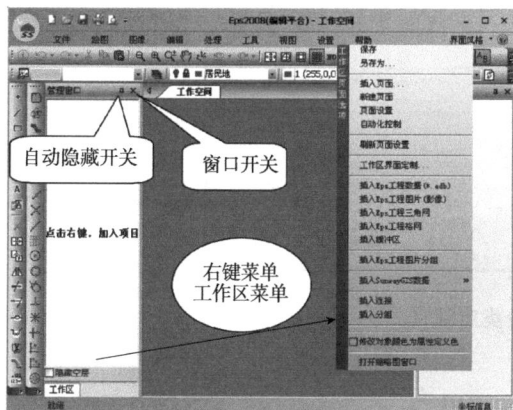

图 6-27 　工作空间界面

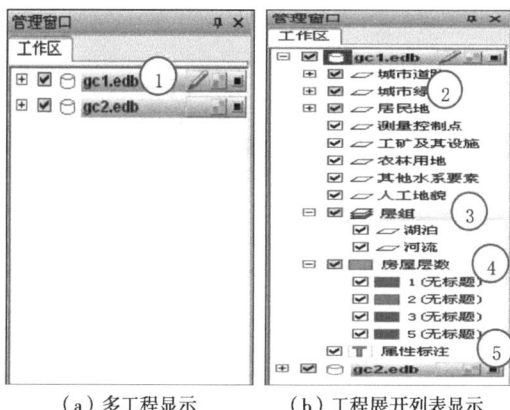

（a）多工程显示　　　（b）工程展开列表显示

图 6-28 　工作空间管理窗口

工作空间中各常见常用按钮符号的含义如下：

①🖉 表示此工程/专题为当前状态，可编辑处理，鼠标左键单击图标进行切换。

②▨ 颜色切换开关，在工程与指定颜色间进行切换。

③■ 指定工程显示颜色，如白色、灰色、黑色等。

④⊞ 单击可展开查看所属子项内容。

⑤☑ 显示开关。

（2）分析功能定制

在工作区专门的统计分析分组中点击右键，会弹出分组选项菜单(图 6-29)，系统共提供 5 类分析功能的定制方案，"实体对象分类""实体对象集合""统计符号(饼图)""统计符号(直方图)""动态属性标注"。若这些分析方案仍然满足不了实际需要，则可以使用"插入命令"功能，在此功能定制中能接入平台的一些命令，或链接为完成此分析功能编写的脚本程序。

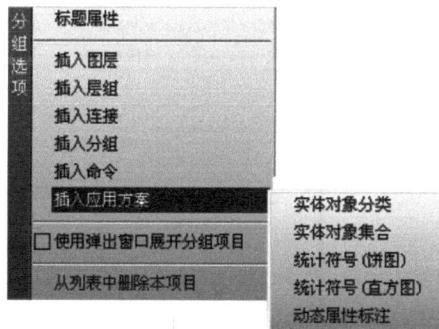

图 6-29 　统计分析

在实际应用中，常用的定制方法有"实体对象分类"与"实体对象集合"两类。

①实体对象分类定制方法。点击"实体对象分类"打开特征分类方案设置对话框，该对

话框下主要有 3 个标签页(图 6-30)。

图 6-30　分类定制

标题：为此分类设定标题即图标。

数据来源：设置此分类的数据对象、图层、编码。

分类方案：设定此分类是按照哪个字段分类，字段的值类型提供 3 种选择方案，分别为连续、枚举、树式列表。

②实体对象集合定制方法。点击"实体对象集合"打开实体对象集合对话框，该对话框下主要包含有 5 个标签页(图 6-31)。

标题：为此分类设定标题即图标。

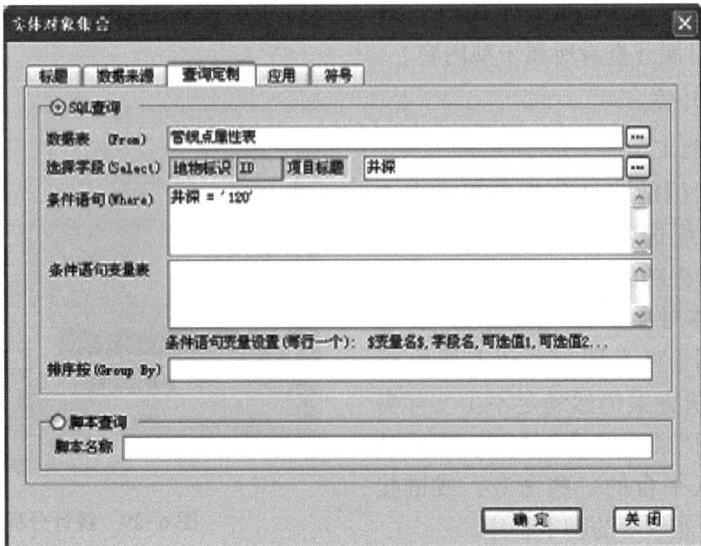

图 6-31　实体定制

数据来源：设置此分类的数据对象、图层、编码。

查询定制：选择数据属性表，并按照对应字段搜索地物。如图 6-31 所示，查询的是"井深 = '120'"的管线点。

应用：统计出的结果的变现形式。

符号：统计出的地物符号的填充样式。

2. 工作流程

EPS 平台具有地理信息数据处理功能，能够完成以下工作。

①图形数据处理。作为一个高效的空间数据工具，替代其他平台的工作。其过程为将其他平台的数据导入，然后在本系统编辑处理，最后输出回到其他平台。

②成图与绘图。作为成图绘图平台。其过程为将不同形式的数据导入本系统，经编辑处理，完成最终成果，并打印输出。

③地图出版印刷处理。作为印刷前处理工具。将不同形式的数据导入本系统，经编辑处理、数据叠加、完成最终成果，并输出印刷标准数据(EPS 文件)。

④地理信息系统数据建库。即作为地理信息系统前端处理工具。按地理信息系统标准处理数据，形成建库文件，并通过可选的建库更新模块完成直接建库。

⑤地理空间数据管理。作为地理信息系统数据管理工具。在保证每个工程文件或影像小于 2GB 的前提下，可综合管理多个工程。

图形数据处理的工作流程基本遵循图 6-32，其他 4 项工作的工作流程与之整体相似。

注意：一般使用平台最终目的是形成成果。因此工作准备主要是要达成研究最终成果的要求。使用系统提供的标准模板，至少可以输出符合同样标准的 DWG 图形文件、SHP 地理信息文件，以及增加特定模块后可输出 ArcGIS 的 MDB 文件(也是 SDE 建库文件)及 EPS 制图文件。因此，推荐使用标准模板最为方便。这种情况下，可随时导入各种各样的数据，通过编辑，即可完成最终成果。

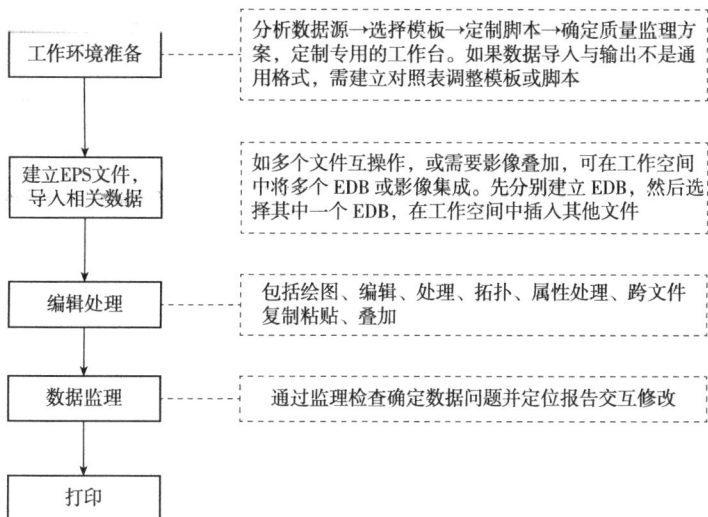

图 6-32　图形数据处理工作流程

○ 任务实施

完成房屋采集高程标注

- 选择高程编码(点状标注线),如图6-33所示,按照房屋要求进行高程标注。
- 根据建筑物测高具体规定要求,选择标注位置。

首先判断建筑物真正的女儿墙标注位置在哪里,如果建筑物四周的女儿墙都在同一高度,且是规整小区的(图6-34),要求都标注到建筑物的同一侧,因此同一个小区多个人作业时,要做好相互之间的沟通工作。

如果存在建筑物女儿墙高低不一(图6-35),且女儿墙高低各占一半时,标注原则为就高不就低。

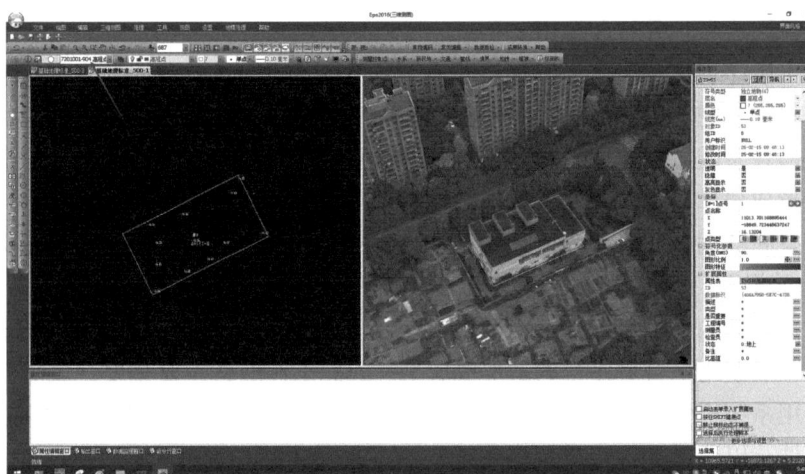

图6-33 高程编码选择

图6-34 同一女儿墙高度建筑

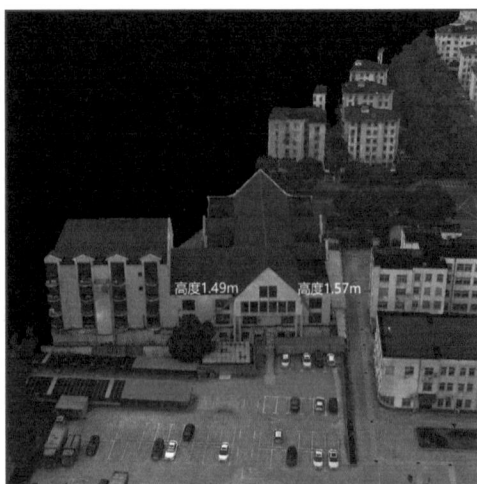

图6-35 前后高度不一致女儿墙建筑

如果存在建筑物女儿墙高低不一致，且女儿墙高低占比不同时，需观察四周判断建筑物真正的女儿墙在何处。如图 6-36 中真正的女儿墙在箭头所指位置，高处为建筑装饰。

人字形房屋建筑物测高标注在竖直的墙面与斜面交接的地方，如图 6-37 所示。

单斜面房的建筑物测高放置如图 6-38 所示。

图 6-36　女儿墙高低占比不一致建筑

图 6-37　人字形建筑测高标注位置

图 6-38　单斜面建筑测高标注位置

高程采集时要注意，街坊内部硬化路面使用道路标高点（839100），花坛内部使用地形地貌高程点（831000-904），内部道路标高点布在转弯处，填充区域标高点均匀分布，取高程小数点后 2 位；在一个 50m×50m 格网内应采集 8～12 个点，即 15～30m 一个高程点（图 6-39）。

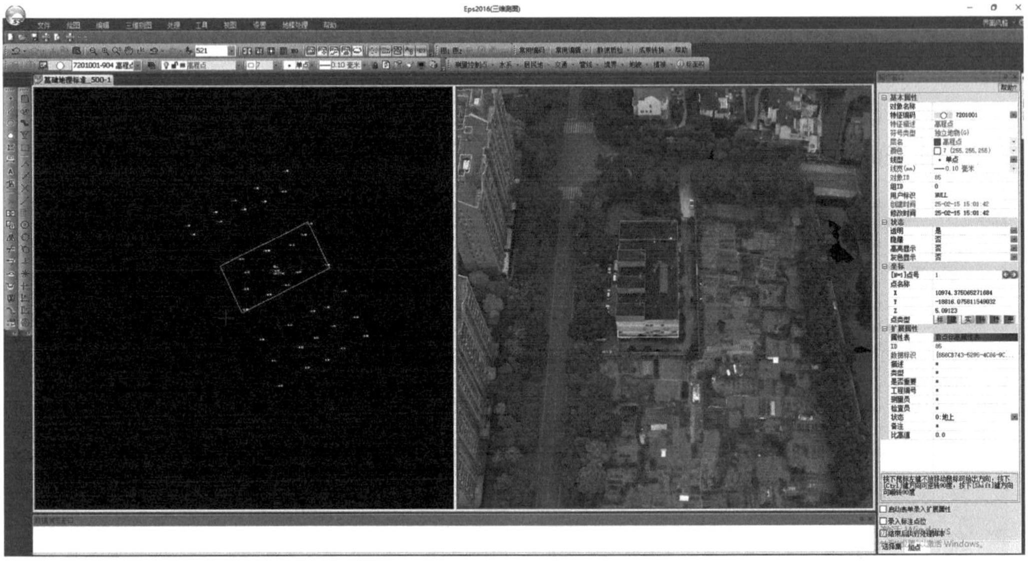

图 6-39　高程点布控

考核评价

由学生自评，完成表 6-7。

表 6-7　成绩考核评价表

任务 6-5　　EPS 平台应用				
学习目标	评价内容	评价结果		
		A	B	C
知识目标	1. 了解系统的工作流程			
	2. 了解如何导入、检查、输出数据			
能力目标	1. 能进行系统的工作流程			
	2. 能够独立地准备作业环境，导入、检查并输出数据			
素质目标	具备一定的自主学习能力			
综合评价				

巩固训练

1. 系统的工作流程是什么？

2. 简述从导入数据、检查数据、输出数据到打印图形的操作步骤。

○ 知识拓展

EPS2008 软件作业准备及操作流程

1. 作业准备

首先是对作业环境的准备，包括分析理解数据源以便选择恰当的模板、脚本与质量监理方案，定制专用的工作台面。如果数据不是通用格式，尚需建立对照表以及调整模板或脚本(EPS 脚本是与 EPS 平台交互的主要入口对象，支持用户二次开发，主要实现 EPS 平台数据整理，数据转换等处理其语言遵循 VBScript 或 JScript 语言标准)。

(1)分析成果要求

总体需要分析图形(符号)要求与信息(骨架线及属性)要求两个方面。

第一，只要求图形成果的，如 DWG 只用于打印或作为底图，只需要看符号遵循的标准与哪个模板标准接近，就可以选择那个模板，如果要对模板的符号修改或要素定义增加减少，要复制一个新模板进行调整。

第二，只要求信息的，其信息最终还会在要求者使用的系统回放，实际上隐含同时要求图形。如要求 ArcGis 数据，一般按要求实现的结果还是会在此系统中以图形方式回放。这种情况需要先确保模板中实现所有信息，然后保证信息完全符号化。以信息一致程度而不是以符号一致程度来选择恰当的模板。

成果要求与选择的模板针对各个要素有 3 种可能：

①信息一致。要素的内涵，几何性质(点，线，面，注记)，符号定位方式(骨架线)完全一致；

②模板超出。当前模板某些要素，成果没有要求；

③模板不足。成果有要求，但当前模板没有信息一致对应定义。

其中"信息一致"需要标志"编码合法状态""模板超出"需要标志"编码非法状态"扩充模板，增加要素定义。

(2)分析数据源

主要分析准备导入的数据特点以及与模板之间要素的关系。

数据源与模板之间存在两种可能：

①信息一致。要素的内涵，几何性质(点，线，面，注记)，符号定位方式(骨架线)完全一致；

②数据超出。当前数据源某些要素，模板没有。

其中对"数据超出"需要扩充模板并设置"编码非法状态"。

然后就可编辑对照表文件，使导入数据过程中自动将数据源要素换成本模板编码。所有"非法编码"的要素，通过监理功能可以查出，需要编辑成为合法编码(经过培训，用户也可通过自己修改脚本，根据具体情况自动处理，每个调入外部数据都是用系统提供的脚本进行的，脚本本身是开放的，可以修改)。

（3）工作台面

建立适合本次工程的专用台面，并将以上设置所在台面目录内容复制进新台面。准备工作完成。

2. 建立 EPS 文件，进行数据导入

系统可以接受的文件分为以下 5 类。

①本软件系列的或早期版本的文件。包括电子平板文件 COR/NOT 文件，平差成果 MSM 文件，PDA 的 CEF 文件，内部使用的 EXF/EXX 文件，早期的版本 Mdb 文件，点坐标 PNT 文件，一步测量的 FLD 文件以及 Edb 文件；这些文件有一个共同的特点，都含有编码信息。

②坐标文件。用户直接记录的点数据，通过文本或系统界面录入。

③国产其他平台所使用的专有交换文件。cass 的 CAS、MAPGIS 的 WL/WP/WA、CRead 的 EBP/EBF、Walk 的 Wex、VirtuoZo 的 xyz、JX4 的 vtr、MapMatrix 的 xml 除了 MapMatrixke 能够同步更新外，根据各个系统开放程度以及更新版本，其他交换只能保证某个时期的某个版本上的正确性。

④国家标准 VCT。一般支持最新投入使用的版本。

⑤通用格式。包括 ArcInfo 的 E00，ArcGIS 的 mdb，MapInfo 的 Mid/Mif，AutoCad 的 DWG/DXF，ArcView 的 Shp，MicroStation7 的 DGN。这些格式一般规范性强，轻易不改变。有时不同系统同时支持这种格式，也可作为跨系统交换的中间格式。

3. 编辑处理

绘图是最重要的编辑处理方法之一需要重点掌握。绘图使在地图中增加新的对象过程变得方便简单。EPS 提供的绘图功能包括加点、加线、加面、加注记等的基本绘制，以及坐标输入。由于所有的地理对象（地形、地物、地貌）都是以点状要素、线状要素、面域要素、注记加属性来表示的，因而从对点、线、面的绘制过程中可以窥见整个平台图形作业的全貌。

相关概念和界面约定如下：

①对象。是表达地理实体（地形、地物、地貌）的相对完整独立的图形，包括点对象、线对象、面对象（表 6-8）。属性隶属于对象，是对象的组成部分。属性包括基本属性和扩展属性。

②基本属性。属性是对地理对象（几何）特性的描述，如编码、坐标、高程、颜色、线形、层名等描述皆为基本属性。基本属性由系统默认定义。

③扩展属性。是指基本属性之外的对象状态特性的描述，如阀门类型、材料等，都称为扩展属性。一般用户可自定义。

表 6-8　点、线、面对象特征及举例

	说明	举例
点	各种点状要素，包括无向点和注记	路灯 独立树
线	各种线状要素，包括简单线、复合线、有向点，线条注记	电力线 首曲线
面	由闭合线构成的面状要素	水面 林地

④编码。地物要素(图形对象：点、线、面、注记)的分类代码。将共同属性或特征的对象归到一起，用数字码形成唯一的标识，数字码即为编码。例如，在(新国标码)中规定双臂路灯的编码是 3805011，B 等 GPS 点的编码是 1103201。

注：面类对象符号，通过平台界面右侧"编码查询窗口"中点击面即显示全部面类对象符号。若分别点击 点 、 线 亦是显示全部的点类对象符号或线类对象符号。

4. 常用的编辑方法

(1) 选择图形对象

①选择集。拾取已存在的对象(如点、线、面及注记等)的过程称为选择。通过手工或程序自动选择的所有对象总称为选择集。参见选择集操作窗口右上角帮助，点击 ? 图标。

②选择目标对象。直接用鼠标去点要选择的对象(单选)。如要选择两个以上的对象，按 Ctr 键+鼠标左键逐个点击目标对象(多选)；多选也可以以鼠标进行(框选)，用拉窗方式选择多个图形对象。在对象所在的屏幕区域，利用按鼠标左键后再滑动鼠标形成的矩形区域包围编辑对象以达到选择的目的。左下、右上两点形成的矩形窗口只能选择完全被矩形窗口围在里面的对象，如果对象的一部分露在窗外则该对象不能被选中；右下、左上两点形成的矩形窗口，窗口内部分被套住的对象也能被选中。

③查看所选对象的属性信息。当选中一个或多个对象时，可从操作窗口的信息窗下拉框中，看到选中的各类对象总数(所选中的点对象、线对象、注记对象、面对象等个数)，并能用'选择过滤'的 ◀1▶ 按钮，逐一查看对象的属性信息(图 6-40)。

④清空选择集对象。"捕捉工具栏"— | ▥ ；选择对象后，鼠标右键单击弹出的快捷菜单—"清空选择集"。在空白区域进行框选，将选不到对象，已有选择集也被清空。

⑤多边形区域选择对象。从捕捉工具栏启动。

a. 选择与多边形边界相交的对象是否包含在所选的对象内。

b. 选择多边形边界来源。

c. 如果被选的地物只选符合某些条件的，可打开'选择过滤'设定过滤条件。

d. 如果选择"手绘边界"，则在图形区上绘制边界，按鼠标右键确定；如果选择"选择边界"，用鼠标左键选中该边界，按鼠标右键确定；如果选择"选择图幅"，鼠标在某图幅内按左键确定(图 6-41)。

图 6-40　查看选中对象的属性　　　　图 6-41　多边形区域选择对象

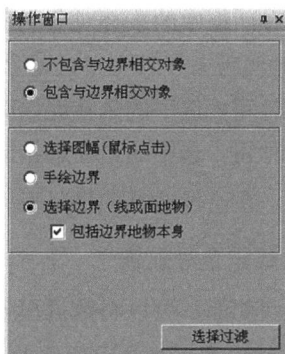

e. 如果选到地物则边界用虚线滚动显示，被选中对象节点用方框标记。

条件选择是根据一定的条件选择对象，选择的条件可以是对象类型、基本属性、几何图形、扩展属性等中的一个或多个组合。在确定了过滤条件后，就可只选择符合条件的对象，不符合条件的对象将不会被选中。

（2）对象类型约束

对象类型可选点、线、面、注记中的任意一种或多种(复选标志)，选中要选择对象的类型。当根据需要选择对象类型后，被选择类型的对象在图形中就会被选中。点符号包括控制点、独立地物及独立高程点；线符号包括普通线、复杂线、两点类和四点类的地物以及 E 类地物；注记包括不同类型、种类的注记。

（3）基本属性约束

根据对象的基本属性为条件，选取图形需要区分的对象。对象的基本属性包括编码(注记分类号)、层名、颜色、线型、线宽等。

（4）几何图形约束

根据对象的几何图形的点数、长度、面积、高程、开口、是否闭合，作为被选择对象的条件进行选择。

（5）扩展属性约束

扩展属性是指对象基本属性外用户根据自己需要增加的对象其他信息。扩展属性以属性表的形式存储。可作为选择对象条件的字段类型只有数值型或文本型。

数值型扩展属性：输入字段名、条件值。

文本型扩展属性：输入字段名、条件值。

（6）注记文本约束

文本值(注记内容)、注记宽、高等选项。

（7）空间范围条件　设定所选对象的空间范围。

选内：选中的是框选时选择框内的对象。

选外：选中的是框选时选择框外的对象。

（8）重复对象选择

选择多个完全相同的对象中先加入系统的，即 ID 编码最小值。

选中对话框中的重叠对象的前一个选项。

（9）时间约束　设定所选对象的时间范围。

创建时间：选中的是在起始时间到截止时间内创建的对象。

修改时间：选中的是在起始时间到截止时间内修改的对象。

提示：在已经选择的情况下，按下 Shift 键+鼠标左键可以拖拽图形对象。

5. 选择定位导航器

应用该功能，可以将数据里各种编码的地物或者分类号的注记逐个定位显示。

6. 系统操作和对象本体修改

①撤销。取消前面的引起数据变化的操作(屏幕缩放、移动后的取消及其他功能)。

②恢复撤销。取消上一个撤销操作。

③删除。将选择集中的对象删除。

④选择集修改。对选择集中的对象进行编辑。

注：默认状态为选择集，所以任何命令结束后变为选择集状态。

⑤平移。将对象平移或复制到新位置，支持高程 Z 的平移复制。

⑥旋转。对图形对象进行旋转，或旋转且复制到新位置。

⑦延伸。将某条线段延伸到指定的边界线上。

⑧裁剪。将线段与边界线相交一侧的部分裁剪掉。

⑨修线。修改已有的线对象，可以修改一条线的点列或连接具有相同属性的两条线。

⑩打断。在线的任意位置将线(面)对象(直线或曲线)打断分成两段。

⑪距离(过点)平行线。复制原线(面)对象到一定距离外形成平行线，或将原线(面)对象平移到一定距离的地方。

对象内嵌注记拖动：改变独立高程点的高程注记位置，使图面更加美观。

⑫多义线编辑。修改地物中指定线段的线型。

7. 数据监理

地理信息系统管理着大量的地学数据，在这些数据形成阶段，在数据输入、数据转换、数据编辑、数据更新维护的过程中，都要进行数据检查。数据监理是利用软件的方法，通过观测、通过统计分析和逻辑分析检查数据中存在的错误，并提供适当的编辑方式加以改正。地理系统需要'数据监理'以监管质量。

(1)数据合法性检查

在地理系统中，描述地理要素和地理现象的空间数据，主要包括空间位置、拓扑关系和属性数据三方面的内容(拓扑关系以区域定义，描述要素之间连通性和相邻性)。

与此相对应，数据合法性检查内涵三方面的检查内容：

通过模板中设定的编码表、注记分类表、用户层表、属性结构表和数据字典等规则，检查对象的编码合法性、放置层合法性、属性项数据的字段大小和字段内容的合法性。

通过数学计算，检查对象重复、交叉、图形接边等错误。

通过拓扑处理，检查悬挂点、有拓扑面无属性点、有属性点无拓扑面、点符号与范围线一致性、图面注记与属性表值一致性，块图与分幅图一致性，块图与宗地图一致性，房屋与宗地一致性，房屋面积、宗地面积等错误。

数据合法性检查中提供的检查条目较多，但每个数据工程在进行数据合法性检查时并不是都要使用，检查方案是由多个检查项组成，对应一种类型的工程，如地形检查、地籍检查，佛山项目检查、上海项目检查等。在建立检查方案后再建立检查组，在检查组中建立各检查项。

整体来看，数据合法性检查包括空间逻辑检查、规范编码检查、扩展属性检查。同时也包括对"问题"数据的修复功能，即交互处理修复、批量修复。

(2)数据监理结果

在"数据合法性检查"菜单下的"显示检查结果"功能是用于在输出窗口中查看检查记录。检查结束后在输出窗口中输出检查结果(图6-42)。如果用户不小心关闭了输出窗口，点击"显示检查结果"也可以调出输出窗口。

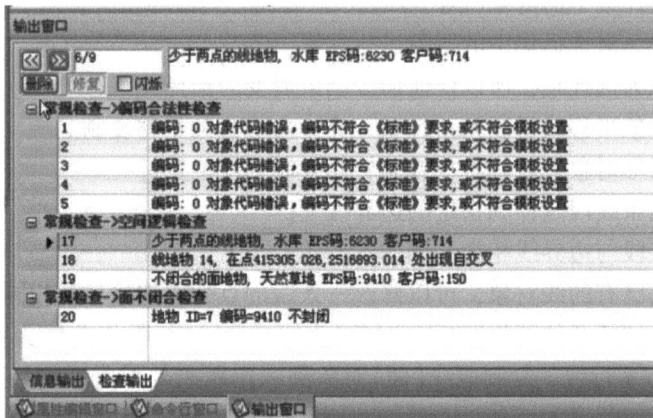

图 6-42　数据检查结果输出窗口

该检查结果中包含许多信息。首先，列出了检查组的名称，该例中只包含一个检查组，名称是"常规检查"；其次，列出了检查项名称，该例中包含 3 个检查项，依次是"编码合法性检查""空间逻辑检查""面不闭合检查"；最后，列出了每个检查组里每个检查项内包含的每条错误记录。

(3)检查模型

在定制数据检查方案时，确定检查哪些项目(定制检查项)是非常重要的。依赖于个人对于平台系统的"检查模型"的理解。关系到你将要完成的数据工程的质量。下面是相关检查项的解释：

①编码合法性检查。是用于检查编码的长度、无对照编码、属性层中的非属性编码等各对象编码的合法性。

②层合法性检查。是用于检查在数据中对象层名与对照表中定义的层名不一致的错误。

③重叠地物检查。是用于检查图中地物编码、图层、位置等相同的重复对象。

④空间逻辑检查。是用于检查数据的空间逻辑性的正确与否。包括：一个线对象只有一个点；一个线对象上相邻点重叠；一个线对象上相邻点往返(回头线)；少于 4 个点的面；不闭合的面。

⑤自交叉检查。检查线地物自相交错误。

⑥悬挂点检查。用于检查图中地物(如房屋、宗地)有无悬挂点。悬挂点是指因该重合而未重合，两点之间或点线之间的限距很小的点。

⑦交叉检查。是用于检查指定编码如房屋、宗地线等是否有交叉情况。如房屋、宗地理论上不能交叉，若出现交叉会造成面积计算错误。

⑧面交叉检查。定制时采用了 3 个检查模型，分别是面对象相交检查、面对象包含检查以及脚本编程检查(面交叉检查换层)。总之，定制的此综合检查项是用于检查指定编码面之间是否存在相互交叉或相互包含的关系，并可将存在交叉错误地物放入指定图层。

⑨等高线逻辑检查。是用于检查 3 根相邻的等高线值是否矛盾。

⑩高程点与等高线矛盾检查。是用于检查两条等高线包夹的高程点是否在两条等高线高程之间。

⑪断线检查。是用于检查线状地物本应为一整体却不合理断开的情况。

⑫门牌号属性必填项检查。采用脚本编程检查，通过 VBA 脚本编程，进行数据检查。检查门牌号必填属性项无空值。

⑬兴趣点属性必填项检查。采用脚本编程检查，检查兴趣点必填属性项无空值。

⑭重复对象修复。是对检查出来的点、线、面、注记四类对象的编码、层一致、位置也一致的重叠对象进行删除。

⑮空间逻辑修复。是对块图中检查出来的空间数据非法性进行自动修复。包括：线对象只有一个点的将删除线；一个线对象上相邻点重叠的删除多余相邻点；一个线对象上相邻点往返(回头线)的删除多余点。

⑯断线修复。采用脚本编程修复，将检查出不合理断线进行自动修复。

⑰等高线修复。采用脚本编程修复，将检查出等高线高程不合理的进行自动修复。

8. 数据输出

EPS2008 可读入现流行的各种图形数据及地理数据，如 DWG、SHP、VCT 可直接读入，DGN、MIF、E00、ARCGISMDB 等格式的数据需设置转换模板，通过软件功能及模板支持，可进行多种数据双向对照转换输出。

参考文献

王礼强，2001. 谈谈地形图在现实生活中的重要性[J]. 地矿测绘(2)：49.

高井祥，2016. 测量学[M]. 5 版. 徐州：中国矿业大学出版社.

李伟国，2011. 一套涉密地形图的泄密之旅[J]. 保密工作(4)：14-16.

张荣群，袁勘省，王英杰，2005. 现代地图学基础[M]. 北京：中国农业大学出版社.

向前，胡晋山，鲍勇，等，2012. 地图学原理[M]. 武汉：武汉大学出版社.

国家测绘地信息局测绘标准化研究所，2017. 国家基本比例尺地图图式 第 1 部分：1：500 1：1000 1：
  2000地形图图式：GB/T 20257.1—2017[S]. 北京：中国标准出版社.

国家测绘地信息局测绘标准化研究所，2017. 国家基本比例尺地图图式 第 2 部分：1：500 1：1000 1：
  2000地形图图式：GB/T 20257.2—2017[S]. 北京：中国标准出版社.

国家测绘地信息局测绘标准化研究所，2017. 国家基本比例尺地图图式 第 3 部分：1：500 1：1000 1：
  2000地形图图式：GB/T 20257.3—2017[S]. 北京：中国标准出版社.

祁向前，胡晋山，鲍勇，等，2012. 地图学原理[M]. 武汉：武汉大学出版社.

张晓东，2009. 地形测量[M]. 哈尔滨：哈尔滨工程大学出版社.

张荣群，袁勘省，王英杰，2013. 现代地图学基础[M]. 北京：中国农业大学出版社.

李秀江，2013. 测量学[M]. 3 版. 北京：中国林业出版社.

贾清亮，2001. 测量学[M]. 郑州：黄河水利出版社.

高见，王晓春，2012. 地形测量技术[M]. 武汉：武汉理工大学出版社.

附录 1 现场访谈

编写组以《地形图识别与应用》课程专业教师、实训指导教师、职业指导教师的身份访谈了行业专家，并录制了现场视频，学习者可通过扫描下方二维码学习。

序号	现场访谈	二维码
1	专业教师访谈	
2	实训指导教师访谈	
3	职业指导教师访谈	

附录2 综合实训

扫描本页二维码，打开综合实训视频学习，并以小组为单位完成实训内容，撰写实训报告。

附录3 课程思政案例